초등 국어 문해력

- 독해 3원리가 적용된 지문 써머리 학습
- 초등 교과 수업의 이해를 돕는 풍부한 글감 학습
- 문해력 향상을 위한 초등 필수 어휘 학습

워크북 | 자기 주도형 심화 학습 노트

2 단계
기본편

초등 3·4학년

이투스북

똑똑 초등 국어 문해력 시리즈 (6종)

3가지 독해 원리를 바탕으로 문해력을 기르는 훈련을 해 보세요.

1단계	2단계	3단계

기본편

  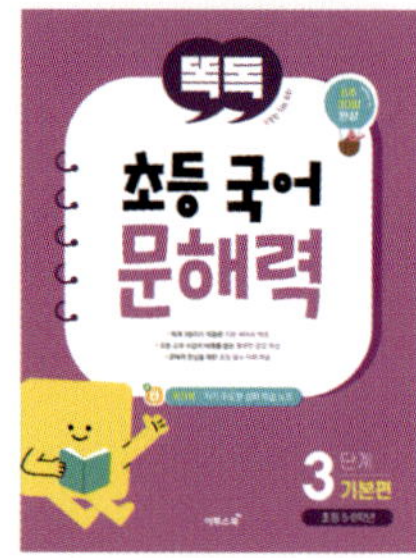

난도 up 난도 up 난도 up

실력편

   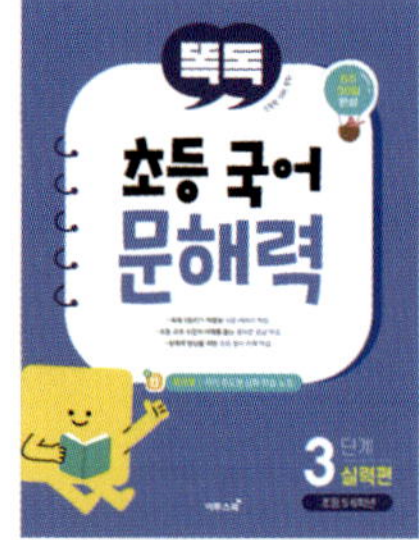

초등 1·2학년군 초등 3·4학년군 초등 5·6학년군

똑똑 초등 국어 문해력 시리즈 독해 3원리 

STEP 1
핵심 내용 정리하기

글의 글감을 확인하고,
문장의 중요한 정보들이
무엇인지 살펴봅니다.

STEP 2
짜임 이해하기

문단 간의 관계를 통해
한 편의 글이
어떤 짜임을 갖추고
있는지 확인합니다.

STEP 3
내용 요약하기

글 전체의 내용을
한두 문장의 짧은 글로
요약하여 표현할 수
있도록 훈련합니다.

초등 국어 문해력

2단계 | 기본편

초등 3·4학년

STAFF

발행인 정선욱
퍼블리싱 총괄 남형주
개발 김태원 김한길 신영한 박수빈 김성준 육인선 민소희 권민경
기획·디자인·마케팅 조비호 김정인 강윤정
유통·제작 서준성 신성철

똑똑 초등 국어 문해력 2단계 기본편   202209 초판 1쇄   202410 초판 3쇄

펴낸곳 이투스에듀(주) 서울시 서초구 남부순환로 2547
전화 1599-3225
등록번호 제2007-000035호
ISBN 979-11-389-1048-4 [53700]

똑독 초등 국어 문해력

똑독이의 학교 시험은…

친구들 만날 생각에 신이 나서 학교까지 뛰어간 똑독이.
'아, 오늘 국어 단원 평가 보는 날이구나.'
'어쩔 수 없지. 영어도, 수학도 아닌 국어인데, 뭘.'
문제를 몇 번을 읽어도 무엇을 물어보는지 모르겠다.
한참을 고민하며 몇 글자 끄적이다가 결국엔 연필을 내려놓았다.
단원 평가가 끝나고 선생님이 똑독이를 부르셨다.
"똑독이는 글자도 잘 읽고 대답도 잘하는데,
글의 의미를 파악하고 어떤 답을 요구하는지 잘 몰랐나 보구나."
'열심히 풀려고 했는데, 무슨 말인지 알 수가 없더라고요.'

똑독이와 같은 학생에게 필요한 것이 바로 문해력입니다.

문해력은 '글을 읽고 내용을 정확히 이해하고 판단하는 능력'을 말합니다.
문해력을 갖추려면, 낱말의 의미를 익히고 문장과 문단의 내용을 바탕으로
전체 글의 내용을 정확하게 이해하는 연습을 반복해야 합니다.
똑독 초등 국어 문해력 시리즈는
어휘 학습, 문장 독해, 문단 독해, 지문 독해에 대한 해법과
자신의 생각을 표현하는 능력을 길러 주는 문해력 향상 훈련서입니다.

구성과 특징

글을 읽는 방법을 익히고 배우는

똑똑 초등 국어 문해력 기본편

1주차 독해 원리를 이해해요

❶ 원리를 배우는 문제 풀이

다양한 문제 풀이를 통해 독해력을 기르는 데 필요한 기본 원리 3가지를 학습할 수 있어요.

❷ 원리를 알려 주는 도움말

문제 속에 담긴 독해 원리를 쉽고 명확하게 이해할 수 있어요.

❸ 통합 학습

Day 01~03에서 배운 독해 원리를 종합하여 지문에 적용하는 연습을 해 볼 수 있어요.

2~6주차 독해 원리를 적용해요

지문 독해와 분석

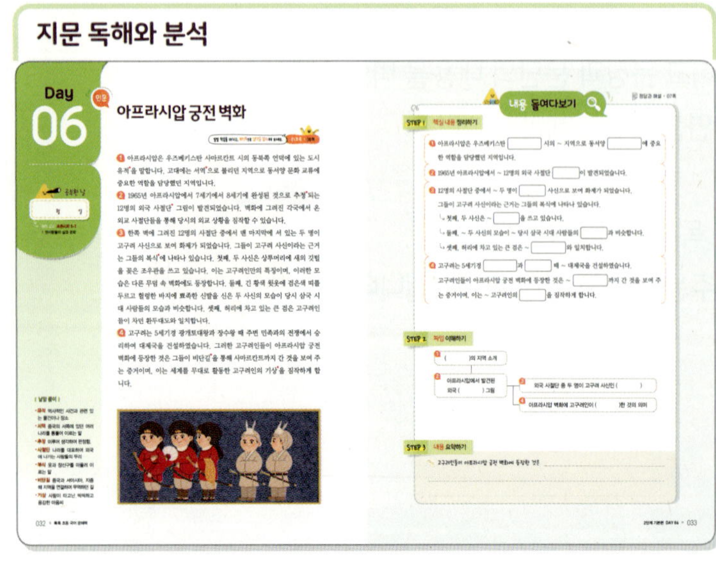

❶ 지문 독해

인문, 사회, 과학, 예체능, 언어 등 다양한 분야의 재미있고 유익한 정보들을 읽을 수 있어요.

❷ 내용 들여다보기

독해 3원리에 따라 지문의 내용을 단계별로 완벽하게 분석하고 정리하는 연습을 반복적으로 할 수 있어요.

학교 시험이나 수능에서 출제되는 원리와 유형에 따라 문제를 구성하였어요. 문제 풀이를 통해 이해력과 사고력, 문제 해결 능력을 기를 수 있어요.

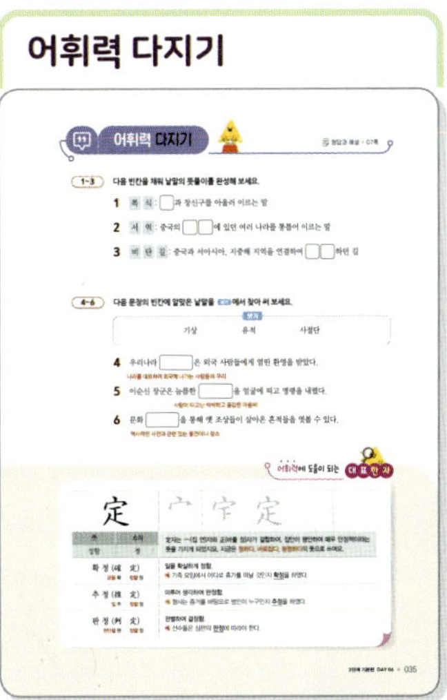

- 앞에서 지문을 읽으면서 학습한 낱말의 의미와 쓰임을 재미있는 문제를 통해 확인할 수 있어요.
- 지문 속 낱말을 이루는 필수 기초 한자들도 함께 익힐 수 있어요.

정답과 해설

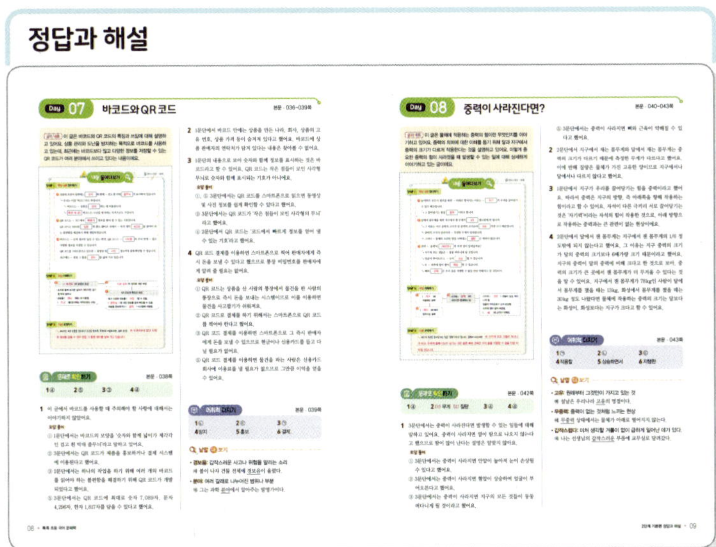

- '내용 들여다보기'의 답안을 한눈에 확인할 수 있어요.
- '문제로 확인하기'와 '어휘력 다지기'의 정답을 확인하고 정답인 이유를 알기 쉽게 이해할 수 있어요.

워크북 자기 주도형 심화 학습 노트

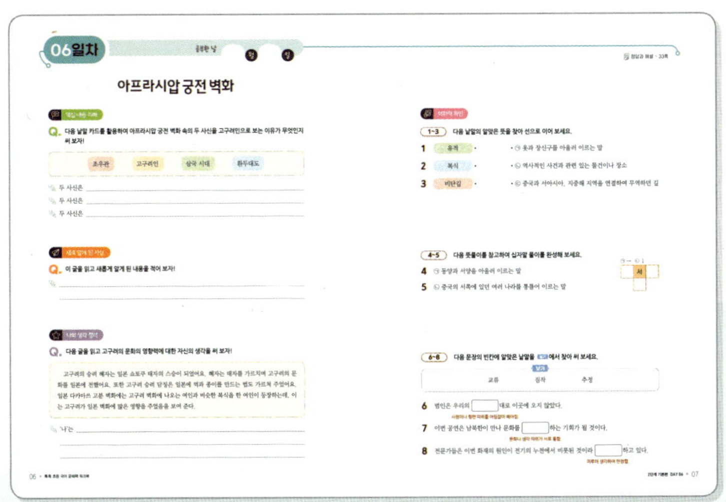

- 일차별 지문에 대한 핵심 내용을 정리하고, 새로 알게 된 사실과, 자신의 생각을 노트에 정리해 보세요.
- 재미있는 문제 풀이로 자신의 어휘력을 테스트해 보세요.

이 책의 차례

똑똑 초등 국어 문해력의
써머리 학습법과 효과

지문에서 중요한 정보를 담은 문장들만을 뽑아 글의 흐름이 보이도록 정리했어요.

- 지문을 참고하여 빈칸을 채워 가며 핵심 내용만을 다시 한번 읽어 보세요.
- 지문의 흐름을 나타내는 말, 이어 주는 말 등을 중심으로 내용의 흐름을 한눈에 확인해 보세요.

핵심 내용 정리하기

❶ 널뛰기는 ~ 큰 명절에 하는 전통 놀이입니다.
  널뛰기를 하려면 ~ [　　　]를 만들고 그 위에 [　　　]을 얹습니다.
  [　　　] 가운데에 한 사람이 중심을 잡고, 널의 양편에 ~ 한 사람씩 ~ [　　　] 몸을 뛰었다가 내립니다.

❷ [　　　], 널뛰기에는 ~ '지레의 법칙'이 숨어 있습니다.
  ↳ 몸무게가 적게 나가는 사람은 널의 중심에서 [　　　] 서고, 몸무게가 많이 나가는 사람은 [　　　] 서서 ~ 널을 뛰어야 합니다.
  [　　　] 균형을 맞추면 공중으로 더 높게 뛰어오를 수 있습니다.

❸ [　　　], 널뛰기에는 '작용과 반작용의 법칙'이 숨어 있습니다.
  ↳ 한 사람이 한쪽 널을 힘껏 밟으면, 이 힘이 반대쪽 널에 [　　　] 되면서 그 위에 서 있는 사람이 뛰어오르게 됩니다.
  ↳ 뛰어오른 사람이 ~ 그 [　　　]을 되돌려 주게 되므로 두 사람은 널뛰기를 할 수 있

문단과 문단의 관계와 구성을 이해할 수 있게 구조도로 나타냈어요.

- 빈칸을 채워 가며 각 문단의 소주제를 확인해 보세요.
- 각 문단의 기능과 역할을 중심으로 전체 구조를 이해해 보세요.

짜임 이해하기

❶ 널뛰기를 하는 (　　　)

❷ 널뛰기에 숨어 있는 과학 원리 1　(　　　) 법칙

❸ 널뛰기에 숨어 있는 과학 원리 2　(　　　) 법칙

지문 전체의 내용을 짧은 한두 문장으로 간추려 써 볼 수 있도록 했어요.

- 지문의 내용을 자신만의 말로 짧게 간추려서 요약 내용을 완성해 보세요.

내용 요약하기

✎ 큰 명절에 하는 전통 놀이의 하나인 널뛰기에는

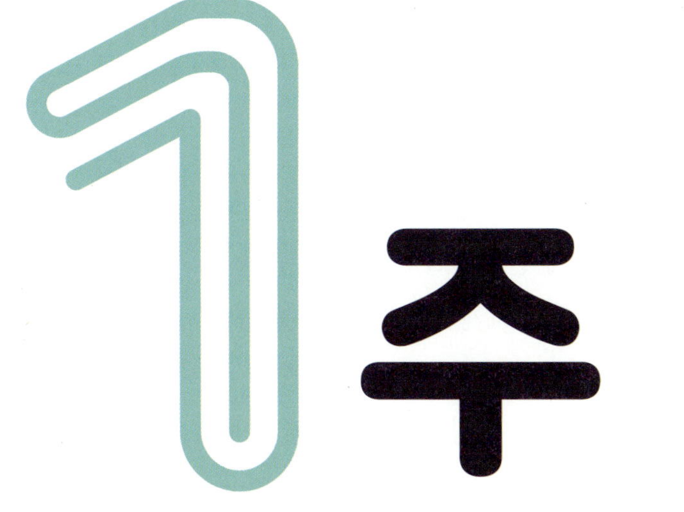

문해력을 기르는 독해 3원리

핵심 내용 정리하기

꿀벌은 식물이 열매를 맺을 수 있게 꽃가루를 옮기는 역할을 하는 이로운 곤충이다. 그런데 최근에 꿀벌의 수가 급격하게 줄어들고 있다. 전문가들은 꿀벌이 사라지는 이유로 크게 두 가지 이유를 꼽았다. 첫째, 꿀벌에 기생하는 해충인 응애의 수가 급격이 늘어남에 따라 일벌이 정상적으로 자라지 못했을 수 있다는 것이다. 둘째, 겨울철 이상 기온 현상으로 인해 겨울잠을 자야 할 일벌들이 밖으로 나가 활동하다가 얼어 죽었을 가능성이 있다는 것이다.

Q1 윗글에서 설명하고 있는 것이 무엇인지 써 보세요.

→ 꿀벌이 ______________________

음식에는 사람이 건강하게 활동하고 성장할 수 있도록 돕는 성분이 들어 있는데, 이를 '영양소'라고 한다. 사람이 살아가는 데 필요한 에너지를 만드는 영양소로는 탄수화물, 단백질, 지방 등이 있다. 쌀이나 밀, 보리, 감자 등에 많이 들어 있는 탄수화물은 흡수가 빨라 사람의 주요 에너지원으로 쓰인다. 고기나 우유, 콩 등에 많이 포함되어 있는 단백질은 근육을 튼튼하게 하고 질병이나 감염으로부터 우리 몸을 지키며, 다른 영양소가 부족할 때 이를 대신하여 에너지를 내기도 한다. 식물이나 동물의 기름에서 섭취할 수 있는 지방 역시 우리 몸의 에너지원으로 사용되는데, 저장의 기능이 뛰어나며 우리 몸의 온도를 유지시켜 주는 역할을 한다.

» 자주 등장하는 **낱말**일수록 글에서 **중요한 내용**일 가능성이 높아요.

» 글의 **중심 낱말이나 내용**은 **전체의 내용을 포함**할 수 있어야 해요.

Q2 윗글의 중심 내용으로 알맞은 것을 찾아 ○표 하세요.

사람에게 필요한 에너지   에너지를 만드는 영양소

　19세기 초, 포병 장교로 전쟁에 나갔던 나폴레옹은 우연히 세 잎 클로버 속에 섞여 있는 네 잎 클로버를 발견했어요. 나폴레옹은 그 네 잎 클로버를 자세히 들여다보려고 고개를 숙였어요. 그 순간 위험천만하게도 그의 머리 위로 총알이 지나갔어요. 이때부터 네 잎 클로버는 좋은 일을 가져다준다는 행운의 상징이 되었어요.

Q3 다음 빈칸에 알맞은 말을 채워 넣어 윗글의 내용을 정리해 보세요.

(1) 19세기 초, [　　　　]은 네 잎 클로버를 [　　　　].

(2) 나폴레옹은 네 잎 클로버를 들여다보려고 고개를 [　　　　].

(3) 그 순간 그의 머리 위로 [　　　　]이 지나갔어요.

(4) 네 잎 클로버는 [　　　　]이 되었어요.

　어릴 적 집안이 가난했던 에디슨은 열차 신문 판매원으로 일했어요. 그 와중에도 연구에 대한 열정을 놓지 않고 화물칸에 실험실을 마련하여 실험을 했어요. 그러던 어느 날 열차 실험실에 불이 나서 차장에게 얻어맞은 에디슨은 청각 장애를 얻게 되었어요. 그 이후로 에디슨은 사람들과의 교제를 끊고 연구에만 몰두하였고, 녹음한 소리를 들을 수 있는 축음기와 같은 발명품을 만들어 냈어요.

　어느 날 연구소에서 실험을 하던 에디슨은 전구의 불빛이 너무 눈부시다고 느꼈어요. 그 전에도 쉽게 망가져 버리는 전구에 불만이 많았던 에디슨은 눈까지 부신 전구를 보며 새로운 전구를 만들기로 결심했어요. 에디슨은 수많은 실험을 거듭한 끝에 백열전구를 발명했어요. 에디슨이 만든 백열전구는 어두웠던 도시를 밝게 비추었어요.

Q4 윗글의 내용에 맞으면 ○표, 그렇지 않으면 ×표를 해 보세요.

(1) 에디슨은 전구를 맨 처음으로 발명한 사람이다. 　　　　　　(　　)

(2) 에디슨은 실험실을 마련하기 위해 열차 신문 판매원이 되었다. 　　(　　)

(3) 에디슨은 열차 실험실에 불이 나는 사건으로 인해 청각 장애를 얻게 되었다. (　　)

>> 문장은 기본적으로 '무엇이 어찌하다.', '무엇이 어떠하다.', '무엇이 무엇이다.'와 같은 형태를 이루고 있어요.

>> 문장에서 '무엇이 어찌하다.', '무엇이 어떠하다.', '무엇이 무엇이다.'와 같은 기본 형태만 골라 간추려도 내용을 파악하는 데 도움이 될 수 있어요.

유럽의 역사는 전쟁을 빼놓고는 설명할 수 없어요. 유럽의 여러 나라들은 민족과 종교적 이유로 오랜 기간 갈등을 겪어 왔지만, 대부분의 전쟁은 더 많은 땅을 차지하기 위한 것이었어요. 전쟁이 계속되는 사이에 세계의 경제권이 다른 강대국의 손에 넘어가는 것을 두고 볼 수 없었던 유럽 사람들은 유럽 각국의 힘을 하나로 모아 세계의 변화에 맞서야 한다고 생각했어요. 그래서 프랑스의 철광석이나 독일의 석탄 등을 함께 관리하기로 하고 '유럽석탄철강공동체(ECSC)'를 만들었어요. 이후 이 공동체는 유럽 경제 공동체와 유럽 공동체를 거쳐 1994년 '유럽 연합(EU)'이라는 이름을 가지게 되었어요.

Q5 윗글의 제목을 지으려고 해요. 괄호 안에 알맞은 낱말을 골라 ○표 하세요.

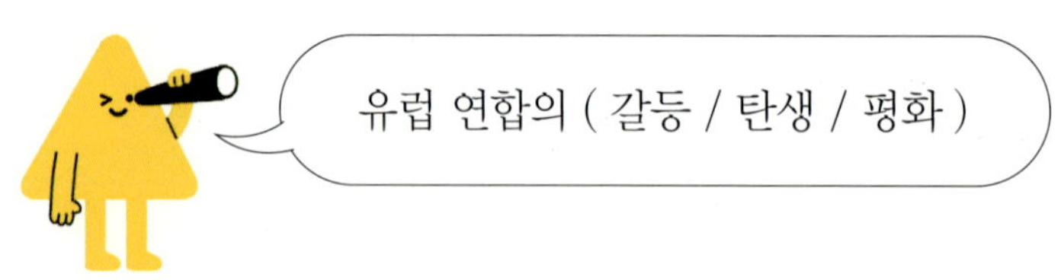

반으로 쪼개 놓은 지구의 모습은 달걀 반숙과 닮았어요. 달걀 껍데기와 같이 딱딱한 암석으로 이루어진 지구의 겉부분을 '지각'이라고 불러요. 지각의 안쪽은 달걀 흰자와 같이 말랑말랑한 고체로 이루어져 있는데, 이 부분을 '맨틀'이라고 해요. 맨틀은 지구를 구성하고 있는 층 중에서 가장 큰 부피를 차지하고 있어요. 달걀 노른자처럼 지구의 제일 안쪽에는 핵이 자리하고 있어요. 철과 니켈로 이루어져 있는 핵은 외핵과 내핵으로 나눌 수 있어요. 맨틀과 가까운 층을 '외핵'이라고 하고, 그 안쪽을 '내핵'이라고 해요. 외핵은 액체 상태이지만 내핵은 밀도가 높은 고체 상태로 되어 있어요.

Q6 다음 지구를 반으로 갈라 나타낸 것이다. 윗글을 바탕으로 각 부분의 이름을 써 보세요.

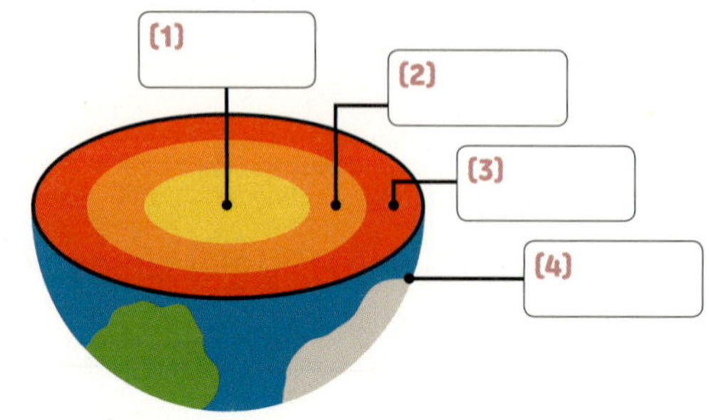

　　지구의 계절이 변하고 기온이 안정적으로 유지되는 것은 지구가 기울어져 태양 주위를 돌기 때문이에요. 달은 태양을 중심으로 도는 지구가 일정한 기울기를 유지할 수 있도록 지구를 당기고 있어요. 또한 달이 지구를 당기는 힘은 지구의 자전 속도가 빨라지지 않도록 만들어요. 지구가 뱅그르르 도는 자전 속도가 빨라지면 그만큼 낮과 밤의 길이가 짧아지고, 기온의 변화가 생기게 되어 생물의 성장에 나쁜 영향을 미칠 수 있어요. 달이 지구를 당기는 힘은 바닷물이 몰리고 빠져 나가는 밀물과 썰물 현상과도 관련이 있어요. 달이 사라질 경우 밀물과 썰물 현상이 생기지 않게 돼요. 그러면 수많은 바다 생물의 터전인 갯벌은 사라지고 말 거예요.

Q7 달이 사라진다면 일어날 수 있는 일을 **보기** 에서 찾아 그 기호를 써 보세요.

보기

ⓘ 갯벌이 사라지게 된다.　　　　ⓛ 심한 기온의 변화가 발생한다.
ⓒ 하루의 길이가 짧아지게 된다.　　ⓔ 태양을 도는 지구의 움직임이 멈춘다.

→ 달이 사라진다면, ___________________________________

　　몽골의 타타르족은 말을 타고 이동할 때 고기를 말 안장 밑에 넣고 다녔어요. 이동할 때의 충격으로 고기는 부드럽게 다져졌고, 오랜 이동 기간으로 숙성까지 되었어요. 이 요리법은 타타르 스테이크라는 이름으로 러시아에 전해졌어요. 이후 함부르크 상인들은 이 음식을 독일로 전파하며, 지역 이름을 따서 함부르크 스테이크라고 불렀어요. 19세기 초반 미국 사람들은 함부르크에서 건너온 함부르크 스테이크를 햄버거라고 부르기 시작했어요.

Q8 다음 빈칸에 알맞은 말을 넣어 윗글의 이야기를 정리해 보세요.

[1] 몽골의 ⬚ 은 고기를 말 안장 밑에 ⬚ 다녔어요.

[2] 고기는 부드럽게 ⬚ 숙성까지 되었어요.

[3] 이 요리법은 러시아에 ⬚ .

[4] ⬚ 상인들은 이 음식을 독일로 전파하며 ⬚ 라고 불렀어요.

[5] 19세기 초반 미국 사람들은 함부르크 스테이크를 ⬚ 라고 부르기 시작했어요.

Day 02

둘

짜임 이해하기

월   일

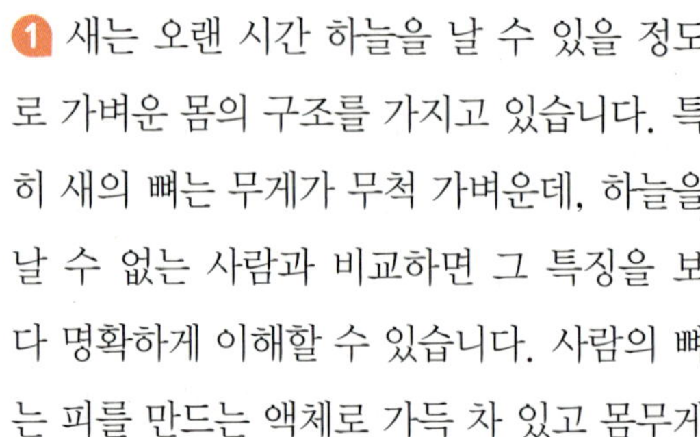

❶ 새는 오랜 시간 하늘을 날 수 있을 정도로 가벼운 몸의 구조를 가지고 있습니다. 특히 새의 뼈는 무게가 무척 가벼운데, 하늘을 날 수 없는 사람과 비교하면 그 특징을 보다 명확하게 이해할 수 있습니다. 사람의 뼈는 피를 만드는 액체로 가득 차 있고 몸무게를 견딜 정도로 그 무게가 상당합니다. 하지만 새의 뼈는 대부분 속이 비어 있습니다. 다만 새의 뼈는 안에 기둥을 가지고 있어 단단함을 유지할 수 있습니다.

❷ 그리고 새는 턱을 가지고 있지 않아 사람에 비해 몸이 가볍습니다. 사람은 음식을 씹을 수 있는 튼튼하면서 무거운 턱을 가지고 있지만, 새는 사람과 같은 턱을 가지고 있지 않습니다. 그 대신에 뱃속의 모래주머니를 이용해 딱딱한 음식을 잘게 쪼개어 소화시킵니다.

Q1 다음은 글쓴이가 윗글을 쓰기 전에 한 생각이에요. 빈칸에 알맞은 말을 1문단에서 찾아 써 보세요.

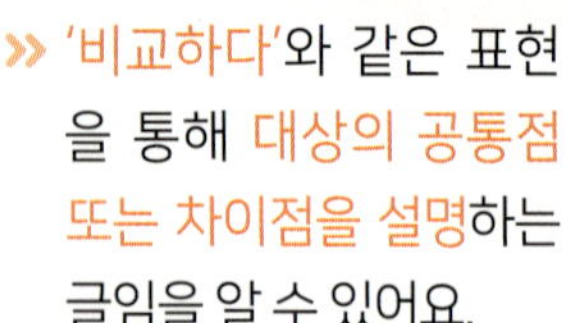

» 글의 곳곳에는 글의 짜임을 드러내는 표현이 숨어 있어요.

» '비교하다'와 같은 표현을 통해 대상의 공통점 또는 차이점을 설명하는 글임을 알 수 있어요.

» '나누다'와 같은 표현을 통해 대상을 부분으로 나누어 설명하는 글임을 알 수 있어요.

» '그리고, 하지만' 등과 같은 이어 주는 말은 내용을 덧붙이거나 대상의 차이를 드러내는 표현이에요.

Q2 윗글의 내용을 바탕으로 '새'와 '사람'의 차이점을 정리하려고 해요. 빈칸에 알맞은 말을 찾아 써 보세요.

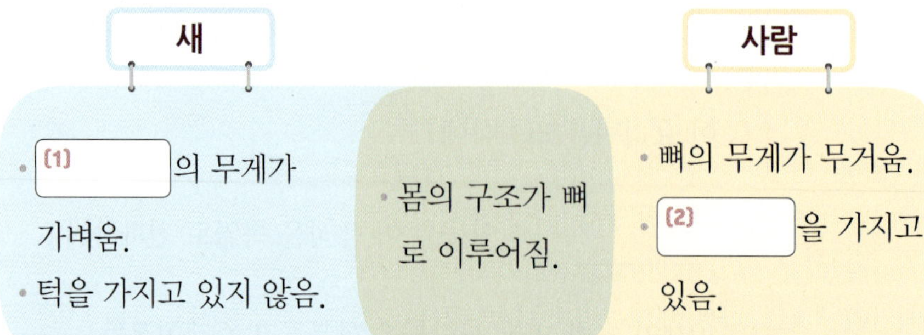

등뼈를 가진 척추동물은 포유류, 조류, 파충류, 양서류, 어류로 나눌 수 있어요. 사람을 포함하여 소, 돼지, 개 등의 동물은 몸의 온도가 일정하고 폐를 통해 호흡을 하며 새끼를 낳는 '포유류'에 속합니다. 제비, 딱따구리, 까치와 같은 동물도 몸의 온도가 일정하고 폐로 호흡을 하지만 알을 낳는 '조류'에 속합니다. 뱀, 거북이 등의 동물은 환경에 따라 몸의 온도가 변하고 피부가 비늘로 덮여 있으며 알을 낳는 '파충류'입니다. 개구리는 환경에 따라 몸의 온도가 변하며 어릴 때는 아가미로, 커서는 폐로 호흡하며 온몸이 촉촉한 피부로 덮여 있는 '양서류'입니다. 고등어와 같은 생선은 아가미로 호흡하며 알을 낳는 '어류'에 속합니다.

Q3 윗글에서 '척추동물'을 여러 종류의 생물로 나누는 기준을 모두 찾아 ○표 하세요.

몸의 온도	피부 상태	먹잇감
사는 기간	호흡 기관	번식 방식

뼈와 뼈가 서로 맞닿은 곳을 가리켜 '뼈마디' 또는 '관절'이라고 해요. 우리가 자유롭게 움직일 수 있는 것은 바로 뼈마디가 있기 때문이에요. 뼈마디는 인대와 미끌액, 물렁뼈로 이루어져 있어요. 인대는 끈과 같이 뼈와 뼈를 연결하고 뼈마디를 붙잡아 주는 역할을 해요. 미끌액은 미끄럽고 끈끈한 액체로 뼈들이 부드럽게 움직이도록 도와 줘요. 물렁뼈는 뼈끝에 붙어 있는 말랑말랑한 뼈로 뼈들이 직접 부딪치지 않도록 보호해 주지요.

Q4 윗글의 설명 방법을 가장 바르게 말한 친구를 찾아 ○표 하세요.

정희 여러 대상의 공통점과 차이점을 설명하고 있어.

수철 어떤 대상을 여러 부분으로 나누어 설명하고 있어.

명현 여러 대상을 일정한 기준에 따라 같은 것끼리 묶어 설명하고 있어.

» 글쓴이가 글에서 말하고 있는 방식을 알면, 글의 짜임을 파악하는 데 도움이 돼요.

» 두 대상을 비교하여 말하고 있는지, 대상을 나누어 설명하는지, 시간 순서에 따라 이야기하는지 등을 파악할 수 있어야 해요.

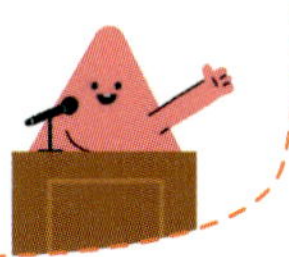

❶ 줄이 여럿 달린 긴 판을 무릎 위에 올려놓고 연주하는 우리나라 전통 현악기에는 거문고와 가야금이 있어요. 두 악기는 모두 오동나무로 통을 만들고 명주실로 줄을 꼬아 만든 악기라는 공통점이 있어요.

❷ 하지만 거문고가 6개의 줄을 사용하는 데 반해 가야금은 12개의 줄을 사용하여 음을 내는 악기라는 점에서 차이가 있어요. 또한 거문고가 막대로 줄을 치거나 뜯어서 연주하는 악기라면 가야금은 손가락으로 뜯고 튕기며 연주하는 악기라는 점이 달라요.

Q5 윗글의 짜임을 정리하려고 해요. 빈칸에 알맞은 말을 윗글에서 찾아 넣어 보세요.

1문단

거문고와 가야금의 [1]

- 긴 판을 무릎 위에 올려놓고 연주하는 악기임.
- 오동나무로 통을 만들고 명주실로 줄을 꼬아 만든 악기임.

[2]

이어 주는 말

2문단

거문고와 가야금의 차이점

- 두 악기의 줄의 개수에 차이가 있음.
- 두 악기의 [3] 방식에 차이가 있음.

우리는 물건을 사거나 사용하며 만족감을 얻어요. 이때 느끼는 만족감을 '효용'이라고 해요. 그리고 같은 물건을 하나 더 사거나 사용할 때 더해지는 만족감을 '한계 효용'이라고 하지요. 예를 들어, 운동을 하다가 들어온 아이가 목이 말라 물 한 잔을 벌컥벌컥 마셨어요. 이때의 만족감, 즉 효용은 매우 높다고 할 수 있어요. 그런데 두 잔, 세 잔을 연거푸 마시다 보면 만족감이 떨어지지요. 물을 한 잔 더 마실 때 이전에 비해 더해지는 만족감, 즉 한계 효용은 줄어든다고 할 수 있어요.

Q6 윗글에서 설명한 말과 그 예를 찾아 바르게 연결해 보세요.

[1] 효용 •

• ㉠ 목마름을 느낀 아이가 처음 물 한 잔을 먹으며 느끼는 만족감

[2] 한계 효용 •

• ㉡ 목마름을 느껴 물을 마신 아이가 물을 한 잔 더 먹을 때 더해지는 만족감

지구에 있는 바다와 육지를 합쳐 '5대양 6대주'라고 해요. 따라서 '5대양 6대주'는 전 세계를 가리키는 말로 쓰여요. '5대양'은 큰 바다를 이르는 말로, 태평양, 대서양, 인도양, 북극해, 남극해가 있어요. '6대주'는 여섯 개의 큰 육지를 일컫는 말로 아시아, 아프리카, 유럽, 남아메리카, 북아메리가, 오세아니아가 있어요. 요즘에는 남극 대륙까지 포함해 7대주라고 말하기도 해요.

Q7 **윗글의 내용을 구조도에 담아 나타내려고 해요. 빈칸에 알맞은 말을 써 보세요.**

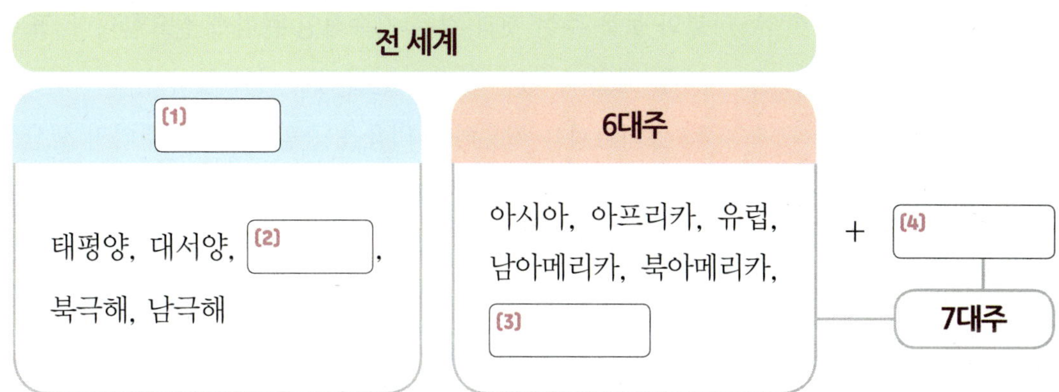

작은 충격에도 고체로 변하며 열을 내는 아세트산나트륨이라는 물질을 사용하면 액체형 손난로를 만들 수 있어요. 우선 알맞은 양의 아세트산나트륨을 지퍼백에 넣습니다. 그 다음 지퍼백에 물을 넣고 흔들어 줍니다. 그리고 나서 금속 조각을 지퍼백에 넣은 후, 달군 다리미로 지퍼백의 입구를 봉해 줍니다. 마지막으로 아세트산나트륨이 투명해질 때까지 끓입니다. 지퍼백이 식은 후 금속 조각을 꺽듯이 몇 번 구부리기만 하면 따뜻한 손난로가 됩니다.

Q8 **윗글을 바탕으로 손난로를 만들려고 해요. 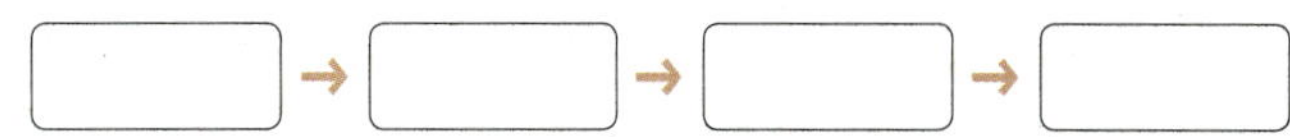의 기호를 순서에 맞게 정리해 보세요.**

㉠ 지퍼백에 준비한 물을 넣고 흔든다.
㉡ 아세트산나트륨이 녹을 때까지 끓인다.
㉢ 알맞은 양의 아세트산나트륨을 지퍼백에 넣는다.
㉣ 지퍼백에 금속 조각을 넣고 지퍼백의 입구를 봉한다.

☐ → ☐ → ☐ → ☐

'우선, 그런 다음, 그리고 나서, 마지막으로'라는 표현에 주의하여 읽으면 내용의 '순서'를 이해할 수 있어.

독해 3원리

셋 

내용 요약하기

공부한 날

월   일

❶ '스마트팜'은 환경 정보를 수집하고 농산물의 성장을 관리하는 첨단 기술을 활용하여 농사를 짓는 것을 뜻하는 말입니다. 농사를 잘 짓기 위해서는 밭을 갈고, 씨를 뿌리는 것 외에도 잡초를 없애고 비료와 물을 주는 것과 같은 지속적인 관리가 필요합니다. 또한 농산물이 잘 자랄 수 있는 환경을 만들어 주어야 합니다.

❷ 스마트팜을 적용하면 비용을 줄일 수 있을 뿐더러 생산성을 높일 수 있습니다. 노동력이 없어도 되므로 생산 비용을 줄일 수 있습니다. 또한 모든 과정을 컴퓨터가 철저하게 통제하므로 농산물의 생산량이 늘어나게 됩니다. 스마트팜에서는 농약이나 화학 비료 등의 지나친 사용을 줄이고 에너지를 절감할 수 있어 이산화 탄소 배출량을 줄이고 환경이 오염되는 것을 막을 수 있습니다.

Q1 윗글을 다음과 같이 정리할 때, 빈칸에 알맞은 말을 써 보세요.

농사의 조건	스마트팜의 효과
• 지속적인 [1] ______ 가 필요함. • 농산물이 잘 자랄 수 있는 환경을 만들어 주어야 함.	• 비용을 줄이고 [2] ______ 을 높일 수 있음. • [3] ______ 을 막을 수 있음.

Q2 윗글의 내용을 다음과 같이 간추릴 때, 빈칸에 들어갈 내용으로 알맞은 것을 보기 에서 모두 골라 그 기호를 써 보세요.

첨단 기술로 환경 정보를 수집하고 농산물의 성장을 관리할 수 있는 스마트팜을 도입하면 ________________________.

보기

㉠ 생산성을 높일 수 있다.　㉡ 환경 오염을 막을 수 있다.
㉢ 생산 비용을 줄일 수 있다.　㉣ 생산 시기를 앞당길 수 있다.

» 글의 내용을 간추릴 때는 각 문단의 중심 문장들을 연결하고, 글의 흐름에 따라 내용을 정리하여 간추려야 해요.

» 필요에 따라 문장을 이을 때에는 이어 주는 말을 사용해요.

❶ 집안 살림을 하는 데 돈이 필요하듯이, 나라의 살림을 운영하는 데도 돈이 필요해요. 나라 살림을 꾸려 가는 데 필요한 돈을 마련하기 위해 국민으로부터 돈을 걷게 되는데 이것을 '세금'이라고 해요.

❷ 세금은 크게 국세와 지방세로 나눌 수 있어요. 국세는 중앙 정부가 직접 걷는 세금을 말하고, 지방세는 특별시나 광역시 등의 지방 자치 단체에서 걷는 세금을 말해요.

❸ 세금은 사회·경제 개발, 국방, 치안 질서 등과 같은 공공사업을 위해 다양하게 쓰여요. 경제 개발비는 도로, 전력, 상하수도 시설과 같이 경제 활동의 기초가 되는 시설을 마련하는 데 사용됩니다. 교육비는 국가의 장래를 책임질 미래의 인재를 기르는 데 쓰입니다. 사회 개발비는 국민들의 복지 수준을 향상시키고 더 나은 생활환경을 만드는 데 사용됩니다. 방위비는 다른 나라의 침략으로부터 국민의 생명과 안전을 보호하기 위해 군사 시설을 늘리고 장비를 구입하는 데 쓰입니다.

Q3 윗글의 내용으로 다음과 같이 구조도를 그렸을 때, 빈칸에 알맞은 말을 써 보세요.

세금이란?

나라 [1] [ ]을 운영하기 위해 국민으로부터 걷는 돈

세금의 [2] [ ]

- 국세: [3] [ ] 정부가 직접 걷는 세금
- 지방세: 지방 자치 단체에서 걷는 세금

세금의 쓰임

- 경제 개발비: 경제 활동의 기초 시설을 마련함.
- [4] [ ]: 미래의 인재를 기름.
- 사회 개발비: 국민들의 복지 수준을 향상시킴.
- [5] [ ]: 다른 나라의 침략으로부터 국민의 생명과 안전을 보호함.

Q4 윗글의 내용을 다음과 같이 간추릴 때, 빈칸에 알맞은 말을 써 보세요.

나라의 살림을 꾸려 가는 데 필요한 돈을 마련하기 위해 [ ]으로부터 걷는 돈을 세금이라고 해요. 세금의 종류는 크게 [ ]와 [ ]로 나뉘며, 공공사업을 위해 다양하게 쓰여요.

❶ 플라스틱은 한 번 굳으면 열을 가하지 않는 한 쉽게 변하거나 깨지지 않는다는 장점이 있습니다. 가격도 저렴해 우리 생활 곳곳에 금속이나 목재 대신에 사용되고 있습니다.

❷ 그런데 플라스틱은 그 장점 때문에 쉽게 쓰고 버려진다는 문제가 있습니다. 점점 늘어나 거대한 더미를 이룬 플라스틱 쓰레기는 쉽게 썩지 않아 토양은 물론 바다를 오염시키고 생태계를 파괴하는 원인이 되고 있습니다. 특히 바다에 버려진 플라스틱 쓰레기는 시간이 지나면 끈끈한 젤리 같은 형태로 바뀌게 됩니다. 작은 해양 생물이 변형된 플라스틱을 먹고, 그 해양 생물을 큰 물고기가 잡아먹으면서 물고기의 몸속에 플라스틱 성분이 쌓이게 됩니다. 결국 이런 물고기를 잡아먹는 인간도 플라스틱을 먹게 되는 셈입니다.

❸ 바다에 버려진 플라스틱 쓰레기는 한 곳에 머물러 있지 않고 바다 곳곳을 돌아다니며 더미를 이루게 됩니다. 따라서 플라스틱 쓰레기는 비단 한 나라만의 문제가 아닙니다. 세계 모든 나라 사람들이 플라스틱 쓰레기를 줄이기 위해 노력해야 하는 이유가 여기에 있습니다. 오늘부터 일회용으로 쓰고 버리는 플라스틱 사용을 줄여 보는 건 어떨까요?

Q5 윗글의 내용을 구조도로 나타내려고 해요. 빈칸에 알맞은 말을 써 보세요.

장점이 많아 생활 곳곳에 사용되는 플라스틱

- 쉽게 [1]⬚ 하거나 깨지지 않음.
- 가격이 [2]⬚ 함.

플라스틱 [3]⬚의 증가와 문제점

- 너무 쉽게 쓰고 버려짐.
- 토양과 [4]⬚를 오염시키고 생태계를 파괴함.

플라스틱 쓰레기를 줄이기 위한 노력

[5]⬚이 함께 노력해야 함.

Q6 윗글의 내용을 다음과 같이 간추릴 때, 빈칸에 알맞은 말을 써 보세요.

다른 물질에 비해 ⬚이 많아 우리 생활 곳곳에서 사용되는 플라스틱이 너무 쉽게 쓰고 버려져서 토양과 바다를 ⬚시키고, ⬚를 파괴하고 있습니다. 세계 모든 나라 사람들이 플라스틱 ⬚를 줄이기 위해 노력해야 합니다.

❶ 조선 시대 실학자 박지원의 소설 『허생전』에는 주인공 허생이 뛰어난 장사 수단으로 돈을 버는 인상 깊은 장면이 나와요. 가난한 선비였던 허생은 돈을 벌어 오라는 아내의 잔소리를 견디지 못하고 한양의 제일가는 부자를 찾아가요. 그러고는 만 냥을 빌려 그 돈으로 시장에 있는 모든 과일을 사들이지요. 며칠 후 시장에는 과일이 없어 난리가 나게 돼요. 이때 허생은 과일을 자신이 사들인 가격의 열 배로 되팔아 큰 돈을 벌게 되지요.

❷ 허생과 같이 적은 수의 사람들이 상품과 시장을 지배하는 것을 독과점이라고 해요. 허생은 자신의 이익에 눈이 먼 양반들에게 본때를 보여 주려고 한 것이지만, 사실 이는 우리 시장에서 발생할 수 있는 독과점의 문제점을 보여 준 것이라고도 할 수 있어요.

❸ 우리 일상생활에서 쓰는 생필품을 파는 몇몇 기업들 중에는 상품을 공급하는 양이 많아 시장에 큰 영향을 미치는 기업들이 있어요. 이런 기업들이 먼저 상품의 가격을 올리면 다른 기업도 가격을 따라 올리는 경우가 많아요. 그렇게 되면 소비자는 시장의 법칙에 따라 가격이 결정되는 것보다 더 높은 가격으로 상품을 살 수밖에 없어요.

Q7 윗글의 내용을 다음과 같이 구조도를 그렸을 때, 빈칸에 알맞은 말을 써 보세요.

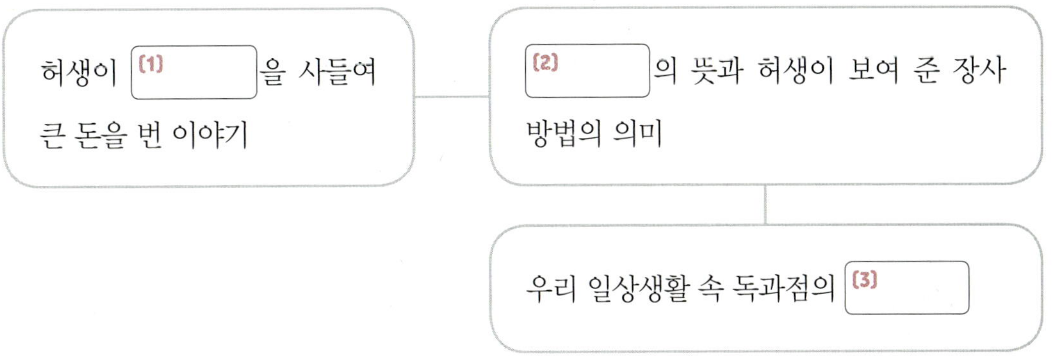

Q8 윗글의 내용을 한 문장으로 알맞게 간추린 친구는 누구인지 써 보세요. (   )

지아: 우리 일상생활 속의 독과점 문제를 해결하려면 한 기업만이 특정 상품을 공급할 수 없도록 하는 법을 마련해야 해요.

영철: 적은 수의 사람이 상품과 시장을 지배하는 독과점이 발생하면 소비자는 높은 가격으로 상품을 구매하는 피해를 입게 돼요.

한민: 허생이 만 냥으로 큰 돈을 번 이야기는 자신의 이익만을 생각하는 사람은 언젠가 큰코다칠 수 있다는 교훈을 전해 주어요.

Day 04

모기에 물려 가려워요

1 날씨가 조금 더워졌다 싶으면 어김없이 찾아오는 불청객* 모기. 우리는 덥고 습한* 지역에 살며 전염병을 옮기는 모기의 주요 먹이를 사람이나 동물의 피라고 생각하지만, 사실 모기는 평소에는 피를 먹지 않습니다. 모기의 암컷, 수컷 모두 평소에는 식물의 수액이나 꿀, 이슬 등을 먹고 삽니다.

2 사람이나 동물의 피를 빨아 먹는 것은 산란기*의 암컷 모기입니다. 알을 낳으려면 많은 영양분이 필요하기 때문에 암컷 모기는 동물의 피를 빨아 먹는 것입니다. 암컷 모기에게 다른 동물의 피는 번식*에 필요한 영양소인 단백질을 섭취*하기 위한 먹이입니다.

3 암컷 모기는 피를 빨 때, 먼저 입으로 톱질을 하듯이 피부에 상처를 냅니다. 그리고 그곳에 침을 뱉은 후 입을 넣어 피를 빨아 먹습니다. 모기의 침에는 '히루딘'이라는 물질이 있는데, 이것이 혈액이 굳는 것을 막아 주므로 모기는 혈소판*을 뚫고 피를 더 잘 빨 수 있습니다. 모기의 침이 우리 몸 안에 들어오면 모기의 침을 없애기 위해 '히스타민'이라는 물질이 모기에 물린 장소에 모입니다. 그리고 물린 곳의 상처를 치료하기 위한 항체*를 만듭니다. 그래서 모기에 물린 곳이 빨갛게 부풀어 오르면서 가려운 것입니다.

4 모기 물린 부분이 간지럽다고 긁으면 모기의 독이 주변으로 퍼질 수 있으므로 최대한 긁지 않는 것이 좋습니다. 또한 이 부위에 침을 바를 경우 침 속의 세균이 피부 속으로 들어가 상처를 더 악화*시킬 수 있으므로, 바르지 않는 것이 좋습니다. 모기에 물렸을 때는 물린 부위를 깨끗이 비누로 씻어 줍니다. 그리고 얼음이나 차가운 물수건 같은 시원한 것을 이용하여 냉찜질을 하면 가려움을 줄일 수 있습니다.

낱말 풀이

- **불청객** 초대하지 않았는데도 스스로 찾아온 손님
- **습하다** 메마르지 않고 물기가 많아 축축하다.
- **산란기** 알을 낳을 시기
- **번식** 붙고 늘어서 많이 퍼짐.
- **섭취** 물체가 양분 따위를 몸속에 빨아들이는 일
- **혈소판** 혈액을 이루는 성분 중 하나로, 피가 날 때 혈액을 굳게 만드는 역할을 함.
- **항체** 세균이나 바이러스 등의 침입으로부터 몸을 보호하는 물질
- **악화** 일의 형편이 나쁜 쪽으로 바뀜.

원리로 확인하기

핵심 내용 정리하기

1 이 글의 내용에 맞으면 ○표, 틀리면 ×표 하세요.

(1) 모기는 평소에 사람과 동물의 피를 먹고 산다. ( )

(2) 산란기의 암컷 모기는 단백질을 섭취하기 위해 피를 빨아 먹는다. ( )

(3) 모기에 물린 부위에 침을 바르면 상처를 치료하는 데 도움이 된다. ( )

(4) 모기는 사람을 물 때 '히루딘'이라는 성분을 사람의 몸 안에 넣는다. ( )

짜임 이해하기

2 이 글의 짜임이 한눈에 보이도록 만들려고 해요. 글 **1**~**4**에 들어갈 말을 보기 에서 찾아 그 기호를 써 보세요.

보기

㉠ 모기의 먹잇감

㉡ 모기에 물렸을 때 몸의 반응

㉢ 모기에 물렸을 때 대처 방법

㉣ 암컷 모기가 피를 빨아 먹는 이유

1 ____________

2 ____________

3 ____________

4 ____________

내용 요약하기

3 다음 빈칸에 알맞은 말을 넣어 이 글을 간추려 보세요.

암컷 모기는 □□에 꼭 필요한 단백질을 □□하기 위해 피를 빨아 먹습니다. 모기에 물리면 우리 몸이 □□를 만들어 내면서 가려운 것인데, 물린 부위를 깨끗이 씻고 □□□을 하면 가려움을 줄일 수 있습니다.

화제 파악 **1** 이 글에서 설명하지 <u>않은</u> 내용은 무엇인가요? (   )

① 모기에 물리지 않는 방법
② 암컷과 수컷 모기의 먹이
③ 모기가 피를 빨아 먹는 이유
④ 모기에 물렸을 때 대처 방법
⑤ 모기에 물렸을 때 몸의 반응

내용 이해 **2** 이 글의 내용에 알맞지 <u>않은</u> 것은 무엇인가요? (   )

① 모기는 평소에 식물의 수액이나 꿀, 이슬을 먹고 산다.
② 수컷 모기는 알을 낳을 때가 된 암컷 모기의 단백질 섭취를 도와준다.
③ 모기의 침 속에 있는 '히루딘'이란 물질은 혈액이 굳는 것을 막아 준다.
④ 암컷 모기는 피를 빨 때, 먼저 입으로 톱질을 하듯이 피부에 상처를 낸다.
⑤ 우리 몸속에서 '히스타민'이라는 물질은 모기에 물린 장소에 모여 항체를 만들어 낸다.

구조 이해 **3** 이 글에 다음 내용을 추가한다고 할 때, 가장 알맞은 곳은 어디인가요? (   )

> 짝짓기를 하고 난 암컷 모기는 사람이나 동물의 피를 한 번이나 두 번 섭취 후, 4~7일이 지나면 알을 낳기 시작합니다. 암컷 모기는 주로 고인 물에 알을 낳는데, 보통 한 번에 100개가 넘는 알을 낳습니다.

① 글 **1**의 앞
② 글 **1**의 뒤
③ 글 **2**의 뒤
④ 글 **3**의 뒤
⑤ 글 **4**의 뒤

어휘력 다지기

1~3 다음 문장의 괄호 안에 어울리는 낱말을 골라 ○표 해 보세요.

1 잔치날에 뜻하지 않게 (귀객 / 불청객)이 찾아와서 분위기를 망쳤다.

2 (적혈구 / 혈소판)은/는 상처가 났을 때 피를 굳게 하는 역할을 한다.

3 (항원 / 항체)은/는 바이러스로부터 우리 몸이 감염되지 않도록 돕는다.

4~6 다음 문장의 빈칸에 알맞은 낱말을 **보기** 에서 찾아 써 보세요.

보기
섭취　　　　번식　　　　악화

4 건강을 지키려면 음식물을 골고루 [　　　]하는 것이 좋다.
　　　물체가 양분 따위를 몸속에 빨아들이는 일

5 영토 문제로 갈등이 있어 온 두 나라의 사이가 점점 [　　　]되었다.
　　　일의 형편이 나쁜 쪽으로 바뀜.

6 주민들은 세균의 [　　　]을/를 막기 위해 건물 곳곳을 소독하기로 하였다.
　　　붇고 늘어서 많이 퍼짐.

어휘력에 도움이 되는  대표한자

物　　　牛　牜　物

뜻	소리	
물건	물	物자는 소를 잡아 상품으로 만든 모습을 표현한 글자예요. 牛(소 우)자에 칼로 내리치는 듯한 모습의 勿(말 물)자가 합쳐져 **물건, 사물**의 뜻을 갖게 되었어요.

만 물 (萬 物) 일만 만　물건 물	세상에 있는 모든 것 예 봄은 **만물**이 자라나는 계절이다.
재 물 (財 物) 재물 재　물건 물	돈이나 그 밖의 값나가는 모든 물건 예 **재물**을 얻고 나더니 그 사람의 씀씀이가 달라졌다.
물 가 (物 價) 물건 물　값 가	물건의 값 예 가뭄이 심해 농산물의 **물가**가 크게 올랐다.

독해 3원리

통합2

어린이 비만의 원인

일일 학습을 마치고, 워크북으로 생각을 정리해 보세요. 워크북 · 04쪽

공부한 날

월   일

❶ 어린이 비만은 아이의 몸무게가 같은 또래보다 20% 이상 높은 경우를 말한다. 몸 안에 지방이 늘어나면 '렙틴'이라는 물질이 생기는데, 뇌는 이 물질이 늘어나면 식욕을 억제한다. 그런데 매일 같이 과식을 하는 아이의 뇌는 이 물질이 생기는 것을 알아차리지 못한다. 비만이 된 아이는 성장판이 빨리 닫히고, 커서는 당뇨병, 고혈압, 심장병 등의 질병을 앓게 될 가능성이 높다.

❷ 어린이 비만의 원인으로는 유전, 환경, 병, 심리적 요인 등을 들 수 있다. 그중 어린이 비만을 일으키는 가장 큰 원인은 환경이다. 요즘 아이들은 채소보다는 육류를 좋아하고 아이스크림, 빵, 햄버거, 탄산음료 등과 같은 열량이 높은 인스턴트 음식을 즐겨 먹는다. 또한 밖에서 친구들과 어울려 뛰어놀기보다 혼자 오랜 시간 앉아서 컴퓨터나 휴대 전화로 게임을 하거나 텔레비전을 시청하는 것을 좋아한다. 높은 열량의 음식을 먹고 활동량은 적으니 어린이 비만이 증가하는 것은 당연한 결과가 아닐까?

❸ 어린이 비만을 일으키는 또 다른 원인으로는 유전적 요인을 들 수 있다. 한 기관의 조사에 의하면, 부모가 모두 비만인 경우 자녀가 뚱뚱해질 확률은 80%에 달한다. 한쪽 부모만 비만인 경우에는 40%, 부모가 비만이 아닐 경우에는 7% 정도만이 뚱뚱한 아이가 되는 것으로 나타났다.

❹ 스트레스 같은 심리적 요인 또한 비만의 원인이라 할 수 있다. 학교와 가정 문제, 친구 문제 등으로 고민하는 아이들은 먹는 음식으로 스트레스를 풀려는 경향이 강하다. 스트레스를 없애기 위해 높은 열량의 음식을 많이 찾게 되고, 그로 인해 몸무게가 불어나 또 다시 스트레스를 느끼는 악순환이 되풀이되는 것이다.

❺ 어린이 비만을 예방하려면 기름진 음식의 섭취를 줄이고 하루 세 번 식사를 꼭 챙겨 먹는 것이 좋다. 또한 걷기, 수영, 달리기 등의 운동을 꾸준히 하는 습관을 들일 필요가 있다.

▎낱말 풀이 ▎

• **비만** 살이 쪄서 몸이 뚱뚱함.

• **과식** 지나치게 많이 먹음.

• **성장판** 뼈와 뼈 사이에 있는, 성장을 일으키는 판

• **심리적** 마음의 상태에 관한. 또는 그런 것

• **요인** 사물이나 사건을 일어나게 한 조건

• **열량** 열에너지의 양

• **경향** 현상이나 사상, 행동 따위가 어떤 방향으로 기울어짐.

• **악순환** 나쁜 현상이 끊임없이 되풀이됨.

핵심 내용 정리하기

1 이 글의 내용에 맞으면 ○표, 틀리면 ×표 하세요.

[1] 스트레스는 비만의 원인이 될 수 있다. ( )

[2] 요즘 아이들은 열량이 높은 인스턴트 음식을 즐겨 먹는다. ( )

[3] 열량이 높은 음식을 먹고 그만큼 활동하지 않으면 비만이 될 수 있다. ( )

[4] 어린이 비만은 아이의 몸무게가 또래보다 30% 이상 높은 경우를 말한다. ( )

[5] 어린이 비만을 예방하려면 하루에 두 번 정도만 식사를 챙겨 먹는 것이 좋다. ( )

짜임 이해하기

2 이 글의 짜임이 한눈에 보이도록 만들려고 해요. 글 **1**~**5**의 빈칸에 들어갈 말을 보기 에서 찾아 그 기호를 써 보세요.

보기

㉠ 예방법　　㉡ 위험성　　㉢ 심리적 요인　　㉣ 유전적 요인　　㉤ 환경적 요인

1 어린이 비만의 기준과 그 ＿＿＿＿

2 어린이 비만을 일으키는 ＿＿＿＿

3 어린이 비만을 일으키는 ＿＿＿＿

4 어린이 비만을 일으키는 ＿＿＿＿

5 어린이 비만의 ＿＿＿＿

내용 요약하기

3 다음 빈칸에 알맞은 말을 넣어 이 글을 간추려 보세요.

어린이 비만의 원인으로는 ☐☐적 요인, 유전적 요인, ☐☐적 요인 등이 있다. 어린이 비만을 예방하기 위해서는 기름진 ☐☐의 섭취를 줄이고, ☐☐을 꾸준히 하는 습관을 들일 필요가 있다.

화제 파악 **1** 글 **1**~**5**에 대해 잘못 설명한 것은 무엇인가요? (   )

① 글 **1**은 어린이 비만을 일으키는 물질을 설명하였다.
② 글 **2**는 어린이 비만을 일으키는 식습관을 설명하였다.
③ 글 **3**은 어린이 비만을 일으키는 유전적 요인을 설명하였다.
④ 글 **4**는 어린이 비만을 일으키는 심리적 요인을 설명하였다.
⑤ 글 **5**는 어린이 비만을 예방하기 위한 방법을 설명하였다.

내용 이해 **2** 이 글의 내용으로 알맞지 <u>않은</u> 것은 무엇인가요? (   )

① 병으로 인해 어린이 비만이 나타나는 경우도 있다.
② 부모의 비만과 자녀의 비만은 뚜렷한 관련이 없다.
③ 스트레스로 인해 잘못된 식습관을 갖게 될 수 있다.
④ 어린이 비만은 고혈압, 심장병 등의 질병을 유발할 수 있다.
⑤ 어린이 비만을 예방하기 위해 기름진 음식의 섭취를 줄여야 한다.

상황에 적용 **3** 다음은 이 글을 읽은 학생들이 나눈 대화입니다. 어린이 비만을 예방하기 위한 방법을 <u>잘못</u> 말한 친구는 누구인가요? (   )

> **하율:** 스트레스를 받는 일이 있으면 곧바로 풀어 버리는 것이 어린이 비만을 예방하는 방법이 될 수도 있겠어.
> **아인:** 그래서 난 스트레스가 쌓일 때는 탄산음료를 마셔. 스트레스가 단번에 풀어지는 것 같거든.
> **서아:** 열량이 높은 음식을 먹었으면 그만큼 운동을 해서 에너지를 소모하는 것이 좋겠어.

1~3 다음에서 설명하고 있는 낱말이 무엇인지 써 보세요.

1 이것은 '살이 쪄서 몸이 뚱뚱함.'을 뜻하는 말이야. → ☐☐

2 이것은 '열에너지의 양'을 뜻하는 말로, '칼로리'라고도 불러. → ☐☐

3 이것은 뼈와 뼈 사이에 있으며, '성장을 일으키는 판'을 가리켜. → ☐☐☐

4~5 다음 문장의 빈칸에 알맞은 낱말을 써 보세요.

4 발표를 잘 하려면 ☐ㅅ ☐ㄹ ☐ㅈ 안정감을 유지하는 것이 중요하다.
    마음 상태에 관한

5 더위 때문에 에어컨을 사용하지만, 이것이 기온을 높이는 원인이 되어 ☐ㅇ ☐ㅅ ☐ㅎ 이 반복되고 있다.
    나쁜 현상이 끊임없이 되풀이됨.

어휘력에 도움이 되는 **대표한자** 

過

뜻	소리	過자는 辶(쉬엄쉬엄 갈 착)자와 咼(가를 과)자가 결합한 한자예요. **지나다, 경과하다, 지나치다 등**의 의미를 가지고 있어요.
지날	과	

과 거 (過 去)   지날 과   갈 거
이미 지나간 때. 이미 지나간 일이나 생활
예 우리는 **과거**를 잊고 새 출발을 하기로 했다.

사 과 (謝 過)   사례할 사   지날 과
자기의 잘못을 인정하고 용서를 빎.
예 주혁이는 내 발을 밟고 **사과**도 안 했다.

경 과 (經 過)   지날 경   지날 과
시간이 지나감. 일이 되어 가는 과정
예 심장 수술의 **경과**가 매우 좋다.

동해안에도 밀물과 썰물이 있을까?

달이 지구를 당기는 힘 때문에 바닷물이 밀려들어오고 빠져 나가는 밀물과 썰물 현상은 서해안과 남해안에서 주로 관찰돼요. 그렇다면 동해안에서는 밀물과 썰물 현상이 나타나지 않는 걸까요? 그렇지 않아요. 동해안은 서해안이나 남해안에 비해서 바닷물의 깊이가 깊어요. 그래서 썰물 때 바닷물이 빠져 나간다고 해도 크게 티가 나지 않는 거랍니다.

미생물로 플라스틱을 줄이는 게 가능할까?

2016년 일본의 재활용 공장에서 '이데오넬라 사카이엔시스'라는 미생물이 발견됐어요. 이 미생물이 플라스틱 병을 먹어 치운다는 게 알려지면서 과학계가 발칵 뒤집혔어요. 이 미생물이 플라스틱을 먹고 나면, 플라스틱을 만드는 데 필요한 주원료가 남는답니다. 과학자들이 이데오넬라 사카이엔시스를 활용할 방법만 찾아 낸다면 플라스틱을 만들 때 생기는 이산화탄소의 발생을 줄이는 것은 물론, 플라스틱 쓰레기를 대폭 줄일 수 있게 될 거예요.

모기의 애벌레의 이름은 무엇일까?

모기의 애벌레는 '장구벌레'라고 불러요. 모기는 물이 고여 있는 곳에 한꺼번에 100~700개의 알을 낳아요. 종류에 따라 다르기는 하지만 알에서 깬 장구벌레가 모기가 되기까지는 대략 5~14일 정도가 걸려요. 장구벌레는 물속을 헤엄치며 활발하게 활동을 하는데, 가끔씩 물 밖으로 꼬리 끝에 달린 관을 내어놓고 숨을 쉬기도 합니다. 장구벌레가 송사리와 같은 물고기와 미꾸라지 등의 먹잇감이 된다고 하니, 모기의 유충도 생태계를 유지하는 데 어느 정도 역할을 한다고 볼 수 있어요.

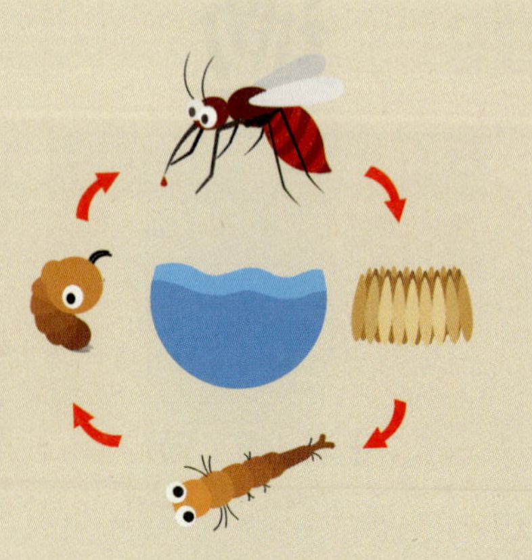

아프라시압 궁전 벽화

❶ 아프라시압은 우즈베키스탄 사마르칸트 시의 동북쪽 언덕에 있는 도시 유적*을 말합니다. 고대에는 서역*으로 불리던 지역으로 동서양 문화 교류에 중요한 역할을 담당했던 지역입니다.

❷ 1965년 아프라시압에서 7세기에서 8세기에 완성된 것으로 추정*되는 12명의 외국 사절단* 그림이 발견되었습니다. 벽화에 그려진 각국에서 온 외교 사절단들을 통해 당시의 외교 상황을 짐작할 수 있습니다.

❸ 한쪽 벽에 그려진 12명의 사절단 중에서 맨 마지막에 서 있는 두 명이 고구려 사신으로 보여 화제가 되었습니다. 그들이 고구려 사신이라는 근거는 그들의 복식*에 나타나 있습니다. 첫째, 두 사신은 상투머리에 새의 깃털을 꽂은 조우관을 쓰고 있습니다. 이는 고구려인만의 특징이며, 이러한 모습은 다른 무덤 속 벽화에도 등장합니다. 둘째, 긴 황색 윗옷에 검은색 띠를 두르고 헐렁한 바지에 뾰족한 신발을 신은 두 사신의 모습이 당시 삼국 시대 사람들의 모습과 비슷합니다. 셋째, 허리에 차고 있는 큰 검은 고구려인들이 차던 환두대도와 일치합니다.

❹ 고구려는 5세기경 광개토대왕과 장수왕 때 주변 민족과의 전쟁에서 승리하여 대제국을 건설하였습니다. 그러한 고구려인들이 아프라시압 궁전 벽화에 등장한 것은 그들이 비단길*을 통해 사마르칸트까지 간 것을 보여 주는 증거이며, 이는 세계를 무대로 활동한 고구려인의 기상*을 짐작하게 합니다.

▌낱말 풀이 ▌

• **유적** 역사적인 사건과 관련 있는 물건이나 장소
• **서역** 중국의 서쪽에 있던 여러 나라를 통틀어 이르는 말
• **추정** 미루어 생각하여 판정함.
• **사절단** 나라를 대표하여 외국에 나가는 사람들의 무리
• **복식** 옷과 장신구를 아울러 이르는 말
• **비단길** 중국과 서아시아, 지중해 지역을 연결하여 무역하던 길
• **기상** 사람이 타고난 씩씩하고 용감한 마음씨

내용 들여다보기

STEP 1 **핵심 내용** 정리하기

1 아프라시압은 우즈베키스탄 [ ] 시의 ~ 지역으로 동서양 [ ] 에 중요한 역할을 담당했던 지역입니다.

2 1965년 아프라시압에서 ~ 12명의 외국 사절단 [ ] 이 발견되었습니다.

3 12명의 사절단 중에서 ~ 두 명이 [ ] 사신으로 보여 화제가 되었습니다.

그들이 고구려 사신이라는 근거는 그들의 복식에 나타나 있습니다.

↳ 첫째, 두 사신은 ~ [ ] 을 쓰고 있습니다.

↳ 둘째, ~ 두 사신의 모습이 ~ 당시 삼국 시대 사람들의 [ ] 과 비슷합니다.

↳ 셋째, 허리에 차고 있는 큰 검은 ~ [ ] 와 일치합니다.

4 고구려는 5세기경 [ ] 과 [ ] 때 ~ 대제국을 건설하였습니다.

고구려인들이 아프라시압 궁전 벽화에 등장한 것은 ~ [ ] 까지 간 것을 보여 주는 증거이며, 이는 ~ 고구려인의 [ ] 을 짐작하게 합니다.

STEP 2 **짜임** 이해하기

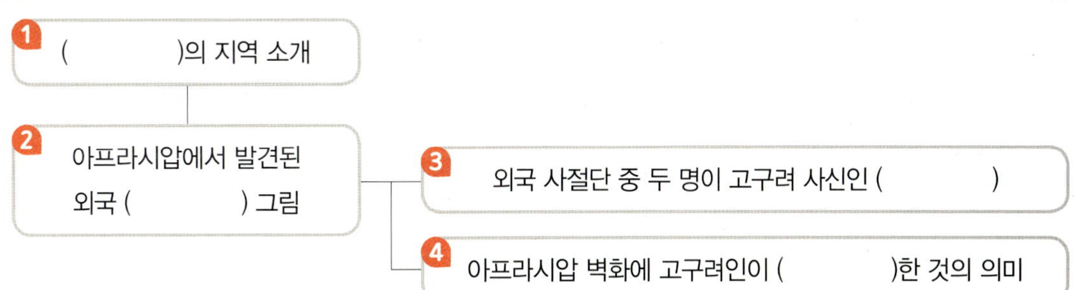

STEP 3 **내용** 요약하기

✎ 고구려인들이 아프라시압 궁전 벽화에 등장한 것은 ....

화제 파악

1 이 글에서 알 수 있는 내용 두 가지는 무엇인가요? (　　　,　　　)

① 아프라시압 궁전 벽화의 발견 시기

② 아프라시압 궁전 벽화를 그린 사람

③ 고구려인들이 아프라시압 지역에 머문 기간

④ 아프라시압 궁전 벽화를 발굴하는 데 걸린 시간

⑤ 아프라시압 궁전 벽화의 두 인물을 고구려인으로 추정하는 이유

구조 이해

2 글 ❸에 쓰인 설명 방법으로 알맞은 것은 무엇인가요? (　　　)

① 대상을 하나의 기준에 따라 나누어 설명하고 있다.

② 시간의 흐름에 따라 대상의 변화를 설명하고 있다.

③ 두 대상의 차이점을 밝혀 그 특징을 강조하고 있다.

④ 어떤 결과가 나타나게 된 사연이 무엇인지를 밝히고 있다.

⑤ 몇 가지 근거를 들어 판단한 내용이 사실임을 드러내고 있다.

구조 이해

3 글 ❶~❹ 중에서 다음 내용이 들어가기에 가장 알맞은 위치는 어디인가요? (　　　)

> 고구려의 사신들을 아프라시압에 파견한 이유

① 글 ❶의 앞　　　② 글 ❶의 뒤　　　③ 글 ❷의 뒤

④ 글 ❸의 뒤　　　⑤ 글 ❹의 뒤

비판과 평가

4 이 글을 읽은 친구가 떠올린 생각으로 알맞지 <u>않은</u> 것은 무엇인가요? (　　　)

① 조우관에 꽂은 새의 깃털은 무엇을 의미하는 걸까?

② 12명의 외교 사절단은 고구려인 외에 어느 나라 사람들이었을까?

③ 12명의 외교 사절단 중 마지막 두 사신의 복식이 같은 이유는 무엇일까?

④ 아프라시압 궁전 벽화를 7세기에서 8세기에 완성된 것으로 생각하는 근거는 무엇일까?

⑤ 아프라시압이 동서양 문화 교류에서 중요한 역할을 담당할 수 있었던 구체적 이유는 무엇일까?

1~3 다음 빈칸을 채워 낱말의 뜻풀이를 완성해 보세요.

1 복 식 : ☐과 장신구를 아울러 이르는 말

2 서 역 : 중국의 ☐☐에 있던 여러 나라를 통틀어 이르는 말

3 비 단 길 : 중국과 서아시아, 지중해 지역을 연결하여 ☐☐하던 길

4~6 다음 문장의 빈칸에 알맞은 낱말을 [보기]에서 찾아 써 보세요.

> **보기**
>
> 기상　　　　　유적　　　　　사절단

4 우리나라 ☐☐☐ 은 외국 사람들에게 열띤 환영을 받았다.
나라를 대표하여 외국에 나가는 사람들의 무리

5 이순신 장군은 늠름한 ☐☐ 을 얼굴에 띠고 명령을 내렸다.
사람이 타고난 씩씩하고 용감한 마음씨

6 문화 ☐☐ 을 통해 옛 조상들이 살아온 흔적들을 엿볼 수 있다.
역사적인 사건과 관련 있는 물건이나 장소

어휘력에 도움이 되는 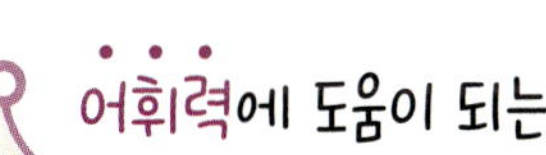 대표한자

定

ㅗ　宀　宇　定

뜻	소리	定자는 宀(집 면)자와 正(바를 정)자가 결합하여, 집안이 평안하여 매우 안정적이라는
정할	정	뜻을 가지게 되었지요. 지금은 **정하다**, **바로잡다**, **평정하다**의 뜻으로 쓰여요.

확 정 (確　定) 굳을 확　정할 정	일을 확실하게 정함. 📍 가족 모임에서 어디로 휴가를 떠날 것인지 **확정**을 하였다.
추 정 (推　定) 밀 추　정할 정	미루어 생각하여 판정함. 📍 형사는 증거를 바탕으로 범인이 누구인지 **추정**을 하였다.
판 정 (判　定) 판단할 판　정할 정	판별하여 결정함. 📍 선수들은 심판의 **판정**에 따라야 한다.

바코드와 QR 코드

일일 학습을 마치고, 워크북으로 생각을 정리해 보세요. 워크북 · 08쪽

공부한 날

월   일

관련 교과 **초등사회 4-2**
필요한 것의 생산과 교환

❶ 상품의 포장지 뒷면에는 숫자와 함께 넓이가 제각각인 검고 흰 막대 줄무늬가 표시되어 있습니다. 우리는 이를 '바코드'라고 부릅니다. 이 작은 막대 줄무늬 안에는 상품을 만든 나라, 회사, 상품의 고유˙ 번호, 상품 가격 등의 정보가 숨겨져 있습니다. 바코드는 컴퓨터가 정보를 쉽게 읽을 수 있도록 주로 상품의 포장지에 표시하며, 상품을 관리하는 데 이용됩니다. 뿐만 아니라 바코드는 도난˙을 방지˙ 하는 목적으로도 쓰입니다. 대형 마트나 도서관 등에서 물건이나 책의 바코드를 컴퓨터에 찍지 않고 나가면 '삐삐' 하며 경보음이 울립니다. 이는 출구에 있는 기계가 바코드를 찍지 않은 물건을 가려내 소리를 내는 것입니다.

❷ 요즘에는 광고판, 상품 포장지, 웹사이트 등에서 QR 코드를 쉽게 찾아볼 수 있습니다. QR 코드는 'Quick Response(빠른 대답)'의 머리글자로 코드에서 빠르게 정보를 얻어 낼 수 있는 기호˙입니다. QR 코드는 1994년 일본의 덴소 웨이브 사에서 만든 것으로, 하나의 작업을 하기 위해 여러 개의 바코드를 읽어야 하는 불편함을 해결하기 위해 개발되었습니다.

❸ 바코드는 가로 형태에 최대 20자 정도의 숫자 정보만 넣을 수 있는 반면, QR 코드는 작은 점들이 모인 사각형의 무늬 안에 숫자는 최대 7,089자, 문자는 최대 4,296자, 한자는 1,817자 정도나 되는 많고 다양한 정보를 저장할 수 있습니다. 이러한 정보들이 담긴 QR 코드를 스마트폰으로 읽으면 웹사이트의 동영상 및 사진 정보까지 쉽게 확인할 수 있습니다. 최근에는 QR 코드로 제품을 홍보˙하거나 결제˙ 시스템˙에 이용하는 등 점점 그 활용 분야를 넓혀 가고 있습니다.

┃ 낱말 풀이 ┃

• **고유** 원래부터 그것만이 가지고 있는 것

• **도난** 도둑을 맞아 물건을 잃어버리는 것

• **방지** 어떤 일이나 현상이 일어나지 못하게 막음.

• **기호** 어떠한 뜻을 나타내기 위하여 쓰이는 부호, 문자, 표지 따위를 통틀어 이르는 말

• **홍보** 널리 알림. 또는 그 소식이나 보도

• **결제** 돈을 주고받아 사고파는 사람 사이의 거래를 끝맺는 일

• **시스템** 필요한 기능을 작동하기 위해 규칙에 따라 만든 집합

▲ 바코드

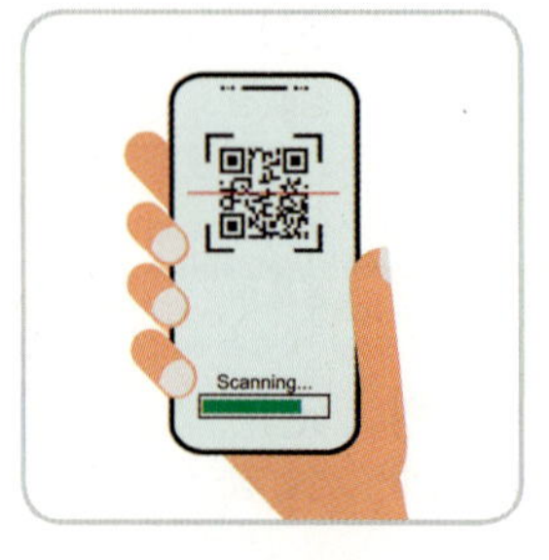

▲ QR 코드

내용 들여다보기

STEP 1 핵심 내용 정리하기

① 상품의 포장지 뒷면에는 [　　　]와 함께 ~ 검고 흰 막대 [　　　]가 표시되어 있습니다.
　↳ 우리는 이를 '바코드'라고 부릅니다.
　　↳ 바코드는 ~ 상품을 [　　　]하는 데 이용됩니다.
　　↳ [　　　] 바코드는 도난을 방지하는 목적으로도 쓰입니다.

② QR 코드는 ~ 코드에서 [　　　] 정보를 얻어 낼 수 있는 기호입니다.
QR 코드는 1994년 [　　　]의 덴소 웨이브 사에서 ~ 여러 개의 [　　　]를 읽어야 하는 불편함을 해결하기 위해 개발되었습니다.

③ 바코드는 ~ 숫자 정보만 넣을 수 있는 반면, QR 코드는 ~ [　　　]의 무늬 안에 ~ 많고 다양한 정보를 저장할 수 있습니다.
QR 코드를 스마트폰으로 읽으면 ~ 동영상 및 [　　　] 정보까지 쉽게 확인할 수 있습니다.
최근에는 ~ 점점 그 활용 [　　　]를 넓혀 가고 있습니다.

STEP 2 짜임 이해하기

① (　　　)의 모양과 쓰임　　　　② (　　　)의 정의와 개발 배경

- 숫자와 함께 표시된 넓이가 제각각인 검고 흰 막대 줄무늬
- 상품을 (　　　)하는 데 이용됨.
- (　　　)을 방지하는 목적으로도 쓰임.

③ QR 코드의 특징과 쓰임

- 많고 다양한 정보를 (　　　)할 수 있음.
- (　　　) 및 사진 정보를 쉽게 확인할 수 있음.
- 제품을 홍보하거나 (　　　) 시스템에 이용함.

STEP 3 내용 요약하기

✎ 바코드는 주로 상품을 관리하고 도난을 방지할 목적으로 이용하지만, QR 코드는 ________________

____

____

화제 파악 **1** 이 글에서 확인할 수 <u>없는</u> 내용은 무엇인가요? (   )

① 바코드의 모양　　　　　　② QR 코드가 쓰이는 분야
③ QR 코드가 만들어진 이유　　④ 바코드를 사용할 때 주의할 사항
⑤ QR 코드에 담을 수 있는 정보의 양

내용 이해 **2** 바코드에 숨겨져 있는 정보로 볼 수 <u>없는</u> 것은 무엇인가요? (   )

① 상품의 가격　　　　　　② 상품을 만든 회사
③ 상품의 고유 번호　　　　④ 상품을 만든 나라
⑤ 상점의 판매자의 연락처

내용 이해 **3** QR 코드에 대한 설명으로 적절하지 <u>않은</u> 것은 무엇인가요? (   )

① 스마트폰으로 읽을 수 있다.
② 작은 점들이 모인 사각형 무늬이다.
③ 숫자와 함께 모든 정보를 표시한다.
④ 코드에서 빠르게 정보를 얻어 낼 수 있는 기호이다.
⑤ 웹사이트의 동영상 및 사진 정보까지 쉽게 확인할 수 있다.

상황에 적용 **4** 이 글을 읽은 친구가 다음 설명을 듣고 할 수 있는 생각으로 알맞지 <u>않은</u> 것은 무엇인가요? (   )

> QR 코드 결제란, 스마트폰으로 QR 코드를 찍어 간편하게 물건을 산 사람의 통장에서 물건을 판 사람의 통장으로 즉시 돈을 보내는 시스템입니다. 신용카드를 이용할 경우 물건을 판 사람이 신용카드 회사에 이용료를 내야 하는데 QR 코드를 사용하면 이를 내지 않아도 됩니다.

① QR 코드 결제를 이용하면 물건을 사고팔기가 더 쉬워지겠네요.
② QR 코드 결제를 이용하려면 스마트폰과 같은 기기가 필요하겠네요.
③ QR 코드 결제를 이용하면 현금이나 신용카드를 들고 다닐 필요가 없겠네요.
④ QR 코드 결제를 이용하려면 통장의 비밀번호를 판매자에게 알려줘야 하겠군요.
⑤ 물건을 파는 사람은 신용카드를 이용하는 것보다 QR 코드 결제를 이용하는 것을 좋아하겠네요.

1~3 다음 낱말의 알맞은 뜻을 찾아 선으로 이어 보세요.

1 고유 ·
2 기호 ·
3 도난 ·

· ㉠ 도둑을 맞아 물건을 잃어버리는 것
· ㉡ 원래부터 그것만이 가지고 있는 것
· ㉢ 부호, 문자, 표지 따위를 통틀어 이르는 말

4~6 다음 문장의 빈칸에 알맞은 낱말을 보기에서 찾아 써 보세요.

보기

| 결제 | 방지 | 홍보 |

4 수질 오염의 ☐ 를 위한 환경 운동이 벌어지고 있다.
어떤 일이나 현상이 일어나지 못하게 막음.

5 그 기업은 새 제품이 나오자마자 ☐ 를 하는 데 열을 올렸다.
널리 알림.

6 물건을 사고 난 뒤 가지고 있는 현금이 없어 신용카드로 ☐ 를 했다.
돈을 주고받아 사고파는 사람 사이의 거래를 끝맺는 일

어휘력에 도움이 되는 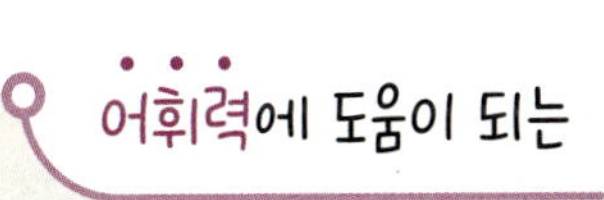 대표 한자

字

㢱 字 字	

뜻	소리
글자	자

字자는 宀(집 면)자와 子(아들 자)자가 결합한 한자예요. '집에서 아이를 기른다.'라는 뜻으로 만들어졌어요. 하지만 지금은 문자(文字)와 관련된 뜻으로 쓰이고 있어요.

문 자 (文 字) 글월 문　글자 자	인간의 언어를 적는 데 사용하는 시각적인 기호 체계 예 우리의 한글은 세계 어느 **문자**보다 뛰어나다고 인정받고 있다.
한 자 (漢 字) 한나라 한　글자 자	고대 중국에서 만들어져 오늘날에도 쓰이고 있는 표의 문자 예 조선 시대에는 한글이 만들어지기 전에 **한자**를 사용하였다.
숫 자 (數 字) 셈 수　글자 자	수를 나타내는 글자 예 이 비밀번호는 여덟 자리의 **숫자**로 되어 있다.

중력이 사라진다면?

1 높이뛰기 선수가 점프를 하면 멀리 날아가지 않고 아래로 떨어지는 이유는 무엇일까요? 그 이유는 지구가 우리를 끌어당기고 있기 때문입니다. 그 끌어당기는 힘을 '중력'이라고 합니다. 우리가 물체를 들 때 가볍거나 무겁다고 느끼는 것은 물체에 작용*하는 중력의 크기가 다르기 때문입니다. 이렇게 물체에 작용하는 중력의 크기를 '무게'라고 합니다.

2 그러면 무게는 어디에서나 똑같을까요? 아닙니다. 무게는 재는 곳에 따라 달라집니다. 달에서 몸무게를 재면 지구에서 잰 무게의 1/6 정도밖에 안 됩니다. 그 이유는 지구 중력의 크기가 달 중력의 크기보다 6배가량 크기 때문입니다. 중력의 크기가 달라지면 같은 물체라도 측정한 무게가 달라집니다. 그러나 장소에 따라 중력의 크기가 달라진다고 해도 물체의 고유한 양을 나타내는 질량은 변하지 않습니다. 즉 무게는 측정 장소에 따라 달라지지만 질량은 측정 장소에 따라 달라지지 않습니다.

3 만약 '중력'이 사라진다면 어떤 일이 일어날까요? 사람은 물론, 지구의 모든 것들은 지구에 붙어 있지 못하고 둥둥 떠다니게 될 것입니다. 게다가 중력이 없으면 혈압*이 상승*하여 얼굴이 부어오르고, 안압*도 높아져 눈이 손상*될 수 있습니다. 또 몸 안의 뜨거운 열이 땀으로 나오지 않아 피부에 열이 쌓여 폭발할 수 있습니다. 우리 몸의 뼈와 근육은 중력을 지탱*해 주는 역할을 하는데, 중력이 작용하지 않는 무중력 상태에서는 이들의 역할이 없어져 뼈와 근육은 우리 몸을 지탱할 수 없을 만큼 약해지고 말 것입니다. 실제로 우주 비행사들은 무중력 상태에서 오는 갑작스러운 몸의 변화로 인해 엄청난 고통을 겪는다고 합니다.

｜ 낱말 풀이 ｜

• **작용** 어떠한 현상을 일으키거나 영향을 미침.

• **혈압** 심장에서 혈액을 밀어 낼 때, 혈관 안에 생기는 압력

• **상승** 낮은 데서 위로 올라감.

• **안압** 눈알 안에 미치는 압력

• **손상** 병이 들거나 다침.

• **지탱** 오래 버티거나 배겨 냄.

내용 들여다보기

❶ 높이뛰기 선수가 점프를 하면 ~ 아래로 떨어지는 이유는 ~ [　　　]가 우리를 끌어당기고 있기 때문입니다.

  ↳ 그 끌어당기는 힘을 [　　　]이라고 합니다.

❷ 달에서 몸무게를 재면 지구에서 잰 무게의 [　　　] 정도밖에 안 됩니다.

  ↳ 그 이유는 지구 중력의 크기가 달 중력의 크기보다 [　　　]가량 크기 때문입니다.

  ↳ 중력의 크기가 달라지면 ~ 측정한 무게가 달라집니다.

  ↳ 그러나 ~ 물체의 고유한 양을 나타내는 [　　　]은 변하지 않습니다.

❸ 만약 ~ '중력'이 [　　　]면 어떤 일이 일어날까요?

  ↳ 지구의 모든 것들은 ~ 둥둥 떠다니게 될 것입니다.

  ↳ 얼굴이 부어오르고, ~ 눈이 [　　　] 될 수 있습니다.

  ↳ 또 ~ 피부에 열이 쌓여 [　　　]할 수 있습니다.

  ↳ 뼈와 [　　　]은 우리 몸을 지탱할 수 없을 만큼 약해지고 말 것입니다.

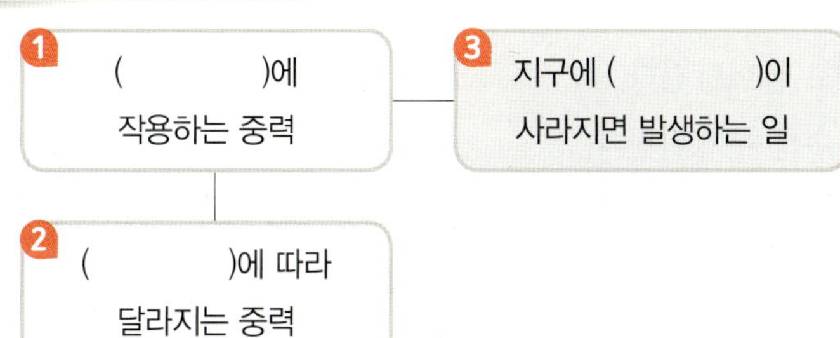

✎ 지구가 우리를 끌어당기는 힘을 '중력'이라고 합니다. 중력이 사라지면

내용 이해 **1** '중력'이 사라지면 발생할 수 있는 일로 알맞지 <u>않은</u> 것은 무엇인가요? (   )

① 안압이 높아져 눈이 손상된다.

② 혈압이 상승하여 얼굴이 부어오른다.

③ 지구의 모든 것들은 둥둥 떠다니게 된다.

④ 땀이 많이 나며 피부에 열이 쌓이게 된다.

⑤ 중력을 지탱할 필요가 없으므로 뼈와 근육이 약해질 수 있다.

내용 추론 **2** 다음 (가)와 (나)에 '무게'와 '질량' 중 알맞은 말을 써 넣으세요.

> • 어떤 물체의 달에서의 (가   )와/과 지구에서의 (가   )은/는 다르다.
> • 어떤 물체의 달에서의 (나   )와/과 지구에서의 (나   )은/는 다르지 않다.

[1] (가): (   )　　　　**[2]** (나): (   )

상황에 적용 **3** '중력'을 알아볼 수 있는 현상으로 알맞지 <u>않은</u> 것은 무엇인가요? (   )

① 식물의 뿌리는 밑으로 자란다.

② 고드름이 아래쪽을 향해 맺힌다.

③ 위로 던진 공이 아래로 떨어진다.

④ 자석은 다른 극끼리 서로 끌어당긴다.

⑤ 가방에 짐을 많이 넣을수록 무거워진다.

상황에 적용 **4** 다음 글을 바탕으로 '지구, 달, 화성'의 중력의 크기를 알맞게 비교한 것은 무엇인가요? (   )

> 지구에서의 몸무게가 78kg인 사람이 달에서 몸무게를 재면 13kg 정도가 나와요. 이 사람이 태양계 행성 중 하나인 화성에 가서 몸무게를 재면 30kg 정도가 나온답니다.

① 지구 < 달 < 화성　　　　② 지구 < 화성 < 달

③ 달 < 지구 < 화성　　　　④ 달 < 화성 < 지구

⑤ 화성 < 달 < 지구

1~3 다음 낱말의 알맞은 뜻을 찾아 선으로 이어 보세요.

1 손상 •
• ㉠ 병이 들거나 다침.

2 안압 •
• ㉡ 눈알 안에 미치는 압력

3 혈압 •
• ㉢ 심장에서 혈액을 밀어 낼 때, 혈관 안에 생기는 압력

4~6 다음 문장의 빈칸에 알맞은 낱말을 보기 에서 찾아 문장에 맞게 고쳐 써 넣으세요.

> **보기**
>
> 상승하다　　　　작용하다　　　　지탱하다

4 이번에 밝혀진 증거는 그에게 불리하게 [　　　] 것이다.
어떠한 현상을 일으키거나 영향을 미칠

5 장마가 끝나고 나니까 기온이 [　　　] 더위가 찾아왔다.
낮은 데서 위로 올라가면서

6 할아버지는 지팡이에 몸을 [　　　] 채 오랜 시간 그 자리에 서 있었다.
오래 버티거나 배겨 낸

어휘력에 도움이 되는 **대표 한자** 

力	フ　力			

뜻	소리	力자는 밭갈이용 농기구를 그림으로 나타낸 글자예요. 힘, 힘쓰다 등의 의미를 가지고 있어요.
힘	력	

전 력 (全 力) 온전할 전　힘 력	모든 힘 예 그는 100m 지점에 이르러서야 **전력**으로 질주를 시작했다.
능 력 (能 力) 능할 능　힘 력	일을 감당해 낼 수 있는 힘 예 선생님께서 학생들의 **능력**에 맞는 과제를 내 주셨다.
중 력 (重 力) 무거울 중　힘 력	지구 위의 물체가 지구로부터 받는 힘 예 지구에 사는 우리는 **중력**의 힘을 거스를 수 없다.

육상 트랙을 도는 방향

일일 학습을 마치고, 워크북으로 생각을 정리해 보세요. 워크북 · 12쪽

공부한 날

월   일

관련 교과 **초등과학 5-2**
물체의 운동

❶ 1896년 제1회 아테네 올림픽 때만 해도 육상˚ 선수들은 시계 방향으로 달렸습니다. 하지만 ㉠선수들은 달리기를 할 때 어색하고 불편하여 기록이 잘 나오지 않는다고 항의˚했습니다. 결국 국제육상연맹은 트랙의 달리는 방향을 오른손잡이에게 유리한 반시계 방향으로 바꿨습니다.

❷ 대부분 오른손잡이는 오른발을, 왼손잡이는 왼발을 더 사용합니다. 예를 들어 오른손잡이는 왼발을 축˚으로 하여 오른발로 공을 차고, 왼손잡이는 반대로 공을 찹니다. 이처럼 오른손잡이는 왼발이 축이 되어 몸을 지탱하기 때문에 오른발을 활발하게˚ 움직일 수 있고, 왼손잡이는 이와 반대가 되는 것입니다.

❸ 그렇다면 선수들은 왜 반시계 방향으로 달릴 때 편안함을 느끼고 기록이 잘 나오는 걸까요? 오른손잡이는 주로 사용하는 오른쪽 다리보다 체중˚이 쏠리는˚ 왼쪽 다리가 약간 더 무겁습니다. 그래서 오른손잡이는 왼발로 체중을 지탱하고 오른발로 땅을 차고 나가기 때문에 트랙을 시계 방향으로 달릴 때보다 반시계 방향으로 달릴 때 좋은 기록을 낼 수 있는 것입니다. 반면에 ㉡왼손잡이의 경우 트랙을 반시계 방향으로 도는 것이 더 손해˚일 수밖에 없는 것입니다.

❹ 육상 트랙의 방향을 반시계 방향으로 바꾼 뒤 왼손잡이 선수들의 반발˚이 있었지만 왼손잡이보다 오른손잡이가 많아서 그런지 이 규칙은 육상은 물론 스피드 스케이팅, 쇼트 트랙, 야구, 사이클 등 다양한 경기에서 지금까지 쓰이고 있습니다.

| 낱말 풀이 |

- **육상** 달리기, 뛰기, 던지기를 기본 동작으로 하여 땅에서 하는 각종 경기
- **항의** 못마땅한 생각이나 반대의 뜻을 주장함.
- **축** 활동이나 회전의 중심
- **활발하다** 힘차며 시원스럽다.
- **체중** 몸의 무게
- **쏠리다** 물체가 기울어져 한쪽으로 몰리다.
- **손해** 물질적으로나 정신적으로 밑짐.
- **반발** 어떤 상태나 행동 따위에 대하여 거스르고 반항함.

내용 들여다보기

STEP 1　핵심 내용 정리하기

❶ 제1회 아테네 올림픽 때만 해도 육상 선수들은 [   ] 방향으로 달렸습니다.

　　[   ] 선수들은 ~ 어색하고 불편하여 ~ 항의했습니다.

　　결국 국제육상연맹은 트랙의 달리는 방향을 ~ [   ] 방향으로 바꿨습니다.

❷ 오른손잡이는 [   ]을, 왼손잡이는 [   ]을 더 사용합니다.

　　↳ [   ] 오른손잡이는 ~ 오른발을 활발하게 움직일 수 있고, 왼손잡이는 이와는 반대가 되는 것입니다.

❸ 그렇다면 선수들은 왜 반시계 방향으로 달릴 때 ~ 기록이 [   ] 나오는 걸까요?

　　↳ 오른손잡이는 ~ 왼쪽 다리가 약간 더 [   ].

　　↳ 그래서 오른손잡이는 [   ]로 체중을 지탱하고 [   ]로 땅을 차고 나가기 때문에 ~ 좋은 기록을 낼 수 있는 것입니다.

❹ 왼손잡이보다 오른손잡이가 많아서 그런지 이 [   ]은 ~ 다양한 경기에서 지금까지 쓰이고 있습니다.

STEP 2　짜임 이해하기

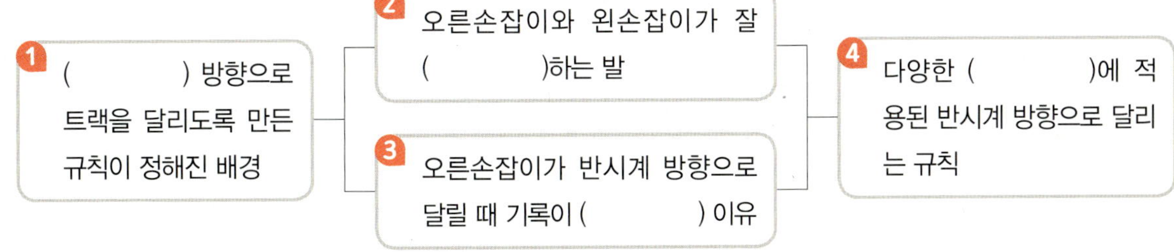

STEP 3　내용 요약하기

🖉 육상 경기에서 트랙을 반시계 방향으로 달리도록 한 규칙은 오른손잡이에게 유리합니다. 오른손잡이는 왼발로

체중을 지탱하고 오른발로

화제 파악 1 이 글에서 답을 찾을 수 <u>없는</u> 질문은 무엇인가요? (   )

① 육상 경기에는 어떤 종목들이 있나요?

② 오른손잡이는 주로 어느 쪽 발이 더 무거운가요?

③ 오른손잡이는 주로 어느 쪽 발을 많이 사용하나요?

④ 트랙을 반시계 방향을 달리는 경기에는 어떤 것들이 있나요?

⑤ 국제육상연맹이 트랙의 달리는 방향을 바꾼 이유는 무엇인가요?

내용 이해 2 ㉠에서 선수들이 국제육상연맹에 요구한 것은 무엇인가요? (   )

① 한 치의 실수도 없도록 정확하게 기록을 재는 것

② 트랙의 달리는 방향을 반시계 방향으로 바꾸는 것

③ 운동화를 비롯한 선수들의 장비를 지원해 주는 것

④ 누구나 트랙을 원하는 방향으로 달릴 수 있도록 하는 것

⑤ 경기에 참여하는 선수가 오른손잡이인지 왼손잡이인지 공개하는 것

내용 이해 3 이 글의 내용에 알맞지 <u>않은</u> 것은 무엇인가요? (   )

① 오른손잡이는 왼쪽 다리로 체중이 쏠리는 경향이 있다.

② 오른손잡이는 주로 왼쪽발을 축으로 하여 오른발로 공을 찬다.

③ 오른손잡이라면 육상 경기에서 반시계 방향으로 달리는 것이 유리하다.

④ 제1회 아테네 올림픽의 육상 경기는 오른손잡이에게 유리한 면이 있었다.

⑤ 국제육상연맹이 육상 트랙의 방향을 반시계 방향으로 바꾼 것에 항의하는 선수들이 있었다.

내용 추론 4 다음은 ㉡의 이유를 정리한 것입니다. 괄호 안에 알맞은 말을 골라 ○표 해 보세요.

> 왼손잡이는 주로 (왼쪽 / 오른쪽) 다리가 더 무겁습니다. 흔히 왼손잡이는 (왼발 / 오른발)로 체중을 지탱하고 왼발로 땅을 차고 나가기 때문에 (시계 / 반시계) 방향으로 달릴 때보다 (시계 / 반시계) 방향으로 달릴 때 더 기록이 잘 나올 수 있습니다.

1~3 다음 문장의 빈칸에 알맞은 낱말을 보기 에서 찾아 써 보세요.

보기

축　　　　　손해　　　　　항의

1 발레리나들은 앞꿈치를 [　　　　] (으)로 하여 빙그르르 돌았다.
활동이나 회전의 중심

2 화재가 나서 집이 모두 타버리는 통에 마을 사람들은 큰 [　　　　] 을/를 입었다.
물질적으로나 정신적으로 밑짐.

3 위층에서 쿵쾅거리는 소리가 날 때마다 아래층 사람들은 즉시 [　　　　] 하였다.
못마땅한 생각이나 반대의 뜻을 주장함.

4~5 다음 문장의 밑줄 친 낱말의 의미를 보기 에서 찾아 그 기호를 써 보세요.

보기

㉠ 물체가 기울어져 한쪽으로 몰리다.
㉡ 마음이나 눈길이 어떤 대상에 끌려서 한쪽으로 기울어지다.

4 우리나라 국민의 관심이 축구로 <u>쏠리고</u> 있다. ·············· (　　)

5 버스가 갑자기 멈추자 승객들이 운전기사 쪽으로 <u>쏠려</u> 넘어졌다. ·········· (　　)

어휘력에 도움이 되는 **대표한자**

反	厂	万	反		

뜻	소리	反자는 厂(기슭 엄)자와 又(또 우)자가 결합한 한자예요. 어떠한 물건을 손으로 뒤집는다는 뜻을 표현한 글자예요. **되돌아오다**, **뒤집다** 등의 뜻을 가지고 있어요.
돌이킬	반	

반 면 (反 面) 돌이킬 반　낯 면	뒤에 오는 말이 앞의 내용과 반대가 됨을 나타내는 말 예 그는 공부는 잘하는 <u>반면</u>에 운동은 잘 못한다.
반 성 (反 省) 돌이킬 반　살필 성	자신의 말과 행동에 대하여 잘못이나 부족함이 없는지 돌이켜 봄. 예 상혁이의 얼굴에서는 <u>반성</u>의 기미가 보이지 않았다.
반 대 (反 對) 돌이킬 반　대할 대	어떤 행동이나 견해, 제안 따위에 따르지 아니하고 맞서 거스름. 예 찬성과 <u>반대</u>를 분명히 하다.

아킬레스건에 숨겨진 의미

관련 교과 **초등국어 5-1**
글쓴이의 주장

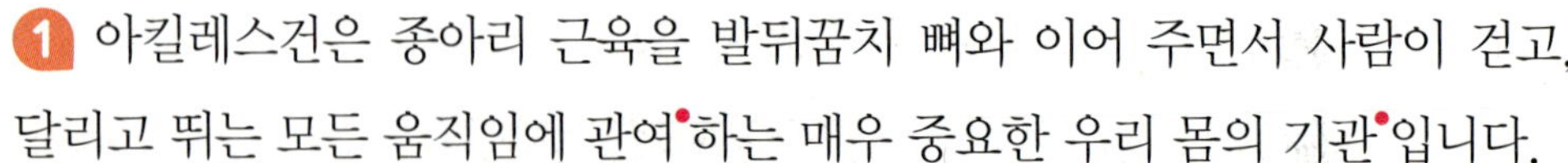

1 아킬레스건은 종아리 근육을 발뒤꿈치 뼈와 이어 주면서 사람이 걷고, 달리고 뛰는 모든 움직임에 관여°하는 매우 중요한 우리 몸의 기관°입니다.

2 아킬레스는 호메로스의 서사시 『일리아스』에 나오는 그리스의 용맹°한 장수의 이름입니다. 용감한 영웅 펠레우스와 바다의 여신 테티스 사이에서 태어난 그는 몸집이 크고 우람하여° 보통의 아기와는 달랐습니다. 그의 어머니 테티스는 강물에 몸을 담그면 창과 화살에 맞아도 상처를 입지 않는 불사신°이 될 수 있다는 스틱스 강에 아킬레스를 담갔습니다. 그런데 발목 부분이 강물에 잠기지 않아 불사신의 몸이 되지 못했고, 발뒤꿈치는 아킬레스의 단 하나뿐인 약점°이 되었습니다.

3 아킬레스는 그리스 최고의 전사로 자라났고, 트로이 전쟁에서 헥토르를 쓰러뜨리며 그리스 군을 승리로 이끌었습니다. 다시 시작된 전쟁에서 트로이 사람들은 아킬레스를 없애버릴 방법을 고민했습니다. 그리고 트로이 사람들은 마침내 아킬레스의 약점이 발뒤꿈치라는 것을 알아냈습니다. 트로이의 왕자 파리스는 아킬레스가 정신없이 싸우고 있을 때, 독화살을 쏘아 아킬레스의 발뒤꿈치를 맞히었고, 최고의 전사 아킬레스는 어처구니없이 전사°합니다.

4 그 뒤로 발뒤꿈치의 힘줄은 '아킬레스건'으로 불리게 되었고, 우리 몸에서 가장 튼튼한 힘줄이지만 사람마다 각각 다르게 가지고 있는 어떤 '치명적°인 약점'이라는 뜻으로 널리 사용되고 있습니다.

▌낱말 풀이 ▌

• **관여** 어떤 일에 관계하여 참여함.

• **기관** 일정한 모양과 기능을 가진 생물체의 부분

• **용맹** 용감하고 사나움.

• **우람하다** 체격이 크고 튼튼하다.

• **불사신** 아무리 때려도 다치지도 아니하고 피도 나지 아니하는 특이하게 강한 몸을 비유적으로 이르는 말

• **약점** 모자라서 남에게 뒤떨어지거나 떳떳하지 못한 점

• **전사** 전쟁터에서 적과 싸우다 죽음

• **치명적** 생명을 위협하는. 일의 성공과 실패에 결정적으로 영향을 주는

내용 들여다보기 🔍

❶ 아킬레스건은 종아리 근육을 [   ] 뼈와 이어 주면서 ~ 움직임에 관여하는 ~ 우리 몸의 기관입니다.

❷ 아킬레스는 ~ 그리스의 용맹한 [   ]의 이름입니다.

그의 어머니 테티스는 ~ [   ]이 될 수 있다는 스틱스 강에 아킬레스를 담갔습니다.

[   ] 발목 부분이 강물에 잠기지 않아 ~ 발뒤꿈치는 아킬레스의 단 하나뿐인 [   ]이 되었습니다.

❸ 아킬레스는 ~ [   ] 전쟁에서 ~ 그리스 군을 승리로 이끌었습니다.

트로이 사람들은 ~ 아킬레스의 약점이 [   ]라는 것을 알아냈습니다.

파리스는 ~ [   ]을 쏘아 아킬레스의 발뒤꿈치를 맞히었고, 아킬레스는 ~ 전사합니다.

❹ 발뒤꿈치의 힘줄은 ~ 우리 몸에서 가장 [   ] 힘줄이지만 ~ '치명적인 [   ]'이라는 뜻으로 널리 사용되고 있습니다.

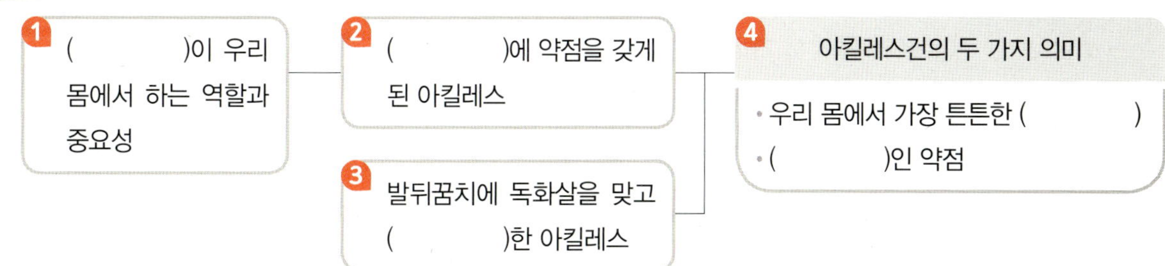

✎ 그리스 최고의 전사인 아킬레스는 발뒤꿈치에 단 하나뿐인 약점을 가지고 있었습니다. 그런 의미에서 아킬레스건은

화제 파악 **1** '아킬레스의 단 하나뿐인 약점'은 어디인지 이 글에서 찾아 써 보세요.

답 ____________________

내용 이해 **2** 글 **2**와 **3**의 내용에 맞게  의 ㉠~㉤을 순서대로 정리해 보세요.

보기

> ㉠ 스틱스 강에 아킬레스의 발목 부분이 잠기지 않았다.
> ㉡ 파리스 왕자가 쏜 독화살에 약점을 맞은 아킬레스가 전사하였다.
> ㉢ 트로이 사람들은 아킬레스의 약점이 발뒤꿈치라는 것을 알아차렸다.
> ㉣ 최고의 전사로 자라난 아킬레스는 트로이 전쟁에서 그리스 군을 승리로 이끌었다.
> ㉤ 바다의 여신 테티스는 아킬레스를 불사신으로 만들기 위해 그를 스틱스 강에 담갔다.

답 (　　　) → (　　　) → (　　　) → (　　　) → (　　　)

내용 추론 **3** 이 글에서 알 수 있는 '아킬레스건'의 두 가지 의미는 무엇인가요? (　　　, 　　　)

① 그리스의 용맹한 장수의 이름
② 우리 몸에서 가장 튼튼한 힘줄
③ 아킬레스를 쓰러트린 트로이 사람들의 지혜
④ 사람마다 각각 다르게 가지고 있는 치명적인 약점
⑤ 아킬레스를 불사신으로 만들려고 노력한 테티스의 마음

상황에 적용 **4** 다음에서 '아킬레스건'의 의미가 다르게 쓰인 것은 무엇인가요? (　　　)

① 출생률이 낮아지는 현상은 우리 사회의 아킬레스건이 될 수 있어.
② 너는 못하는 게 없는 줄 알았더니 노래 실력이 아킬레스건이었구나.
③ 상대팀의 아킬레스건이 무엇인지 알려 줄 테니까 전략을 잘 세워 봐.
④ 장애물 넘기를 하다 아킬레스건을 다친 것이 지금까지 문제가 되고 있어.
⑤ 그 친구는 육상 선수로서 속도는 빠르지만 지구력이 부족한 것이 아킬레스건이야.

1~4 다음 문장의 빈칸에 알맞은 낱말을 [보기]에서 골라 써 보세요.

[보기]

| 관여 | 기관 | 약점 | 용맹 |

1 우리는 남의 일에 더 이상 [　　　　] 하지 않기로 했다.
　　　어떤 일에 관계하여 참여함.

2 서현이는 나의 [　　　　] 을/를 잡고 끊임없이 괴롭혔다.
　모자라서 남에게 뒤떨어지거나 떳떳하지 못한 점

3 심장은 우리 몸의 곳곳에 혈액을 전달해 주는 [　　　　] 이다.
　　　　　　　일정한 모양과 기능을 가진 생물체의 부분

4 죽음을 무릅쓰고 [　　　　] 하게 싸운 군인들에게 표창을 했다.
　용감하고 사나움.

5~6 다음 문장의 밑줄 친 낱말의 의미를 [보기]에서 찾아 그 기호를 써 보세요.

[보기]

㉠ 전투하는 군사　　　　　　㉡ 전쟁터에서 적과 싸우다 죽음.

5 아킬레스는 그리스 최고의 <u>전사</u>로 자라났다.　　　　　(　　　)

6 어머니는 전쟁에서 <u>전사</u>를 한 아들 소식을 듣고 정신을 잃었다.　(　　　)

어휘력에 도움이 되는 **대표 한자**

身	冂 身 身				

뜻	소리	身자는 아기를 가진 여자의 모습을 본뜬 글자예요. **몸의 상태, 몸**이라는 뜻으로 쓰이고 있어요.
몸	신	

신 체 (身 體)
몸 신　몸 체
사람의 몸
예 **신체**가 건강하다.

신 분 (身 分)
몸 신　나눌 분
개인의 사회적인 위치나 계급
예 그는 외교관 **신분**으로 미국에 나가 있다.

대 신 (代 身)
대신할 대　몸 신
어떤 대상의 자리나 구실을 바꾸어서 새로 맡음.
예 아침에 밥 **대신** 빵을 먹었다.

고구려 최고의 전성기는 언제일까?

고구려의 최고 전성기는 4~5세기 광개토 대왕과 장수왕 때라고 할 수 있어요. 광개토 대왕은 중국과 경쟁하며 지금의 만주 일대까지 고구려 영토를 넓힌 것으로 유명해요. 또한 아래로는 백제와의 전쟁에서 승리하는 등 그 위상이 만만치 않았어요. 장수왕은 아버지인 광개토 대왕의 업적을 이어받아 한강 아래 지역으로 진출하기 위한 남진 정책을 펼쳤어요. 중국과 교류하며 외교적으로도 안정을 이루었다고 할 수 있어요.

'만유인력의 법칙'은 무엇일까?

뉴턴은 특히 우주의 모든 물체들 사이에는 서로 끌어당기는 힘이 있다는 '만유인력의 법칙'을 밝힌 것으로 유명합니다. 만유인력은 중력을 포함하는 넓은 개념의 힘이라고 할 수 있지요. 세상에 존재하는 모든 물체들은 다른 물체를 자기 쪽으로 끌어당기고 있는데, 지구가 끌어당기는 힘인 중력이 워낙 크게 작용하고 있어서 작은 물체들이 끌어당기는 힘은 티가 나지 않는 거랍니다.

'그리스 로마 신화'는 누가 만들었을까?

토마스 불핀치는 옛날부터 전해져 내려오는 이야기를 바탕으로 그리스 로마 신화를 지었어요. 그리스 로마 신화는 그리스와 로마의 신들에 관한 이야기로 되어 있지요. 그리스 신화가 그리스의 열두 신에 대한 이야기라면, 로마 신화는 그리스 신화에 이야기를 덧붙여 만들었어요. 우리가 아는 그리스 로마 신화의 신들로는 신들의 왕 제우스, 바다의 신 포세이돈, 태양의 신 아폴로, 전쟁의 신 아테네 등이 있어요.

3주

인문

말 속에 숨어 있는 성차별

공부한 날

월   일

관련 교과 **초등도덕 5**
인권을 존중하며 함께 사는 우리

❶ 우리는 사람이 태어난 해를 12가지 동물 이름으로 나타내는데, 이를 '띠'로 나누어 부른다. 우리 조상들은 사람이 태어난 해의 띠 동물이 지닌 성격을 가지고 태어난다고 믿었다. 원숭이띠 아기가 태어나면 원숭이처럼 재주가 많을 것이라고 여겼고, 소띠 아이는 소처럼 부지런하고 성실할 것이라고 생각하였다. 그에 반해 여자 아이가 용, 말, 호랑이의 해에 태어나면 그 동물들처럼 거칠어서 여자답게 살지 못할 것이라고 걱정하였다. 우리 속설 중에 '용띠, 말띠, 호랑이띠 여자는 팔자가 세다.'라는 말이 있는데, 이 말에는 이러한 믿음이 잘 드러나 있다. 우리 사회에서는 아직도 '여자 셋이 모이면 접시가 깨진다.', '여편네 팔자는 뒤웅박 팔자' 같은 속담을 자주 사용하는데, 그 속에서 여성을 차별하는 말의 문제점을 쉽게 찾아볼 수 있다.

❷ 평소에 '남군, 남교사, 남가수'라는 말은 거의 쓰지 않지만 '여군, 여교사, 여가수'라는 말은 우리가 자주 듣고 쓰는 말이다. 과거에는 남자와 여자의 역할이 분명하게 구분 지어져 있었다. 남자는 밖에 나가 일을 해서 돈을 버는 것이 옳은 일이고, 여자는 가정을 돌보며 남편을 잘 뒷바라지하는 것이 옳은 일이라 여겼다. 그래서 대부분의 직업을 이르는 말은 남자가 해야 하는 일을 나타내는 말로 쓰였다. 여자가 직업을 갖게 되면 특이하다고 생각해서 그 직업의 이름 앞에 '여'자를 붙여 써 온 것이다. 아직까지도 군인이 직업인 여성에게 '여자가 위험하게 무슨 군인이야?'라는 말을 하기도 하고, 간호사를 직업으로 가진 남성에게는 '남자가 여자가 하는 일을 해?'라는 말을 하기도 한다.

❸ 이렇게 우리가 사용하는 속담이나 말에는 여성을 차별하는 뜻이 담긴 것이 많다. 사회가 변한 만큼 남자와 여자의 역할 및 성격을 구분하는 태도에서 벗어나 여성을 차별하는 말은 되도록 쓰지 않도록 노력해야 한다.

│ 낱말 풀이 │

• **해** 지구가 태양을 한 바퀴 도는 동안을 세는 단위

• **재주** 무엇을 잘 할 수 있는 타고난 능력과 슬기

• **성실** 정성스럽고 참됨.

• **속설** 세상에 전하여 내려오는 이야기나 견해

• **팔자** 사람의 한평생의 운수

• **뒤웅박** 박을 쪼개지 않고 꼭지 근처에 구멍만 뚫어 속을 파낸 바가지

• **뒷바라지** 뒤에서 보살피며 도와주는 일

• **특이** 보통 것이나 보통 상태에 비하여 두드러지게 다름.

내용 들여다보기

STEP 1 핵심 내용 정리하기

❶ 우리는 사람이 태어난 [   ]를 ~ '띠'로 나누어 부른다.

우리 조상들은 사람이 ~ 띠 동물이 지닌 [   ]을 가지고 태어난다고 믿었다.

↳ 원숭이띠 아기가 태어나면 ~ [   ]가 많을 것이라고 여겼고, 소띠 아이는 ~ 부지

런하고 [   ]할 것이라고 생각하였다.

↳ [   ] 여자 아이가 용, 말, 호랑이의 해에 태어나면 ~ 거칠어서 [   ]

살지 못할 것이라 걱정하였다.

우리 속설 중에 ~ 이러한 [   ]이 잘 드러나 있다.

↳ 그 속에서 여성을 차별하는 말의 [   ]을 쉽게 찾아볼 수 있다.

❷ 평소에 ~ '여군, 여교사, 여가수'라는 말은 우리가 자주 듣고 [   ] 말이다.

↳ 대부분의 직업을 이르는 말은 [   ]가 해야 하는 일을 나타내는 말로 쓰였다.

↳ 여자가 [   ]을 갖게 되면 특이하다고 생각해서 ~ 그 직업의 이름 [   ]에

'여'자를 붙여 써 온 것이다.

❸ [   ] 우리가 사용하는 속담이나 말에는 여성을 [   ] 하는 뜻이 담긴 것이 많다.

여성을 차별하는 말은 되도록 쓰지 않도록 [   ] 해야 한다.

STEP 2 짜임 이해하기

❶ 우리 속설과 (   ) 속에 담긴 여성 차별

❷ (   )을 나타내는 말 속에 담긴 여성 차별

❸ 여성을 차별하는 말을
(   ) 않도록 하는 노력 강조

STEP 3 내용 요약하기

✎ 우리가 쓰는 속담이나 말 중에는 여성을 차별하는 표현들이 많다.

내용 이해

1 이 글의 내용으로 알맞지 <u>않은</u> 것은 무엇인가요? (   )

① 띠는 12가지 동물의 이름으로 나누어진다.

② '여군, 여교사'와 같은 말은 여성을 차별하는 뜻을 담고 있는 말이다.

③ 우리 조상들은 용, 말, 호랑이를 여성스러움과는 거리가 먼 동물로 생각했다.

④ 과거 사회에서는 여성이 가정을 돌보며 밖에 나가 일하는 것을 당연하게 여겼다.

⑤ 우리 조상들은 사람이 태어난 해의 띠가 그의 성격에 많은 영향을 미친다고 믿었다.

주제 파악

2 글쓴이가 하려는 말을 가장 잘 이해한 친구는 누구인가요? (   )

① 민철: 여자는 역시 남자를 잘 만나야 하는 거야.

② 수진: 여성을 차별하는 말은 되도록 쓰지 말아야 해.

③ 민혜: 속담에서 우리 조상들의 생각과 지혜를 엿볼 수 있어.

④ 윤지: 여성을 차별하는 말뿐만 아니라 남성을 차별하는 말도 문제야.

⑤ 정한: 남자와 여자는 성격이 다르므로 그에 맞는 직업을 찾는 것이 중요해.

상황에 적용

3 여성을 차별하는 뜻을 가진 말로 볼 수 <u>없는</u> 것은 무엇인가요? (   )

① 똑똑한 여자는 팔자가 세다.

② 암탉이 울면 집안이 망한다.

③ 남자는 하늘이고 여자는 땅이다.

④ 여자의 웃음소리가 담장을 넘어가면 안 된다.

⑤ 남자는 이레 굶으면 죽고 여자는 열흘 굶으면 죽는다.

비판과 평가

4 글쓴이가 다음 내용을 보고 할 수 있는 말로 가장 알맞은 것은 무엇인가요? (   )

> 최근에는 우주 비행사, 잠수부 같은 위험한 직업군에도 여성들이 활발하게 진출하고 있다.

① 위험한 직업군에는 원숭이띠 여성들이 어울리겠군요.

② 위험한 일을 하겠다고 나서는 여성들은 팔자가 세겠군요.

③ 여성들의 사회 진출로 남성들이 설 자리가 줄어들겠군요.

④ 위험한 일도 남자만의 몫이 아니라는 사회 분위기가 만들어지고 있군요.

⑤ 여성들과 남성들의 직업을 구분하기 위해 그 이름 앞에 '여'자를 붙이는 것이 좋겠군요.

1~2 다음 문장의 밑줄 친 말과 바꿔 쓸 수 있는 낱말에 ○표 하세요.

1 공부하는 모습을 보니 그 학생은 <u>정성스럽고 참되다</u>.

→ 성실하다　솔직하다

2 우리 누나의 성격은 <u>보통 사람에 비하여 특별하게 다르다</u>.

→ 특이하다　평범하다

3~6 다음 뜻풀이에 어울리는 낱말을 골라 ○표 하세요.

3 팔자 : 사람의 (한순간 / 한평생)의 운수

4 뒷바라지 : (앞 / 뒤)에서 보살피며 도와주는 일

5 해 : 지구가 태양을 (한 / 열두) 바퀴 도는 동안을 세는 단위

6 뒤웅박 : 박을 쪼개지 않고 꼭지 근처에 구멍만 뚫어 속을 파낸 (통 / 바가지)

어휘력에 도움이 되는 **대표한자** 

強

弓　弘　強

뜻	소리	強자는 虫(벌레 훼)와 彊(굳셀 강)의 소리가 합쳐져 만들어진 한자로, 강하다라는 뜻으로 쓰여요.
강할	강	

강 약 (強 弱) 강할 강　약할 약	강하고 약함. 또는 그런 정도 예 악기를 연주할 때는 **강약**을 잘 조절해야 한다.
강 조 (強 調) 강할 강　고를 조	어떤 부분을 특별히 강하게 주장하거나 두드러지게 함. 예 선생님께서는 복습의 중요성을 **강조**하셨다.
강 제 (強 制) 강할 강　억제할 제	권력이나 힘으로 남의 자유를 억눌러 원하지 않는 일을 억지로 시킴. 예 일제는 우리나라 젊은이들을 **강제**로 군대에 입대시켰다.

새로운 친구 맺기, SNS

❶ SNS는 '소셜 네트워크 서비스(Social Network Service)'의 줄임말입니다. 인터넷 통신망*을 통해 사람을 연결해 주어 개인의 정보를 나누며 의사소통*을 하는 1인 미디어입니다. 최근에는 스마트폰 이용자의 증가와 무선 인터넷 서비스의 확대로 SNS의 이용자가 많이 늘어나고 있습니다.

❷ SNS에서는 서로의 허락으로 '친구'를 맺습니다. 내가 알고 있는 상대방에게 '친구 맺기' 요청*을 했을 때, 상대방이 이를 '수락*'하면 친구가 되는 방식입니다. SNS는 내가 맺은 친구를 통해 새로운 사람을 추천해 주기도 합니다. 이렇게 SNS는 모르는 사람과도 친구가 될 수 있는 특징이 있습니다.

❸ SNS의 전파력은 수학의 '거듭* 제곱의 법칙'에 빗대어 표현할 수 있습니다. 예를 들어 내가 SNS에서 어떤 글을 2명에게 전달하면 그 글을 전달받은 2명은 또 다른 2명에게 전달합니다. 그러면 두 번의 전달 과정만으로 나를 제외한 6명이 내 글을 보게 됩니다. 세 번째 전달을 하면 그 수가 14명으로 늘어나고 이런 식으로 더 많은 단계를 거치면 빠른 속도로 많은 사람들에게 소식과 정보가 퍼지게 되는 것입니다.

❹ 이와 같은 SNS의 전파력 때문에 최근 전자 상거래*에서 '소셜 커머스'가 큰 인기를 끌고 있습니다. 소셜 커머스란, SNS를 통해 물건과 서비스를 사고파는 상거래를 가리키는 말입니다. 소셜 커머스를 이용하면 판매자는 비싼 광고비를 들이지 않고도 소비자들에게 다양한 상품 정보를 제공하는 등 손쉽게 홍보를 할 수 있습니다. 또한 소비자들은 많은 사람들이 한 번에 많은 양을 구매해서 상품의 가격을 낮출 수 있는 공동구매를 통해 할인 혜택을 누릴 수 있습니다. 하지만 소비자가 불필요*한 제품을 충동구매하게 되는 단점도 있습니다.

공부한 날

월   일

관련 교과 초등도덕 5
밝고 건전한 사이버 생활

┃ 낱말 풀이 ┃

• **통신망** 통신이 되는 컴퓨터를 이용하여 서로 연결시켜 주는 시스템

• **의사소통** 가지고 있는 생각이나 뜻이 서로 통함.

• **요청** 필요한 어떤 일이나 행동을 부탁함. 또는 그 부탁

• **수락** 요구를 받아들임.

• **거듭** 어떤 일을 되풀이하여

• **상거래** 이익을 얻기 위해 물건을 사고파는 일

• **불필요** 필요하지 않음.

내용 들여다보기

STEP 1 핵심 내용 정리하기

❶ SNS는 ~ 인터넷 통신망을 통해 ~ 의사소통을 하는 1인 [   ]입니다.

　최근에는 ~ SNS의 [   ]가 많이 늘어나고 있습니다.

❷ SNS에서는 [   ] 허락으로 '친구'를 맺습니다.

　SNS는 내가 맺은 친구를 통해 새로운 사람을 [   ]해 주기도 합니다.

❸ SNS의 [   ]은 수학의 '거듭 제곱의 법칙'에 빗대어 표현할 수 있습니다.

　↳ [   ] 내가 SNS에서 어떤 글을 2명에게 [   ]하면 ~ 2명은 또 다른 2명
　에게 전달합니다.

　　↳ 더 많은 [   ]를 거치면 빠른 속도로 ~ 퍼지게 되는 것입니다.

❹ 이와 같은 SNS의 전파력 때문에 최근 ~ '소셜 커머스'가 큰 [   ]를 끌고 있습니다.

　↳ 소셜 커머스를 이용하면 판매자는 손쉽게 [   ]를 할 수 있습니다.

　↳ [   ] 소비사들은 ~ 공동구매를 통해 [   ] 혜택을 누릴 수 있습니다.

　↳ [   ] 소비자가 불필요한 제품을 충동구매하게 되는 [   ]도 있습니다.

STEP 2 짜임 이해하기

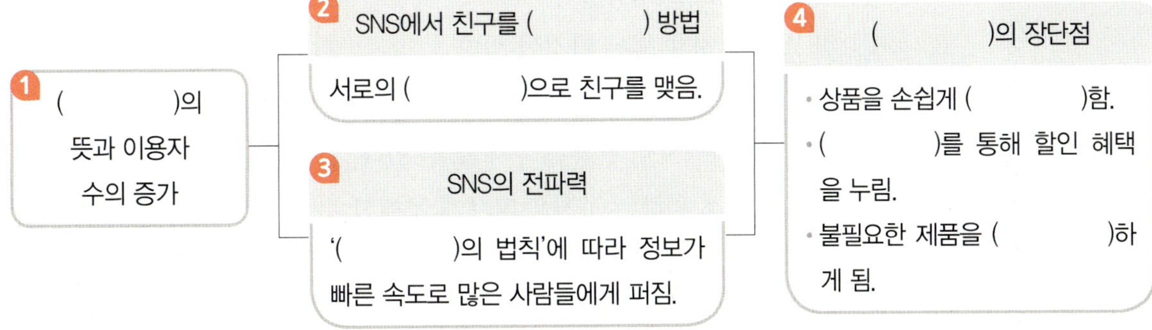

STEP 3 내용 요약하기

✎ SNS는 인터넷 통신망을 통해 의사소통을 하는 1인 미디어로, ________________

____

화제 파악 1 이 글에서 설명한 내용으로 알맞지 <u>않은</u> 것은 무엇인가요? ( )

① SNS의 의미
② SNS의 전파력
③ SNS에서 친구를 맺는 방식
④ SNS를 통해 정보를 얻을 때 주의할 점
⑤ SNS를 이용한 상거래가 인기가 높은 이유

내용 이해 2 이 글에서 설명한 SNS의 이용자가 늘어난 이유 두 가지는 무엇인가요? (,)

① 다양한 SNS의 등장
② 스마트폰 사용자의 증가
③ 소셜 커머스의 광고 효과
④ 무선 인터넷 서비스의 확대
⑤ SNS 가입을 유도하는 광고

내용 이해 3 '소셜 커머스'에 대한 설명으로 알맞지 <u>않은</u> 것은 무엇인가요? ( )

① 다양한 상품의 정보를 제공한다.
② 불필요한 소비를 하게 되는 단점이 있다.
③ 비싼 광고비를 들이지 않고 홍보를 할 수 있다.
④ 할인이 많이 된 가격으로 상품을 구매할 수 있다.
⑤ 공동구매를 이용해 원하는 물건을 빠르게 구매할 수 있다.

구조 이해 4 이 글에 다음 내용을 추가하기에 알맞은 위치는 어디인가요? ( )

> 소셜 커머스를 바람직하게 이용하는 방법

① 글 **1**의 앞   ② 글 **1**의 뒤   ③ 글 **2**의 뒤
④ 글 **3**의 뒤   ⑤ 글 **4**의 뒤

어휘력 다지기

1~3 다음 낱말의 알맞은 뜻을 찾아 선으로 이어 보세요.

1 거듭 • • ㉠ 어떤 일을 되풀이하여

2 상거래 • • ㉡ 이익을 얻기 위해 물건을 사고파는 일

3 의사소통 • • ㉢ 가지고 있는 생각이나 뜻이 서로 통함.

4~6 다음 문장의 빈칸에 알맞은 낱말을 **보기** 에서 찾아 써 보세요.

보기

| 수락 | 요청 | 불필요 |

4 도서관에서는 [   ]한 대화를 하지 않아야 한다.
　　　필요하지 않음.

5 우리는 친구들의 [   ]에 못이겨 사람들 앞에 나가 노래를 불렀다.
　　　필요한 어떤 일이나 행동을 부탁함.

6 학교에서는 점심시간을 늘려 달라는 학생들의 요구를 [   ]하였다.
　　　요구를 받아들임.

어휘력에 도움이 되는 

自

´ ｆ 自

뜻	소리
스스로	자

自자는 사람의 코와 콧구멍을 정면에서 보고 그림으로 그린 글자예요. 자신을 가리키는 말로 쓰이게 되면서 **자기**, **스스로**라는 뜻을 갖게 되었어요.

자 신 (自　身)
스스로 자　몸 신

그 사람의 몸 또는 바로 그 사람을 이르는 말
예 너 **자신**을 알라.

자 연 (自　然)
스스로 자　그러할 연

사람의 힘이 더해지지 아니하고 세상에 스스로 존재하거나 우주에 저절로 이루어지는 모든 존재나 상태
예 우리나라 **자연**은 정말 아름답다.

자 율 (自　律)
스스로 자　법칙 률

자기 스스로의 원칙에 따라 어떤 일을 하는 일
예 그는 사람들이 어떤 선택을 하든 **자율**에 맡기기로 했다.

물의 흐름에 따른 지형° 변화

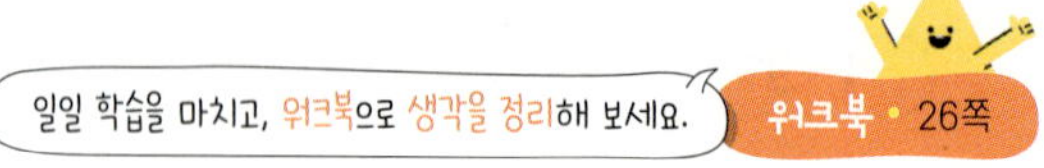

❶ 땅의 모양은 흐르는 물에 의해 바뀔 수 있습니다. 물이 빨리 흐르는 곳은 흙과 돌이 많이 깎이고 파이는 침식° 작용이 일어납니다. 물이 천천히 흐르는 곳은 상류에서 운반되어 온 흙과 돌이 서서히 쌓이는 퇴적° 작용이 일어납니다.

❷ 산의 윗부분은 경사°가 급하고 침식 작용이 활발하게 일어납니다. 강물의 침식 작용으로 생긴 자갈과 모래는 빠른 물살을 타고 땅을 더욱 깊게 파면서 알파벳 'V'자 모양의 'V자곡'을 만듭니다.

❸ 강의 상류°에서 V자곡을 따라 빠르게 흐르던 물은 경사가 완만한 넓은 평지를 만나면서 속도가 느려집니다. 그래서 운반해 온 자갈과 모래가 쌓여 부채꼴 모양의 땅 '선상지'가 만들어집니다.

❹ 강의 중류°는 경사가 급하지 않고, 넓은 들을 따라 강물이 흘러가기 때문에 상류보다 물의 흐름은 느리고, 강의 폭°이 넓습니다. 이곳에서는 강물이 바위와 같은 장애물을 피해 구부러져 흐르면서 알파벳 'S'자 모양의 '곡류°'가 만들어집니다. 시간이 지나면 곡류의 모양도 바뀝니다. 강의 구부러진 곳의 바깥쪽은 물의 속도가 빨라 침식 작용이 일어나고, 강의 안쪽은 물의 속도가 느리기 때문에 모래와 흙이 쌓이는 퇴적 작용이 일어납니다. 이러한 과정이 반복되면서 S자 곡류는 점점 더 심하게 구부러지게 됩니다. 곡류가 심하게 구부러지다 보면 강물이 좀 더 빠르게 흐를 수 있는 새로운 물길이 생기기도 합니다. 그러면 곡류의 구부러졌던 부분이 강줄기에서 떨어져 호수가 됩니다. 이렇게 생긴 호수를 쇠뿔을 닮았다고 하여 '우각호'라고 합니다.

｜ 낱말 풀이 ｜

• **지형** 땅의 모양

• **침식** 물이나 바람 따위의 자연 현상이 땅을 깎는 일

• **퇴적** 돌이나 흙이 물, 바람의 작용으로 운반되어 일정한 곳에 쌓이는 일

• **경사** 비스듬히 기울어짐. 또는 그런 상태나 정도

• **상류** 강의 물줄기가 시작된 데서 가까운 부분

• **중류** 강의 중간 부분

• **폭** 평면이나 넓은 물체의 가로로 건너지른 거리

• **곡류** 물이 굽이쳐 흘러감. 또는 그 흐름이나 물

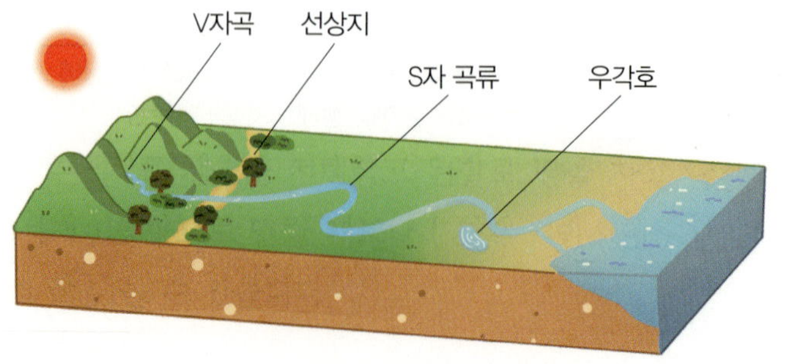

내용 들여다보기

STEP 1 핵심 내용 정리하기

❶ [   ]은 흐르는 물에 의해 바뀔 수 있습니다.

  ↳ 물이 [   ] 흐르는 곳은 ~ 침식 작용이 일어납니다.

  ↳ 물이 [   ] 흐르는 곳은 ~ 퇴적 작용이 일어납니다.

❷ 산의 윗부분은 경사가 급하고 [   ]이 활발하게 일어납니다.

  ↳ 자갈과 모래는 빠른 물살을 타고 ~ '[   ]'을 만듭니다.

❸ 강의 상류에서 ~ 빠르게 흐르던 물은 ~ 넓은 평지를 만나면서 속도가 느려집니다.

  ↳ 자갈과 모래가 쌓여 부채꼴 모양의 땅 '[   ]'가 만들어집니다.

❹ 강의 중류는 ~ 상류보다 물의 흐름은 느리고, 강의 폭이 넓습니다.

  ↳ 이곳에서는 강물이 ~ 구부러져 흐르면서 알파벳 'S'자 모양의 '[   ]'가 만들어집니다.

  ↳ 이러한 과정이 반복되면서 ~ 곡류의 구부러졌던 부분이 강줄기에서 떨어져 ~ 생긴 호수를 ~ '[   ]'라고 합니다.

STEP 2 짜임 이해하기

❶ 물의 흐름에 따른 ( ) 작용과 ( ) 작용

❷ 산의 ( )에서 침식 작용이 활발해지며 만들어지는 'V자곡'

❸ 강의 ( )에서 흐르던 물이 넓은 평지를 만나며 만들어지는 선상지

❹ 강의 ( )에서 강물이 장애물을 피해 구부러져 흐르면서 만들어지는 S자 곡류와 우각호

STEP 3 내용 요약하기

✎ 흐르는 물은 침식, 운반, 퇴적 작용을 반복하면서

내용 이해 **1** 이 글의 내용으로 알맞은 것은 무엇인가요? (   )

① 강의 상류보다 중류가 물살이 더 세다.

② 산의 윗부분은 경사가 급하고 퇴적 작용이 활발하게 일어난다.

③ 강의 구부러진 곳의 바깥쪽은 물의 속도가 빨라 퇴적 작용이 일어난다.

④ S자 곡류는 침식 작용과 퇴적 작용이 반복되면서 점점 더 심하게 구부러진다.

⑤ 우각호는 상류에서 운반되어 온 자갈과 모래가 쌓여 생긴 부채꼴 모양의 땅이다.

내용 이해 **2** 물의 흐름에 따라 나타날 수 있는 지형을 보기 에서 찾아 그 기호를 써 보세요.

보기

| ㉠ V자곡 | ㉡ S자 곡류 | ㉢ 선상지 | ㉣ 우각호 |

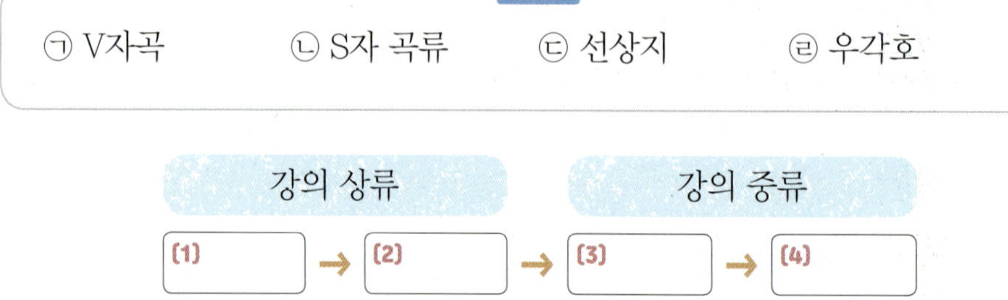

내용 추론 **3** 'V'자곡이 만들어지는 이유는 무엇인가요? (   )

① 평지를 만나 물살이 약해지기 때문에

② 곡류가 새로운 물길을 만들기 때문에

③ 강물이 바위와 같은 장애물을 피해 흐르기 때문에

④ 산의 윗부분에서 내려온 자갈과 모래가 쌓이기 때문에

⑤ 자갈과 모래가 빠른 물살을 타고 땅을 깊게 파며 지나가기 때문에

구조 이해 **4** 이 글에 다음 내용이 들어가기에 가장 알맞은 곳은 어디인가요? (   )

강의 하류에서는 물의 흐름이 대단히 느려 흙과 돌이 천천히 쌓이면서 '삼각주'라는 기름진 땅이 발달하기도 합니다.

① 글 **1**의 앞   ② 글 **1**의 뒤   ③ 글 **2**의 뒤

④ 글 **3**의 뒤   ⑤ 글 **4**의 뒤

어휘력 다지기

1~4 다음 문장의 괄호 안에 어울리는 낱말을 골라 ○표 해 보세요.

1 강의 중간 부분을 (상류 / 중류)라고 한다.

2 강의 물줄기가 시작된 데서 가까운 부분을 (상류 / 중류)라고 한다.

3 물이나 바람 따위의 자연 현상이 땅을 깎는 일을 (침식 / 퇴적)이라고 한다.

4 돌이나 흙이 물, 바람의 작용으로 운반되어 일정한 곳에 쌓이는 일을 (침식 / 퇴적)이라고 한다.

5~6 다음 문장의 밑줄 친 낱말의 의미를 **보기** 에서 찾아 그 기호를 써 보세요.

— 보기 —

㉠ 비스듬히 기울어짐. 또는 그런 상태나 정도
㉡ 평면이나 넓은 물체의 가로로 건너지른 거리

5 이 도로는 폭이 좁아 차가 지나다니기 불편하다. (　　　)

6 이 산은 경사가 심해서 사람이 잘 다니지 않는다. (　　　)

어휘력에 도움이 되는 **대표한자**

| 운 | | ㄱ 軍 運 |

뜻	소리	運자는 辶(쉬엄쉬엄 갈 착)자와 軍(군사 군)자가 결합한 한자예요. 군대가 짐을 꾸려 이동한다는 의미를 가지고 있어요. **움직이다, 옮기다** 등의 의미로 쓰여요.
옮길	운	

운 명 (運 命) 옮길 운　목숨 명	모든 것을 지배하는 힘에 의하여 이미 정해져 있는 목숨이나 처지 예 내 **운명**은 내가 만들어 가는 것이다.
운 송 (運 送) 옮길 운　보낼 송	사람을 태워 보내거나 물건 따위를 실어 보냄. 예 상품이 **운송** 중에 파손되지 않도록 꼼꼼히 포장해 주세요.
운 하 (運 河) 옮길 운　물 하	배를 운항하거나 물을 논밭에 대기 위하여 육지에 파 놓은 물길 예 동서쪽 지역을 **운하**로 연결하여 교통을 편리하게 하였다.

예체능

해부학에 관심을 가진 화가, 다빈치

일일 학습을 마치고, **워크북**으로 생각을 정리해 보세요.    **워크북 • 28쪽**

월   일

❶ 레오나르도 다빈치는 생물의 몸속 구조를 연구하는 학문인 해부학을 미술과 연결 지은 최초의 화가입니다. 그는 미술을 하면서 실제 사람과 똑같은 모습을 그리고 싶었습니다. 그래서 그는 해부학을 공부하며 사람의 몸을 끊임없이 연구했고, 몸의 구조를 자세히 관찰하고 공책에 기록했습니다. 그 결과 코부터 턱까지의 길이가 전체 얼굴 길이의 절반이고, 손바닥의 길이와 엄지발가락을 뺀 발바닥의 길이가 같다는 몸의 숨겨진 비율˙을 알아냈습니다.

❷ 레오나르도 다빈치는 뼈의 생김새, 몸의 구조, 근육이 움직이는 원리를 알기 위해 죽은 사람의 몸을 여러 번 해부˙했습니다. 그리고 1489년에 사람의 머리뼈를 그린 첫 해부도를 완성하였습니다. 이 그림은 의학을 공부하는 학생들의 교재로 사용할 수 있을 정도로 정밀˙하고 정확했습니다.

❸ 레오나르도 다빈치는 그림을 그릴 대상을 위, 아래, 옆, 뒤 등 다양한 시각에서 살펴본 뒤 그리면 더 자세히 표현할 수 있다는 사실을 깨달았습니다. 하지만 그는 의학을 전문적으로 공부한 것이 아니었기 때문에 초기에 그린 그림에서 잘못된 오류˙가 많이 발견되기도 했습니다.

❹ 1510년 해부학자 토레는 레오나르도 다빈치를 도와 그의 그림을 보완˙하기 시작했습니다. 그리고 그는 레오나르도 다빈치에게 관찰한 것을 그대로 정확하게 그리자고 제안했습니다. 그들은 연구 끝에 '해부학 드로잉'을 완성했습니다. 이 그림은 한 남자의 팔, 어깨, 목 근육을 여덟 개의 방향에서 살펴보고, 원근법˙을 사용해 입체감을 살린 것이 특징입니다. 이는 과학자와 예술가의 재능을 모두 가진 레오나르도 다빈치의 위대함을 느낄 수 있는 증거입니다.

낱말 풀이

- **비율** 어떤 두 개의 수 또는 양을 서로 비교하여 몇 배인가를 나타내는 관계
- **해부** 생물체의 일부나 전부를 갈라 헤쳐 그 내부 구조와 각 부분을 조사하는 일
- **정밀** 아주 꼼꼼하여 빈틈이 없고 자세함.
- **오류** 잘못되어 들어맞지 않는 일
- **보완** 모자라거나 부족한 것을 보충하여 완전하게 함.
- **원근법** 물체와 공간의 멀고 가까움을 느낄 수 있도록 평면 위에 표현하는 방법

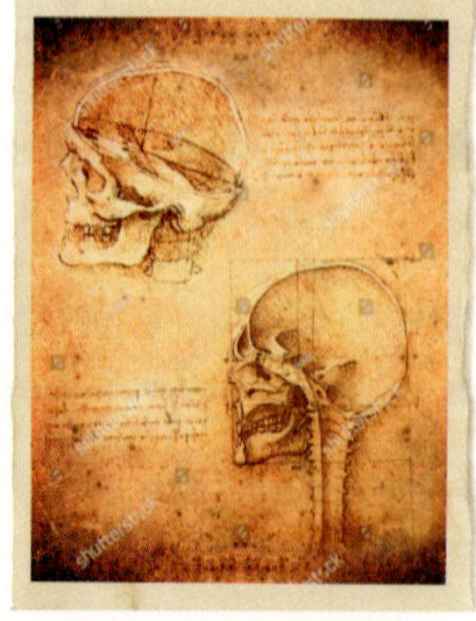

▲ 레오나르도 다빈치의 해부도 1

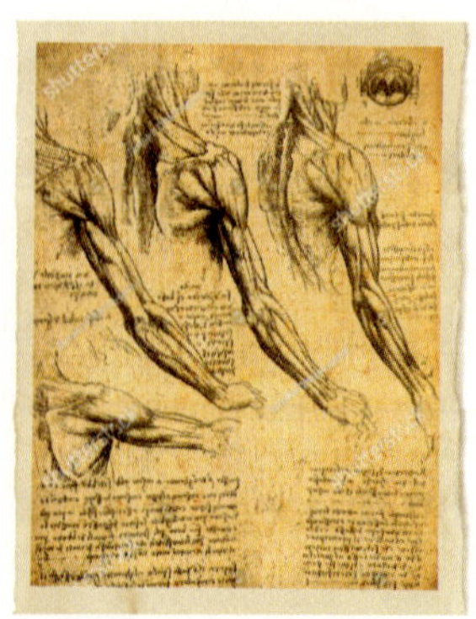

▲ 레오나르도 다빈치의 해부도 2

내용 들여다보기

STEP 1 핵심 내용 정리하기

❶ 레오나르도 다빈치는 ~ 해부학을 [   ]과 연결 지은 최초의 화가입니다.

그는 ~ 실제 [   ]과 똑같은 모습을 그리고 싶었습니다.

[   ] 그는 해부학을 공부하며 ~ 몸의 [   ]를 ~ 관찰하고 ~ 기록했습니다.

❷ 레오나르도 다빈치는 ~ 죽은 사람의 몸을 여러 번 [   ]했습니다.

[   ] 1489년에 사람의 [   ]를 그린 첫 해부도를 완성하였습니다.

❸ 레오나르도 다빈치는 ~ 대상을 ~ 다양한 [   ]에서 살펴본 뒤 그리면 더 자세히 표현

할 수 있다는 사실을 깨달았습니다.

[   ] 그는 ~ 초기에 그린 그림에서 [   ] 오류가 많이 발견되기도 했습니다.

❹ 1510년 해부학자 토레는 ~ 그의 그림을 [   ]하기 시작했습니다.

그들은 연구 끝에 '해부학 [   ]'을 완성했습니다.

↳ 이 그림은 ~ 원근법을 사용해 [   ]을 살린 것이 특징입니다.

↳ 이는 레오나르도 다빈치의 [   ]을 느낄 수 있는 증거입니다.

STEP 2 짜임 이해하기

❶ (   )을 미술에 연결 지은 다빈치

❷ 머리뼈를 그린 첫 (   )를 완성한 다빈치

❸ 다빈치가 해부도를 그린 방식과 초기 그림의 (   )

❹ (   )와 함께 해부학 드로잉을 완성한 다빈치

STEP 3 내용 요약하기

✎ 실제 사람과 똑같은 모습을 그리고 싶었던 레오나르도 다빈치는

주제 파악 **1** 이 글에서 말하고자 하는 내용으로 가장 알맞은 것은 무엇인가요? (   )

① 많은 해부학자의 지지와 응원을 받은 레오나르도 다빈치

② 과학자와 예술가의 재능을 모두 가진 레오나르도 다빈치

③ 여러 학자들과 생물학을 연구하게 된 레오나르도 다빈치

④ 직접 눈으로 보지 않은 것은 믿지 않았던 레오나르도 다빈치

⑤ 의학을 전문적으로 공부하여 의사로서 인정받게 된 레오나르도 다빈치

내용 이해 **2** 이 글의 내용에 알맞지 <u>않은</u> 것은 무엇인가요? (   )

① 레오나르도 다빈치의 머리뼈 해부도는 매우 정밀하고 정확했다.

② 레오나르도 다빈치는 해부학을 미술과 연결 지은 최초의 화가이다.

③ 레오나르도 다빈치는 해부학을 공부하며 사람의 몸을 끊임없이 연구했다.

④ 레오나르도 다빈치는 코부터 턱까지의 길이가 얼굴 길이의 절반이라는 사실을 알아냈다.

⑤ 레오나르도 다빈치는 토레가 팔, 어깨, 목 근육의 그림을 완성할 수 있도록 도와주었다.

내용 추론 **3** 레오나르도 다빈치가 해부학 공부를 시작한 이유는 무엇인가요? (   )

① 해부학자 토레의 연구를 돕기 위해서

② 실제 사람과 똑같은 모습을 그리고 싶었기 때문에

③ 해부학자 토레의 그림을 보고 흥미를 느꼈기 때문에

④ 몸의 구조를 자세하게 관찰해서 노트에 기록하기 위해서

⑤ 자신의 그림이 실제와 다르다고 말하는 사람들에게 본때를 보여 주려고

비판과 평가 **4** 다음 대화에서 이 글의 내용을 잘못 이해한 친구는 누구인가요? (   )

> • **유주**: 다빈치가 없었다면 토레가 화가로 더 인정받았을 거야.
> • **나연**: 토레가 없었다면 해부학 드로잉은 완성되지 못했을 거야.
> • **태윤**: 해부한 것을 더 잘 표현하기 위해 다양한 방법을 연구한 다빈치의 열정이 멋있어.

1~2 다음 문장의 밑줄친 말과 바꿔 쓸 수 있는 낱말에 ○표 하세요.

1 의사는 환자의 상태를 <u>정밀하게</u> 진찰했다. → 간단하게   자세하게

2 그 선수는 자신의 부족한 면을 <u>보완하기로</u> 했다. → 보충하기로   연습하기로

3~5 다음 문장의 밑줄 친 낱말의 의미를 보기에서 찾아 그 기호를 써 보세요.

보기

㉠ 잘못되어 들어맞지 않는 일
㉡ 어떤 두 개의 수 또는 양을 서로 비교하여 몇 배인가를 나타내는 관계
㉢ 물체와 공간의 멀고 가까움을 느낄 수 있도록 평면 위에 표현하는 방법

3 우리 반은 남학생과 여학생의 <u>비율</u>이 비슷하다.   (   )

4 이 사건 기록에는 실제 사실과는 다른 <u>오류</u>가 많다.   (   )

5 <u>원근법</u>에 따라 가까이 있는 것을 크게, 멀리 있는 것을 작게 표현했다.   (   )

어휘력에 도움이 되는 

現

現　珇　現

뜻	소리	現자는 玉(구슬 옥)자와 見(볼 견)자가 결합한 한자예요. 옥을 바라보고 있는 모습을 나타낸 글자예요. **나타나다, 드러나다** 등의 의미를 가지고 있어요.
나타날	현	

	뜻풀이
현 실 (現 實) 나타날 현　열매 실	현재 실제로 존재하는 사실이나 상태 예 오래전부터 가졌던 꿈이 **현실**로 다가오고 있다.
표 현 (表 現) 겉 표　나타날 현	생각이나 느낌 따위를 언어나 몸짓 따위의 형상으로 드러내어 나타냄. 예 관찰한 그대로를 **표현**해 보세요.
현 상 (現 象) 나타날 현　코끼리 상	인간이 지각할 수 있는, 사물의 모양과 상태 예 지구 온난화로 인해 기후에 이상 **현상**이 나타나고 있다.

Day 15 융합

널뛰기 속에 숨어 있는 과학

1 널뛰기는 설날, 추석, 단오 등 큰 명절에 하는 전통 놀이입니다. 널뛰기를 하려면 짚이나 가마니로 받침대를 만들고 그 위에 널을 얹습니다. 그러고 나서 가운데에 한 사람이 중심을 잡고, 널의 양편에 각각 한 사람씩 올라가서 번갈아 몸을 뛰었다가 내립니다.

2 이런 널뛰기에 여러 가지 과학 원리가 숨어 있다는 것을 알고 있습니까? 첫째, 널뛰기에는 균형을 잘 맞춰야 하는 ㉠'지레의 법칙'이 숨어 있습니다. 널뛰기를 하는 양편의 두 사람은 몸무게가 비슷하면 좋습니다. 몸무게가 적게 나가는 사람과 많이 나가는 사람이 함께 널뛰기를 하려면 반드시 널밥을 조정해야 합니다. 널밥이란, 널의 한가운데 받침대에서 널뛰기를 하는 양편 사람이 서 있는 곳까지의 길이를 말합니다. 몸무게가 적게 나가는 사람은 널의 중심에서 멀리 서고, 몸무게가 많이 나가는 사람은 가깝게 서서 무게의 균형을 맞추고 널을 뛰어야 합니다. 이렇게 균형을 맞추면 공중으로 더 높게 뛰어오를 수 있습니다.

3 둘째, 널뛰기에는 ㉡'작용과 반작용의 법칙'이 숨어 있습니다. 작용과 반작용의 법칙은 물체 A가 물체 B에 힘을 줄 때, 같은 힘을 되돌려 받게 되는 것을 말합니다. 한 사람이 한쪽 널을 힘껏 밟으면, 이 힘이 반대쪽 널에 전달되면서 그 위에 서 있는 사람이 뛰어오르게 됩니다. 뛰어 오른 사람이 내려오며 그대로 그 힘을 되돌려 주게 되므로 두 사람은 널뛰기를 할 수 있습니다. 이렇게 널뛰기에 숨어 있는 과학 원리를 알고 나면 널뛰기를 더욱 흥미롭게 즐길 수 있을 것입니다.

▎낱말 풀이 ▎

- **단오** 음력 5월 5일로, 떡을 해 먹고 여자는 창포물에 머리를 감고 그네를 뛰며 남자는 씨름을 한다.
- **전통** 어떤 집단이나 공동체에서, 지난 시대에 내려오는 관습과 행동 양식
- **가마니** 곡식이나 소금 따위를 담기 위하여 짚을 돗자리 치듯이 쳐서 만든 용기
- **널** 널뛰기할 때에 쓰는 널빤지
- **번갈아** 하나씩 하나씩 차례대로 바꾸어서
- **균형** 어느 한쪽으로 기울거나 치우치지 아니하고 고른 상태
- **조정** 어떤 기준이나 상황에 맞게 정돈함.
- **반작용** 한쪽에 미치는 힘을 '작용'이라고 할 때, 그 반대 방향으로 미치는 힘

내용 들여다보기 🔍

STEP 1   핵심 내용 정리하기

❶ 널뛰기는 ~ 큰 명절에 하는 전통 놀이입니다.

널뛰기를 하려면 ~ [ ]를 만들고 그 위에 [ ]을 얹습니다.

[ ] 가운데에 한 사람이 중심을 잡고, 널의 양편에 ~ 한 사람씩 ~ [ ] 몸을 뛰었다가 내립니다.

❷ [ ], 널뛰기에는 ~ '지레의 법칙'이 숨어 있습니다.

↳ 몸무게가 적게 나가는 사람은 널의 중심에서 [ ] 서고, 몸무게가 많이 나가는 사 람은 [ ] 서서 ~ 널을 뛰어야 합니다.

[ ] 균형을 맞추면 공중으로 더 높게 뛰어오를 수 있습니다.

❸ [ ], 널뛰기에는 '작용과 반작용의 법칙'이 숨어 있습니다.

↳ 한 사람이 한쪽 널을 힘껏 밟으면, 이 힘이 반대쪽 널에 [ ] 되면서 그 위에 서 있 는 사람이 뛰어오르게 됩니다.

↳ 뛰어오른 사람이 ~ 그 [ ]을 되돌려 주게 되므로 두 사람은 널뛰기를 할 수 있 습니다.

[ ] 널뛰기에 숨어 있는 과학 원리를 알고 나면 ~ 흥미롭게 즐길 수 있을 것입니다.

STEP 2   짜임 이해하기

❶ 널뛰기를 하는 (   )

❷ 널뛰기에 숨어 있는 과학 원리 1
(   ) 법칙

❸ 널뛰기에 숨어 있는 과학 원리 2
(   ) 법칙

STEP 3   내용 요약하기

✏️ 큰 명절에 하는 전통 놀이의 하나인 널뛰기에는 ....

....

내용 이해

1 이 글의 내용과 일치하지 <u>않은</u> 것은 무엇인가요? (   )

① 널뛰기를 할 때 널밥을 조정하여 균형을 맞춘다.

② 널뛰기는 큰 명절에 하는 우리의 전통 놀이이다.

③ 널뛰기는 몸무게가 비슷한 사람끼리만 뛰어야 한다.

④ 널뛰기의 받침대로는 주로 짚이나 가마니를 이용한다.

⑤ 널뛰기를 할 때 널의 양편에 한 사람씩 올라가서 번갈아 몸을 뛰었다 내린다.

내용 추론

2 다음은 ㉠의 의미를 나타낸 것입니다. 괄호 안에 알맞은 말에 ○표 해 보세요.

> 받침대에서 멀리 떨어져 힘을 줄수록 누르는 힘이 (커지는 / 작아지는) 법칙

상황에 적용

3 ㉡과 가장 거리가 <u>먼</u> 현상은 무엇인가요? (   )

① 로켓이 연료를 내뿜는 힘만큼 로켓이 앞으로 나아간다.

② 대포를 쏘는 힘에 의해 대포의 몸체가 뒤로 밀리게 된다.

③ 강가에서 막대기로 땅을 미는 힘만큼 배가 앞으로 나아간다.

④ 빙판 위에서 다른 사람을 밀었을 때 민 사람 역시 뒤로 밀려난다.

⑤ 육상 선수가 결승점에 들어와서도 멈추지 못하고 앞으로 나아간다.

상황에 적용

4 다음 (가)~(다)에 들어갈 말로 알맞은 것은 무엇인가요? (   )

> 은영이와 세윤이는 함께 널뛰기를 하기로 하였다. 그런데 은영이의 몸무게는 30킬로그램이고, 세윤이의 몸무게는 40킬로그램이다. 두 사람은 받침점으로부터 같은 거리에 서서 널뛰기를 했지만 널은 (가   )이 쪽으로 기울어져 제대로 널뛰기를 하기 어려웠다. 은영이는 받침점에서 (나   ) 서고, 세윤이는 받침점에서 (다   ) 섰을 때 널의 균형을 맞출 수 있었다.

	가	나	다			가	나	다
①	은영	멀리	가까이		②	은영	가까이	멀리
③	세윤	멀리	가까이		④	세윤	가까이	멀리
⑤	세윤	멀리	더 멀리					

1~3 다음 문장의 빈칸에 알맞은 낱말을 **보기** 에서 찾아 써 보세요.

보기

균형	조정	반작용

1 벽을 밀면 반대 방향에서 오는 [   ]의 힘을 몸으로 느낄 수 있다.

한쪽에 미치는 힘을 '작용'이라고 할 때, 그 반대 방향으로 미치는 힘

2 옆 반과의 문제를 해결하기 위해 아이들이 의견 [   ]에 나섰다.

어떤 기준이나 상황에 맞게 정돈함.

3 영양사 선생님은 아이들에게 [   ] 잡힌 식사를 제공하기 위해 노력한다.

어느 한쪽으로 기울거나 치우치지 아니하고 고른 상태

4~5 다음 문장의 밑줄 친 말과 바꿔 쓸 수 있는 낱말을 써 보세요.

4 우리들은 <u>지난 시대에 내려오는 관습과 행동 양식</u>을 소중히 하고 지킬 의무가 있다.

→ [ ][ ]

5 학급 회의에서 청소 당번을 주마다 <u>하나씩 하나씩 차례대로 바꾸어서</u> 정하기로 했다.

→ [ ][ ][ ]

어휘력에 도움이 되는 **대 표 한 자** 

心	`	心	心

뜻	소리	心자는 심장을 표현한 글자예요. 심장이 신체의 중앙에 있으므로 '중심'이라는 뜻을 가
마음	심	지고 있어요. 마음이나 생각, 심장, 중앙 등의 의미를 나타낼 때 쓰여요.

조 심 (操 心) 잡을 조 · 마음 심	잘못이나 실수가 없도록 말이나 행동에 마음을 씀. 예 산불 <u>조심</u>
초 심 (初 心) 처음 초 · 마음 심	처음에 먹은 마음 예 '처음처럼'이라는 말은 <u>초심</u>의 중요성을 강조하는 말이다.
안 심 (安 心) 편안할 안 · 마음 심	모든 걱정을 떨쳐 버리고 마음을 편히 가짐. 예 급한 고비는 넘겼으니 <u>안심</u>하세요.

띠 동물의 순서는 어떻게 정해졌을까?

동양에서는 나이를 열두 가지 동물의 띠로 표시하는 문화가 있지요. 동물의 띠는 '쥐, 소, 호랑이, 토끼, 용, 뱀, 말, 양, 원숭이, 닭, 개, 돼지' 순으로 되어 있어요. 이렇게 순서가 정해진 것을 두고 다양한 설들이 전해지고 있어요. 동물들이 달리기 경주를 해서 빨리 들어온 순서대로 정해졌다는 설이 있는가 하면, 열두 동물들이 가장 활발한 시간을 순서대로 나열한 것이라는 설 등이 있어요.

지층을 이루는 각 층의 모양과 색깔은 왜 다를까?

산이나 바다에서는 겹겹이 여러 층을 이룬 절벽을 볼 수 있어요. 이것은 먼지와 흙, 모래, 자갈 등이 쌓이면서 굳어진 것이라 할 수 있어요. 이 여러 층을 지층이라고도 부르는데, 지층은 각 층마다 모양과 색깔이 달라요. 지층이 생길 당시의 환경이 다르기 때문이죠. 주로 자갈로 이루어진 층이 있는가 하면, 모래로 이루어진 층도 있어요. 지층 모양이 물결 모양이라면 당시 환경이 강이나 바닷가였음을 짐작해 볼 수 있어요.

'지레의 원리'란 무엇일까?

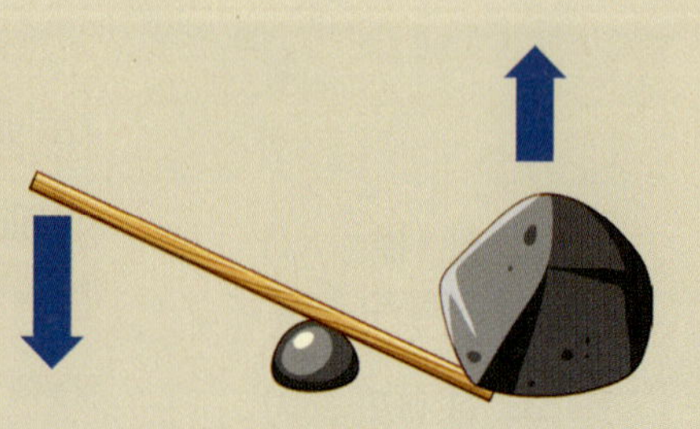

막대를 이용하면 물체를 쉽게 들어 올릴 수 있다는 것은 알고 있을 거예요. 이때 사용하는 막대를 흔히 지렛대라고 불러요. 지레는 막대를 이용해 작은 힘을 큰 힘으로 바꾸는 장치를 말하는데, 지레를 잘 이용하려면 지렛대를 받쳐 고정시켜 놓은 받침점, 힘을 주는 힘점, 그 힘이 물체에 미치는 작용점의 위치를 알아야 해요. 지레를 원리를 활용한 물건으로는 시소, 양팔 저울, 펜치, 가위 등이 있답니다.

5주

공자의 '인' 사상

공부한 날

월   일

관련 교과 초등사회 5-2
옛사람들의 삶과 문화

일일 학습을 마치고, 워크북으로 생각을 정리해 보세요. 워크북 • 26쪽

❶ 공자는 평소에 사람을 이해하고 사랑하는 일, 즉 '인(仁)'의 중요성을 제자들에게 강조하였습니다. 공자는 인을 실천하는 방법은 가르쳤지만 인이 무엇인지를 구체적으로 말하지는 않았습니다. 하지만 우리들은 공자의 이야기를 통해 '인'이 무엇인지를 충분히 짐작해 볼 수 있습니다.

❷ 공자의 명성˙을 들은 많은 사람들이 공자의 집으로 찾아왔습니다. 왜냐하면 당시에는 귀족들을 위한 교육 기관만 있었고, 배움에 목말라˙ 있던 서민˙들에게 가르침을 줄 곳은 아무 데도 없었기 때문입니다. 공자는 자신의 제자들이 관리˙가 되어 백성들을 위한 정책을 만들면 좋을 것이라고 생각하고, 찾아온 사람들을 제자로 받았습니다. 찾아온 사람들 중에는 신분이 낮은 사람뿐만 아니라 죄인까지 있었습니다. 공자의 제자들은 공자에게 그들을 절대로 제자로 삼으면 안 된다고 말했습니다. 이 말을 들은 공자는 제자들에게 단호하게˙ 말했습니다.

"배우고자 하는 사람의 신분이 왜 중요한 것이지? 나는 신분, 재산, 나이에 상관없이 배우고 싶은 마음을 가지고 오는 모두를 제자로 삼을 것이다."
공자의 말에 제자들은 아무 말도 할 수 없었습니다.

❸ 공자의 '인' 사상˙이 잘 나타난 이야기가 하나 더 있습니다. 어느 날, 마구간에 불이 나서 공자가 아끼던 말이 죽게 되었습니다. 마구간 관리인은 안절부절못했습니다˙. 이 모습을 본 공자는 화를 내지 않고, 온화한˙ 목소리로 마구간 관리인에게 물었습니다.

"어디 다친 곳은 없느냐?"

공자의 말에 사람들은 깜짝 놀랐습니다. 왜냐하면 당시에는 말의 값이 비싸 사람보다 말을 더 귀하게 생각하던 때였기 때문입니다. 그런데 공자가 값비싼 말이 아닌 사람의 안부˙를 먼저 물었기 때문입니다. 이것이 바로 사람은 그 어떤 존재보다 귀하고 소중하다는 의미가 담긴 공자의 '인' 사상입니다.

┃ 낱말 풀이 ┃

• **명성** 세상에 널리 퍼져 평가가 좋은 이름

• **목마르다** 어떠한 것을 간절히 원하다.

• **서민** 경제적으로 넉넉지 못한 생활을 하는 사람

• **관리** 벼슬자리에 오른 사람

• **단호하다** 일을 딱 잘라 결정하고 엄격하다.

• **사상** 어떠한 사물에 대하여 가지고 있는 구체적인 사고나 생각

• **안절부절못하다** 마음이 불안하여 어찌할 바를 모르다.

• **온화하다** 성격, 태도 따위가 온순하고 부드럽다.

• **안부** 어떤 사람이 편안하게 잘 지내고 있는지 그렇지 아니한지에 대한 소식

내용 들여다보기

❶ [   ]는 평소에 ~ '인(仁)'의 [   ]을 제자들에게 강조하였습니다.

↳ 공자는 ~ '인'이 무엇인지를 [   ]으로 말하지는 않았습니다.

↳ [   ] 우리들은 공자의 [   ]를 통해 ~ 짐작해 볼 수 있습니다.

❷ 공자의 명성을 들은 많은 [   ]이 공자의 집으로 찾아왔습니다.

공자는 ~ 찾아온 사람들을 [   ]로 받았습니다.

찾아온 사람들 중에는 신분이 낮은 사람뿐만 아니라 [   ]까지 있었습니다.

"나는 ~ 배우고 싶은 마음을 가지고 오는 [   ]를 제자로 삼을 것이다."

❸ 어느 날, 마구간에 불이 나서 공자가 [   ] 말이 죽게 되었습니다.

마구간 [   ]은 안절부절못했습니다.

이 모습을 본 공자는 ~ [   ] 목소리로 마구간 관리인에게 물었습니다.

"어디 다친 곳은 없느냐?"

↳ 이것이 바로 사람은 그 어떤 [   ]보다 귀하고 소중하다는 의미가 담긴 공자의 '인'
사상입니다.

❶ 공자의 이야기를 통해 알 수 있는 '(   )' 사상

❷ 공자의 첫 번째 (   )

신분이 낮은 사람과 죄인까지 차별하지
않고 (   )로 받아들인 공자

❸ 공자의 두 번째 (   )

값비싼 (   )보다 사람을 더 소
중하게 여긴 공자

✎ 공자는 제자들에게 '인(仁)'의 중요성을 강조했는데, 두 이야기를 통해 그의 '인' 사상을 짐작해 볼 수 있습니다.

공자의 '인' 사상은 ___________________

____

내용 이해

1 이 글을 읽고 알 수 있는 내용이 <u>아닌</u> 것은 무엇인가요? (   )

① 공자는 '인'이 무엇인지를 구체적으로 말하지 않았다.

② 당시에는 말보다 못한 대우를 받는 사람들도 있었다.

③ 공자에게 배우기 위해 찾아온 사람들은 관리가 되기를 원했다.

④ 공자는 배우고 싶은 마음이 있는 사람들을 제자로 받아주었다.

⑤ 당시에는 신분이 낮은 사람들이 배울 수 있는 교육 기관이 없었다.

내용 추론

2 '마구간 관리인'이 안절부절못한 까닭 두 가지는 무엇인가요? (,   )

① 공자가 아끼던 말이 죽었기 때문에

② 공자가 화를 내지 않는 것이 두려웠기 때문에

③ 공자가 아끼는 말보다 자신의 안부를 먼저 물었기 때문에

④ 마구간에 자신이 불을 지른 것이 들통 나게 생겼기 때문에

⑤ 마구간 관리를 잘못한 자신의 죄가 크다고 생각했기 때문에

내용 추론

3 이 글을 통해 알 수 있는 공자의 '인(仁)'이란 무엇인지 빈칸을 채워 완성해 보세요.

> 공자가 강조하는 '인(仁)'은 사람을 [   ], 재산, 나이로 차별하지 않고 그 어떤 [   ]보다 귀하고 소중하게 여기는 것입니다.

비판과 평가

4 이 글을 읽은 친구가 다음 선생님의 설명을 듣고 이해한 내용으로 알맞은 것은 무엇인가요? (   )

> **선생님**: 공자는 '인(仁)'의 실천 방법을 설명하면서, 부모님을 섬기는 효와 형제간의 사랑과 정이 곧 인의 기본이 된다고 말하였어요.

① 부모와 형제로부터 '인'을 배우는 것이 가장 바람직하다는 말이구나.

② 부모와 형제가 저지른 잘못은 무조건 덮어 주고 이해해야 한다는 말이구나.

③ 부모와 형제에게 잘하는 사람에게 좀 더 너그럽게 대해야 한다는 말이구나.

④ 부모와 형제를 소중히 여기듯이 다른 사람도 소중하게 대해야 한다는 말이구나.

⑤ 부모와 형제를 소중히 여기는 사람에게 정성을 다해 대접할 수 있어야 한다는 말이구나.

어휘력 다지기

1~3 다음 낱말에 알맞은 뜻을 찾아 선으로 이어 보세요.

1 관리 • • ㉠ 벼슬자리에 오른 사람

2 명성 • • ㉡ 세상에 널리 퍼져 평가가 좋은 이름

3 사상 • • ㉢ 어떠한 사물에 대하여 가지고 있는 구체적인 사고나 생각

4~6 다음 문장의 밑줄 친 말과 바꿔 쓸 수 있는 낱말을 〈보기〉에서 찾아 문장에 맞게 써 보세요.

보기

단호하다	온화하다	안절부절못하다

4 선생님은 성격이 <u>온순하고 부드러워서</u> 쉽게 화를 내지 않는다. → ▢

5 짐을 잃어버린 할머니는 <u>마음이 불안하여 어찌할 바를 몰랐다.</u> → ▢

6 그가 <u>딱 잘라 결정하고 엄격하게</u> 거절했으므로 나는 할 말이 없었다. → ▢

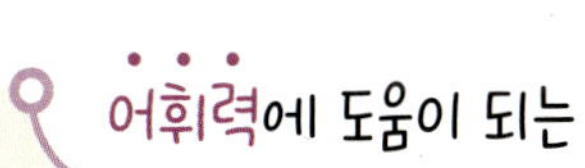

어휘력에 도움이 되는  **대표 한자**

子

ㄱ 了 子

뜻	소리	子자는 포대기에 싸여 있는 아이를 표현한 글자예요. **아들, 자식**이라는 의미를 가지고 있어요.
아들	자	

남 자 (男 子)
사내 남 / 아들 자
남성으로 태어난 사람
⑩ **남자** 주인공의 상대역을 할 배우를 찾고 있는 중이다.

종 자 (種 子)
씨 종 / 아들 자
식물에서 나온 씨 또는 씨앗
⑩ 벼의 **종자**를 개량하여 쌀의 생산량을 늘렸다.

자 손 (子 孫)
아들 자 / 손자 손
자신의 세대에서 여러 세대가 지난 뒤의 자녀를 통틀어 이르는 말
⑩ 순천만 습지는 **자손** 대대로 물려주어야 할 보배이다.

사회

우리가 지켜야 할 미래 유산

일일 학습을 마치고, 워크북으로 생각을 정리해 보세요. **워크북 • 28쪽**

공부한 날

월   일

관련 교과 **초등사회 4-1**
우리가 알아보는 지역의 역사

1 문화유산이라고 하면 문화재와 같이 옛날 사람들이 남긴 가치 있는 삶의 흔적을 떠올립니다. 하지만 우리가 지금 사는 장소, 쓰는 물건, 먹는 음식, 예술 등도 미래에는 문화유산이 될 수 있습니다. 우리나라 몇몇 지역에서는 문화유산으로 지정되지는 않았으나 지역을 대표할 수 있는 것 중에 후손에게 물려줄 만한 가치가 있는 것을 미래 유산으로 선정해 보호하고 있습니다.

2 미래 유산을 선정할 때는 몇 가지 기준이 있습니다. 중요한 인물이나 사건 등을 이해하는 데 뚜렷한 도움이 되는 것, 특색 있는 장소 또는 경관으로서 지역 사람들에게 널리 알려진 것, 지역의 생활 문화를 이해하는 데 많은 도움이 되는 것 등입니다.

3 서울특별시, 부산광역시, 전라북도 전주시 등에서는 지역을 소재로 한 건물, 예술 작품, 시장 골목, 음악, 풍경 등을 미래 유산으로 선정하여 보호하고 있습니다. 서울의 미래 유산에는 서울 토박이의 말, 잠실종합운동장, 국립서울현충원, 이문설렁탕 등이 있습니다. 부산의 미래 유산에는 용두산 공원, 국제시장, 동래읍성, 영도선착장, 돼지국밥, 밀면 등이 있습니다. 전주의 미래 유산에는 전주동물원, 전주역 터, 호남제일문, 남부시장 등이 있습니다.

| 낱말 풀이 |

• **문화유산** 후손에게 물려줄 만한 가치가 있는 과학, 기술, 관습, 규범 등

• **흔적** 어떤 현상이나 실체가 없어졌거나 지나간 뒤에 남은 자국이나 자취

• **지정** 어떤 것에 특정한 자격을 줌.

• **후손** 자신의 세대에서 여러 세대가 지난 뒤의 자녀를 통틀어 이르는 말

• **선정** 여럿 가운데서 어떤 것을 뽑아 정함.

• **특색** 보통의 것과 다른 점

• **경관** 산이나 들, 강, 바다 따위의 자연이나 지역의 풍경

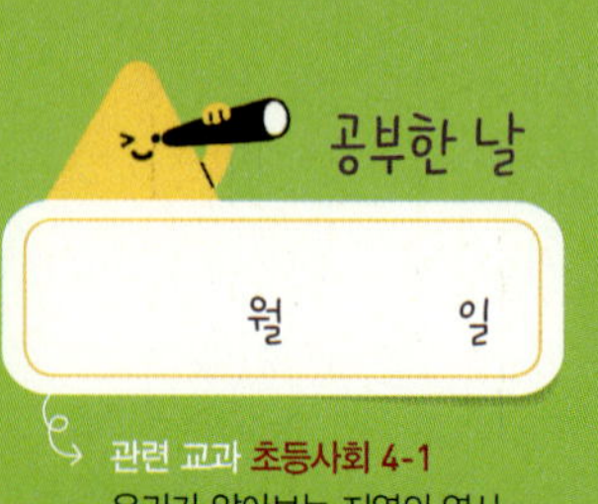

▲ 서울의 국립서울현충원

▲ 부산의 밀면

▲ 전주의 남부시장

내용 들여다보기 🔍

❶ 우리나라 몇몇 지역에서는 문화유산으로 지정되지는 않았으나 ~ 후손에게 물려줄 만한 가치가 있는 것을 [　　　　　]으로 선정해 보호하고 있습니다.

❷ 미래 유산을 선정할 때는 [　　　　] 기준이 있습니다.

　↳ 중요한 [　　　]이나 [　　　] 등을 이해하는 데 뚜렷한 도움이 되는 것

　↳ 특색 있는 [　　　] 또는 [　　　]으로서 지역 사람들에게 널리 알려진 것

　↳ 지역의 [　　　]를 이해하는 데 많은 도움이 되는 것

❸ 서울특별시, 부산광역시, 전라북도 전주시 등에서는 지역을 [　　　]로 한 ~ 등을 미래 유산으로 선정하여 보호하고 있습니다.

　↳ 서울의 미래 유산에는 [　　　], [　　　], 국립서울현충원, 이문설렁탕 등

　↳ 부산의 미래 유산에는 [　　　], [　　　], 동래읍성, 영도선착장, 돼지국밥, 밀면 등

　↳ 전주의 미래 유산에는 [　　　], 전주역 터, [　　　], 남부시장 등

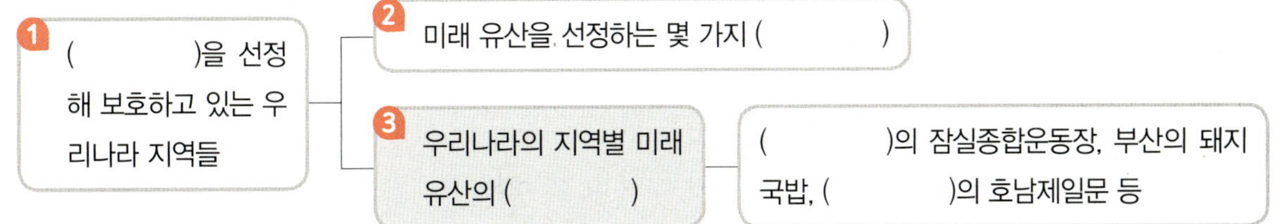

✎ 우리나라의 몇몇 지역에서는 미래에 문화유산이 될 만한 가치 있는 것들을 미래 유산으로 선정해 보호하고 있습니다. 서울, 부산, 전주의 대표적인 미래 유산에는 _______________

화제 파악 1 이 글에서 가장 중심이 되는 낱말을 찾아 네 글자로 써 보세요.

답 ☐☐☐☐

내용 이해 2 '미래 유산'에 대한 설명으로 알맞은 것은 무엇인가요? (   )

① 미래 유산은 지정된 문화유산 가운데 가장 중요한 것이다.

② 우리나라 모든 지역에서 미래 유산을 지정하여 보호하고 있다.

③ 이문설렁탕은 후손에게 물려줄 만한 가치가 있는 미래 유산이다.

④ 문화유산으로 인정받는 소리꾼은 미래 유산으로서의 가치가 높다.

⑤ 지금 우리가 사는 장소, 쓰는 물건, 음식 등은 미래 유산이 될 수 없다.

내용 이해 3 다음 중 '미래 유산'의 선정 기준으로 알맞지 <u>않은</u> 것의 기호를 써 보세요. (   )

> ㉠ 후손에게 물려줄 만한 가치가 있는 것인가?
>
> ㉡ 지역의 생활 문화를 이해하는 데 많은 도움이 되는가?
>
> ㉢ 지역 사람들에게 잘 알려지지는 않았지만 특색 있는 경관인가?
>
> ㉣ 지역의 중요한 인물을 이해하는 데 뚜렷한 도움이 되는 것인가?

상황에 적용 4 이 글을 읽은 친구가 다음 설명을 듣고 할 수 있는 생각으로 알맞지 <u>않은</u> 것은 무엇인가요? (   )

> 1960년 헌책방으로 문을 연 '○○문고'는 서울 신촌 지역을 상징하는 만남의 장소로 사랑을 받아 왔어요. 2012년 재개발 당시 다른 곳으로 옮겨질 뻔했지만 지역 주민들의 반대에 부딪혔어요. 그리고 2014년 서울 미래 유산으로 선정되어 지금까지 그 자리를 지키며 이름을 유지하고 있어요.

① ○○문고가 미래에 문화 유산으로 인정받을 수도 있겠구나.

② ○○문고는 지역 주민들에게 특색 있는 장소로 유명했겠구나.

③ 미래 유산으로 선정되려면 위기가 적어도 한 번은 있어야 하겠구나.

④ ○○문고는 당시 신촌 지역의 생활 문화를 이해하는 데 많은 도움이 되겠구나.

⑤ 미래 유산의 선정은 재개발로부터 우리의 소중한 문화를 보호하는 역할도 하겠구나.

1~3 다음 글자의 첫소리와 그 뜻을 참고하여 문장의 빈칸에 들어갈 낱말을 써 보세요.

1 ㅈ ㅈ : 어떤 것에 특정한 자격을 줌.

예 판소리는 유네스코 세계 문화유산으로 ☐☐ 되었다.

2 ㄱ ㄱ : 산이나 들, 강, 바다 따위의 자연이나 지역의 풍경

예 제주도는 ☐☐ 이 아름다운 여행지로 유명하다.

3 ㅎ ㅅ : 자신의 세대에서 여러 세대가 지난 뒤의 자녀를 통틀어 이르는 말

예 미래 유산은 ☐☐ 에게 물려줄 만한 가치가 있는 것이어야 한다.

4~5 다음 문장의 빈칸에 알맞은 낱말을 **보기** 의 글자 카드로 만들어 써 보세요.

보기

선 적 정 흔

4 부산의 밀면은 미래 유산으로 ☐☐ 해 보호하고 있다.
여럿 가운데서 어떤 것을 뽑아 정함.

5 문화유산은 옛날 사람들의 삶의 ☐☐ 이 남아 있는 것이다.
지나간 뒤에 남은 자국이나 자취

어휘력에 도움이 되는 **대표 한자**

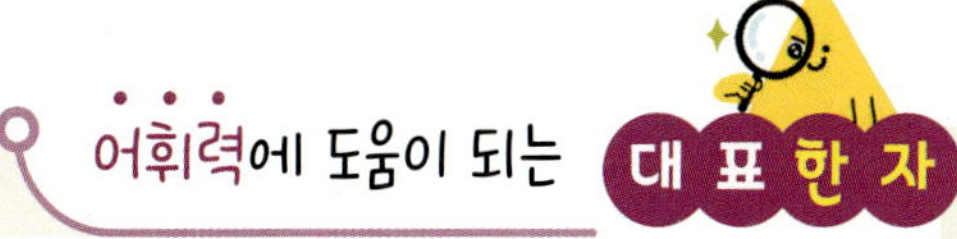

後		
뜻	**소리**	後자는 彳(조금 걸을 척)자와 幺(작을 요)자, 夂(뒤떨어져 올 치)자가 결합한 한자예요. 後자는 족쇄를 찬 노예가 길을 가는 모습을 그린 것으로, **뒤, 곁** 등의 의미를 가지고 있어요.
뒤	후	

생 후 (生 後)	태어난 뒤
날 생 뒤 후	예 그 아기는 이제 **생후** 1년이 지났다.

오 후 (午 後)	정오부터 밤 열두 시까지의 시간
낮 오 뒤 후	예 오늘 나는 **오후** 8시에 일기를 썼다.

과학

멋진 변신, 곤충의 탈바꿈

일일 학습을 마치고, 위크북으로 생각을 정리해 보세요.　위크북 · 30쪽

공부한 날

월　　일

관련 교과 **초등과학 3-1**
동물의 한살이

1 알에서 깨어난 곤충˙이 어른벌레가 되기까지의 한살이˙ 과정에서 모양이나 형태를 바꾸는 것을 '탈바꿈'이라고 합니다. 하지만 모든 곤충이 똑같은 탈바꿈을 하는 것은 아닙니다. 곤충의 탈바꿈은 완전 탈바꿈과 불완전 탈바꿈 두 종류가 있습니다.

2 완전 탈바꿈은 알에서 깨어난 애벌레가 스스로 고치˙를 만들고 그 안에 들어가 어른벌레가 될 준비를 하는 번데기 과정을 거쳐 어른벌레로 성장하는 것을 말합니다. 완전 탈바꿈 곤충은 애벌레일 때와 어른벌레일 때 생김새가 완전히 다르고, 먹이와 서식˙ 환경도 다릅니다. 그래서 먹이가 부족한 것을 피할 수 있고, 같은 환경에서만 살 때 있을 수 있는 멸종˙ 위험도 줄일 수 있습니다. 완전 탈바꿈 곤충에는 나비, 벌, 파리, 모기, 장수풍뎅이 등이 있습니다.

3 불완전 탈바꿈은 알에서 깨어난 애벌레가 번데기 과정을 거치지 않고 몇 번의 허물을 벗은 뒤 어른벌레로 성장하는 것을 말합니다. 불완전 탈바꿈 곤충은 대부분 애벌레일 때 날개가 없고 크기가 더 작은 것만 빼면 어른벌레와 생김새가 거의 비슷하고, 먹이와 서식 환경도 같습니다. 그래서 불완전 탈바꿈 곤충은 완전 탈바꿈 곤충에 비해 생물 집단 내의 경쟁˙이 더 심하여 생존에도 불리합니다. 불완전 탈바꿈 곤충에는 잠자리, 메뚜기, 매미, 사마귀, 방아깨비 등이 있습니다.

┃ 낱말 풀이 ┃

· **곤충** 몸이 머리, 가슴, 배로 나뉘고, 다리가 6개인 동물

· **한살이** 동물이나 식물이 태어나서 어린 시절을 지나 성장하여 자손을 남기고 죽을 때까지의 과정

· **고치** 벌레가 실을 내어 지은 집

· **서식** 생물이 일정한 곳에 자리를 잡고 삶.

· **멸종** 생물의 한 종류가 아주 없어짐.

· **경쟁** 어떤 생물이 환경을 이용하기 위하여 다른 생물과 벌이는 상호 작용

내용 들여다보기 🔍

STEP 1 핵심 내용 정리하기

❶ 곤충이 ~ [　　　] 과정에서 모양이나 형태를 바꾸는 것을 '탈바꿈'이라고 합니다.

 ↳ 곤충의 탈바꿈은 [　　　]과 [　　　] 두 종류가 있습니다.

❷ [　　　]은 알에서 깨어난 애벌레가 ~ 번데기 과정을 거쳐 어른벌레로 성장하는 것을 말합니다.

 ↳ 완전 탈바꿈 곤충은 애벌레일 때와 어른벌레일 때 [　　　]가 완전히 다르고, 먹이와 [　　　] 환경도 다릅니다.

 ↳ 나비, 벌, 파리, [　　　], 장수풍뎅이 등

❸ [　　　]은 알에서 깨어난 애벌레가 번데기 과정을 거치지 않고 ~ 어른벌레로 성장하는 것을 말합니다.

 ↳ 불완전 탈바꿈 곤충은 대부분 애벌레일 때 ~ 어른벌레와 [　　　]가 거의 비슷하고, [　　　]와 서식 환경도 같습니다.

 ↳ 잠자리, [　　　], 매미, 사마귀, 방아깨비 등

STEP 2 짜임 이해하기

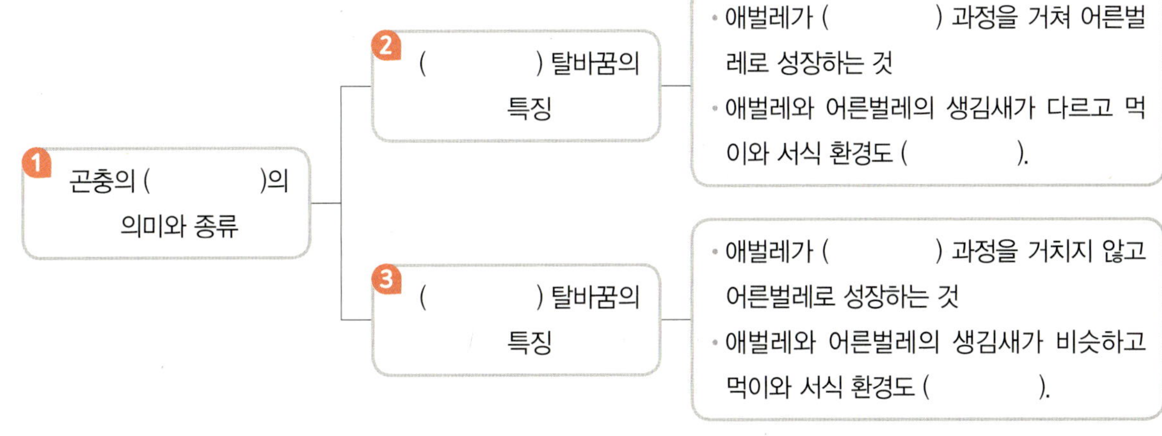

STEP 3 내용 요약하기

✎ 곤충의 탈바꿈에는 ______________________________ 완전 탈바꿈과

______________________________ 불완전 탈바꿈 두 종류가 있다.

[화제 파악] 1 이 글의 중심 화제로 가장 알맞은 것은 무엇인가요? (　　　)

① 곤충의 탈바꿈 종류　　② 곤충이 탈바꿈을 하는 이유
③ 곤충과 벌레의 차이점　　④ 곤충이 탈바꿈을 하는 기간
⑤ 곤충이 탈바꿈을 하는 환경

[내용 이해] 2 곤충의 탈바꿈 과정으로 알맞은 것은 무엇인가요? (　　，　　)

① 불완전 탈바꿈: 알 → 번데기 → 어른벌레
② 불완전 탈바꿈: 알 → 애벌레 → 어른벌레
③ 불완전 탈바꿈: 애벌레 → 알 → 어른벌레
④ 완전 탈바꿈: 알 → 애벌레 → 번데기 → 어른벌레
⑤ 완전 탈바꿈: 알 → 번데기 → 애벌레 → 어른벌레

[내용 추론] 3 이 글을 읽은 친구가 한 생각으로 가장 알맞은 것은 무엇인가요? (　　　)

① 모기는 번데기 과정을 거치지 않아.
② 불완전 탈바꿈을 하는 곤충은 주로 집단생활을 해.
③ 매미는 애벌레일 때와 어른벌레일 때 생김새가 완전히 달라.
④ 장수풍뎅이는 애벌레일 때와 어른벌레일 때 생김새가 비슷해.
⑤ 완전 탈바꿈 곤충들이 불완전 탈바꿈 곤충보다 생존에 유리해.

[상황에 적용] 4 <u>보기</u>는 '무당벌레'에 대한 설명입니다. 이 글에 따르면 무당벌레는 어떤 탈바꿈을 하는지 골라 보세요.

［보기］

　무당벌레 암컷은 짝짓기가 끝나고 나면 진딧물이 많은 잎에 노랗고 긴 알을 무더기로 낳습니다. 3~4일이 지나면 알에서 검은 애벌레가 나옵니다. 2주 정도 지나면 애벌레는 엷은 갈색의 번데기가 되고 5~7일이 지나면 번데기를 뚫고 나와 어른벌레가 됩니다.

→ 무당벌레는 (완전 탈바꿈 / 불완전 탈바꿈)을 합니다.

1~3 다음 낱말의 알맞은 뜻을 찾아 선으로 이어 보세요.

1 경쟁 •

• ㉠ 벌레가 실을 내어 지은 집

2 고치 •

• ㉡ 생물이 일정한 곳에 자리를 잡고 삶.

3 서식 •

• ㉢ 어떤 생물이 환경을 이용하기 위하여 다른 생물과 벌이는 상호 작용

4~6 다음 문장의 빈칸에 알맞은 낱말을 보기 에서 찾아 써 보세요.

> **보기**
>
> • 멸종: 생물의 한 종류가 아주 없어짐.
> • 곤충: 몸이 머리, 가슴, 배로 나뉘고, 다리가 6개인 동물
> • 한살이: 동물이나 식물이 태어나서 어린 시절을 지나 성장하여 자손을 남기고 죽을 때까지의 과정

4 개구리는 '알 → 올챙이 → 개구리'의 [   ] 과성을 거친나.

5 거미의 몸은 '머리가슴 – 배' 두 부분으로 되어 있어 [   ] 이/가 아니다.

6 장수하늘소는 서식지 파괴 등으로 그 수가 줄어들어 [   ] 위기에 처했다.

어휘력에 도움이 되는 대표한자

完	宀 宁 完

뜻	소리	完자는 宀(집 면)자와 元(으뜸 원)자가 결합한 한자로, 집을 잘 만들었다는 뜻으로 만들
완전할	완	어졌어요. **완전하다, 온전하다** 등의 의미로 쓰여요.

완 전 (完 全)
완전할 완　온전할 전

필요한 것이 모두 갖추어져 모자람이나 흠이 없음.
예 중국은 시장을 <u>완전</u> 개방하였다.

완 성 (完 成)
완전할 완　이룰 성

완전히 다 이룸.
예 조각가는 자신의 작품을 멋지게 <u>완성</u>하였다.

완 벽 (完 璧)
완전할 완　구슬 벽

흠이 없는 구슬이라는 뜻으로, 결함이 없이 완전함을 이르는 말
예 그 배우는 <u>완벽</u>에 가까운 연기를 펼쳤다.

전통 공놀이, 축국과 격구

예체능

❶ 공은 인간이 만든 재미있는 놀이 도구입니다. 사람들은 공으로 축구, 야구, 골프 등 다양한 공놀이를 만들어 즐겼습니다. 그렇다면 우리 조상들은 어떤 공놀이를 즐겼을까요?

❷ 『삼국사기』를 보면 김유신과 김춘추가 축구와 비슷한 공차기 놀이인 '축국'을 하였다는 기록●이 있습니다. 축국을 할 때 사용한 공은 가죽 주머니 속에 동물 털을 넣어서 둥글게 만들거나, 돼지나 소 오줌보●에 바람을 넣어서 만들었습니다. 신분●이 낮은 백성들은 공을 구하기 어려웠기 때문에 주로 신분이 높은 사람들이 축국을 놀이로 즐겼습니다. 축국은 경기장 양 끝에 구멍 여섯 개를 파 놓고 공을 차 넣는 구멍차기 방법과, 공을 높이 올려 떨어뜨리지 않고 오랫동안 차는 제기차기 방법이 있습니다.

❸ 우리 조상들이 즐겼던 또 다른 공놀이로는 폴로●나 야구와 비슷한 '격구'가 있습니다. 발해 3대 왕인 문왕의 딸 정효공주의 무덤 벽화에 그려진 격구채를 든 사람의 모습을 통해 발해 시대에 사람들이 격구를 즐겼음을 알 수 있습니다. 격구의 도구는 나무로 만든 채와 마 끈 뭉치로 만든 공이 있습니다. 격구는 무인●들의 훈련에도 적합해 고려 시대와 조선 시대에 군사들의 훈련 수단으로 발전하였습니다. 격구에는 말을 타고 막대기로 땅바닥의 공을 쳐서 멀리 보내는 기마● 격구와, 걷거나 뛰어다니며 공을 쳐서 구멍에 집어넣는 도보 격구가 있습니다.

공부한 날

월   일

관련 교과 초등사회 5-2
옛사람들의 삶과 문화

낱말 풀이

• **기록** 주로 후일에 남길 목적으로 어떤 사실을 적음. 또는 그런 글

• **오줌보** 콩팥에서 흘러나오는 오줌을 저장하였다가 일정한 양이 되면 요도를 통하여 배출시키는 주머니 모양의 기관인 '방광'을 이르는 말

• **신분** 개인의 사회적인 위치나 계급

• **폴로** 선수가 말을 타고 목재로 만든 공을 막대로 쳐서 상대편의 골에 집어넣어, 득점수로 승부를 겨루는 경기

• **무인** 무사인 사람. 곧 무예를 닦은 사람을 이른다.

• **기마** 말을 탐.

▲ 축국

▲ 격구

내용 들여다보기

STEP 1 핵심 내용 정리하기

❶ [   ]은 인간이 만든 재미있는 [   ]입니다.
[   ] 우리 조상들은 어떤 [   ]를 즐겼을까요?

❷ 『삼국사기』를 보면 김유신과 김춘추가 ~ '[   ]'을 하였다는 기록이 있습니다.
↳ 축국을 할 때 사용한 공은 [   ] 주머니 속에 동물 털을 넣어서 둥글게 만들거나,
돼지나 소 [   ]에 바람을 넣어서 만들었습니다.
↳ 주로 신분이 높은 사람들이 축국을 놀이로 즐겼습니다.
↳ 축국은 ~ [   ] 방법과, ~ [   ] 방법이 있습니다.

❸ 우리 조상들이 즐겼던 또 다른 공놀이로는 ~ '[   ]'가 있습니다.
↳ 격구의 도구는 [   ]로 만든 채와 마 끈 [   ]로 만든 공이 있습니다.
↳ 격구는 ~ 고려 시대와 조선 시대에 군사들의 [   ] 수단으로 발전하였습니다.
↳ 격구에는 ~ [   ]와, ~ [   ]가 있습니다.

STEP 2 짜임 이해하기

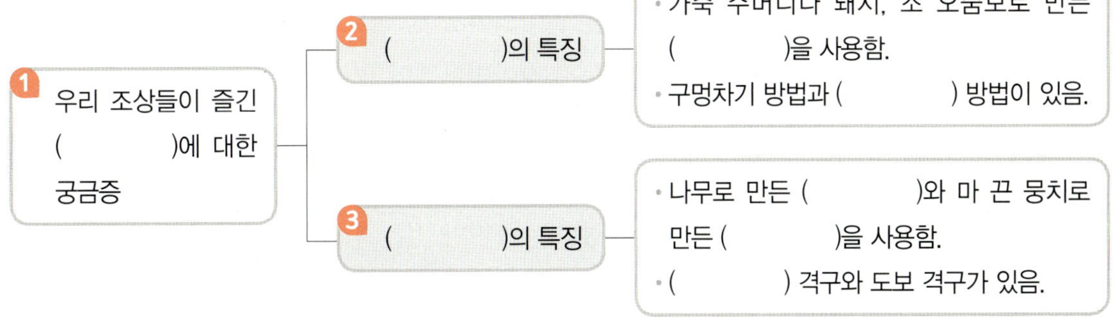

STEP 3 내용 요약하기

✎ 우리 조상들이 즐긴 공놀이에는

화제 파악 **1** 이 글의 중심 화제로 가장 알맞은 것은 무엇인가요? (   )

① 우리 조상들의 지혜
② 우리 조상들이 즐긴 공놀이
③ 야구와 비슷한 전통 공놀이
④ 축구와 비슷한 전통 공놀이
⑤ 옛 나라 군사들의 훈련 수단

내용 이해 **2** 이 글의 내용에 알맞지 <u>않은</u> 것은 무엇인가요? (   )

① 축국은 오늘날의 축구와 비슷한 면이 있다.
② 축국에는 구멍차기 방법과 제기차기 방법이 있다.
③ 축국은 주로 신분이 높은 사람들이 즐긴 공놀이이다.
④ 격구의 도구는 나무로 만든 채와 마 끈 뭉치로 만든 공이다.
⑤ 격구에는 뛰면서 하는 기마 격구와 걸으면서 하는 도보 격구가 있다.

비판과 평가 **3** 이 글을 읽은 학생이 더 알아볼 내용으로 알맞은 것은 무엇인가요? (   )

① 오늘날 유명한 격구 선수를 알아봐야겠어.
② 축국의 채를 어떻게 만드는지 찾아봐야겠어.
③ 축국과 폴로의 경기 규칙을 비교해 봐야겠어.
④ 우리 조상들이 즐겼던 다른 공놀이가 있는지 알아봐야겠어.
⑤ 우리 조상들이 격구를 즐겼다는 증거가 있는지 살펴봐야겠어.

상황에 적용 **4** 다음 글을 보고 격구와 야구의 공통점을 써 보세요.

> 야구가 우리나라에 처음 들어왔을 때, 공이라는 뜻의 '구' 앞에 '치다'라는 뜻의 한자어인 '타(打)'나 '격(擊)'자를 붙여 '타구' 또는 '격구'라고 불렀어요.

→ 격구와 야구의 공통점은 ____________________ 것입니다.

어휘력 다지기

1~3 다음 뜻풀이에 알맞은 낱말을 보기 의 글자 카드로 만들어 써 보세요.

> **보기**
>
> 신　　무　　기　　인　　록　　분

1 개인의 사회적인 위치나 계급 → ☐☐

2 무사인 사람. 곧 무예를 닦은 사람 → ☐☐

3 주로 후일에 남길 목적으로 어떤 사실을 적음. 또는 그런 글 → ☐☐

4~6 다음 설명이 맞으면 ○표, 틀리면 ✕표 해 보세요.

4 '오줌보'는 방광을 달리 부르는 말이다. (○ , ✕)

5 '기마'는 무사인 사람을 가리키는 말이다. (○ , ✕)

6 '폴로'는 선수가 말을 타고 목재로 만든 공을 막대로 쳐서 상대편의 골에 집어넣는 경기이다. (○ , ✕)

어휘력에 도움이 되는 **대표한자**

馬

뜻	소리
말	마

馬자는 말이 곧게 서 있는 모양을 그린 것으로, 말의 특징을 표현하기 위해 큰 눈과 갈기가 함께 그려져 있어요. 말, 벼슬의 이름 등의 의미를 가지고 있어요.

승 마 (乘 馬) 탈 승 / 말 마
말을 탐.
예 그는 **승마**를 하다가 떨어져 어깨를 다쳤다.

마 차 (馬 車) 말 마 / 수레 차
말이 끄는 수레
예 **마차**는 사람이나 짐을 나르는 데 사용된다.

백 마 (白 馬) 희다 백 / 말 마
털빛이 흰 말
예 디즈니 만화 영화에는 **백마** 탄 왕자가 많이 나온다.

잘못 쓰는 높임 표현

1 높임 표현에는 대상을 높이고 공경˚하는 마음이 담겨 있습니다. 높임 표현은 듣는 사람이 말하는 사람보다 웃어른˚일 때 사용하거나, ㉠행동하는 사람이 말하는 사람보다 웃어른일 때 사용합니다. 그런데 사람들은 종종 높임 표현을 잘못 사용합니다.

2 사람들이 가장 많이 잘못 쓰는 높임 표현은 높이지 않아도 되는 사물을 높이는 것입니다. 예를 들면 '손님, 이 책은 만 원이세요.' 같은 표현입니다. 높임 표현은 대상을 높이는 것인데 사물을 높여 썼기 때문에 올바른 높임 표현이라고 할 수 없습니다. 이런 표현은 '손님, 이 책은 만 원입니다.'로 바꿔 써야 합니다.

3 그 다음 많이 잘못 쓰는 높임 표현은 높여야 할 대상을 바꿔 쓰는 것입니다. 예를 들면 '은아야, 할머니가 오시래.' 같은 표현입니다. 이 문장에서 높여야 할 대상은 할머니인데 높임 표현을 쓰지 않았고, 할머니보다 아랫사람인 '은아'를 높이는 표현을 썼습니다. 알맞은 높임 표현은 '은아야, 할머니께서 오라셔.'입니다.

4 이외에 잘못 쓰는 높임 표현은 역사적인 인물˚을 높이는 것입니다. 예를 들면 '내가 존경˚하는 위인은 훌륭한 왕이셨던 세종 대왕님이다.' 같은 표현입니다. 역사적 인물은 나이가 아무리 많아도 높임 표현을 쓰지 않습니다. 따라서 '내가 존경하는 위인은 훌륭한 왕이었던 세종 대왕이다.'가 알맞은 표현입니다.

5 이와 같이 상대나 내용에 따라 올바른 높임 표현을 쓰지 않으면 상대방의 기분을 상하게 하거나 예의가 없는 사람이라는 인상˚을 줄 수 있습니다. 따라서 올바른 높임 표현을 사용할 수 있도록 주의˚를 기울여야 합니다.

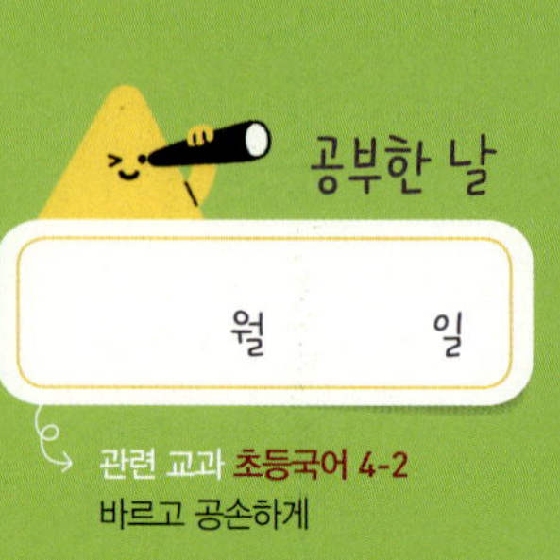

| 낱말 풀이 |

- **공경** 공손히 받들어 모심.
- **웃어른** 나이나 지위, 신분, 항렬 따위가 자기보다 높아 직접 또는 간접으로 모시는 어른
- **인물** 뛰어난 사람
- **존경** 다른 사람의 됨됨이, 생각, 행위 따위를 받들어 공경함.
- **인상** 어떤 대상에 대하여 마음속에 새겨지는 느낌
- **주의** 마음에 새겨 두고 조심함.

내용 들여다보기

STEP 1 핵심 내용 정리하기

1 사람들은 종종 [   ]을 잘못 사용합니다.

2 가장 많이 잘못 쓰는 높임 표현은 높이지 않아도 되는 [   ]을 높이는 것입니다.

↳ [   ] '손님, 이 책은 만 원이세요.' 같은 표현입니다.

↳ 사물을 [   ] 썼기 때문에 올바른 높임 표현이라고 할 수 없습니다.

3 [   ] 많이 잘못 쓰는 높임 표현은 높여야 할 [   ]을 바꿔 쓰는 것입니다.

↳ [   ] '은아야, 할머니가 오시래.' 같은 표현입니다.

↳ 높여야 할 대상은 [   ]인데 ~ '은아'를 높이는 표현을 썼습니다.

4 [   ] 잘못 쓰는 높임 표현은 역사적인 [   ]을 높이는 것입니다.

↳ 예를 들면 '내가 존경하는 [   ]은 훌륭한 왕이셨던 세종대왕님이다.' 같은 표현입니다.

↳ 역사적 인물은 나이가 아무리 많아도 [   ]을 쓰지 않습니다.

5 [   ] 높임 표현을 사용할 수 있도록 주의를 기울여야 합니다.

STEP 2 짜임 이해하기

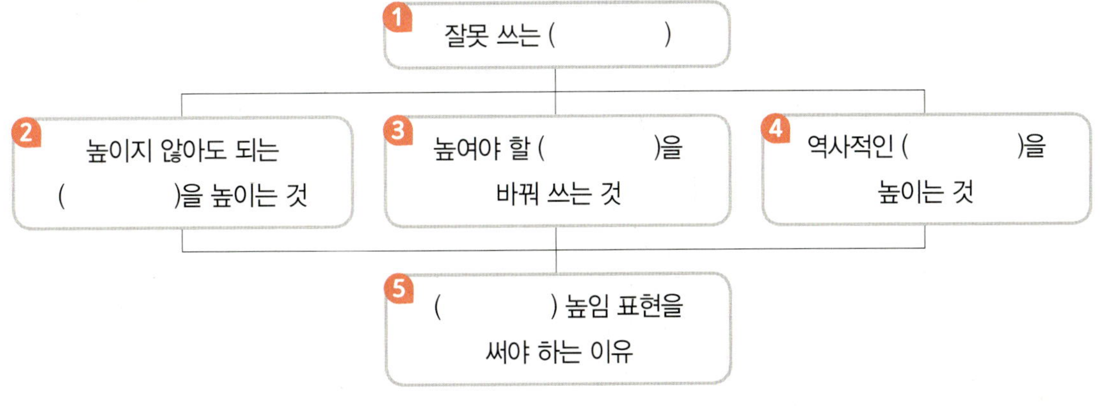

STEP 3 내용 요약하기

✎ 사람들이 주로 잘못 쓰는 높임 표현에는 ....

.... 등이 있다.

상대나 내용에 따라 올바른 높임 표현을 사용할 수 있도록 주의를 기울여야 한다.

화제 파악 **1** 글 **①**의 내용으로 볼 때 다음 빈칸에 가장 알맞은 말은 무엇인가요? (   )

> 높임 표현은 ____________________ 높여서 말하는 것입니다.

① 듣는 이나 말하는 이를　　　　　② 듣는 이보다 말하는 이를

③ 듣는 이나 역사적 인물을　　　　④ 듣는 이나 행동하는 대상을

⑤ 듣는 이보다 행동하는 대상을

내용 추론 **2** ㉠에 해당하는 높임 표현으로 알맞지 <u>않은</u> 것은 무엇인가요? (   )

① 아버지께서 회사에 가셨다.

② 우리는 선생님께 질문을 드렸다.

③ 할아버지께서는 아침마다 일찍 일어나신다.

④ 어머니께서 나를 위해 정성껏 도시락을 싸 주셨다.

⑤ 동네 아주머니께서는 나를 보자 밝게 인사를 하셨다.

상황에 적용 **3** 이 글에서 설명한 잘못된 높임 표현의 예로 알맞지 <u>않는</u> 것은 무엇인가요? (   )

① 이순신 장군님은 애국자이셨다.

② 수정아, 선생님이 교무실로 오시래.

③ 사장님, 입고 계신 옷이 구겨지셨습니다.

④ 손님, 주문하신 따끈한 커피가 나오셨습니다.

⑤ 서울에 올라오신 할머니께서 주무시고 가셨다.

상황에 적용 **4** 다음 높임 표현이 쓰인 말을 올바르게 고쳐 써 보세요.

> 고객님, 구매하신 제품이 고장 나시면 바로 연락주세요.

답 ____________________

1~3 다음 문장의 밑줄 친 낱말의 쓰임이 알맞으면 ○표, 그렇지 않으면 ×표 하세요.

1 친구를 <u>공경</u>하는 마음을 담아 편지를 썼다. ( )

2 <u>웃어른</u>인 할머니께는 높임 표현을 써야 한다. ( )

3 이순신 장군 같은 <u>위인</u>에게는 배울 점이 많다. ( )

4~5 다음 대화를 읽고 빈칸에 알맞은 낱말을 글자의 첫소리를 바탕으로 완성해 보세요.

4

민영: 높임 표현을 써야 하는 이유는 무엇일까?

진하: 웃어른을 ㅈ ㄱ 하고, 공경하는 마음을 드러내기 위해서 쓰는 거지.

다른 사람의 됨됨이, 생각, 행위 따위를 받들어 공경함.

5

명진: 잘못된 높임 표현을 사용하면 안 되는 이유는 무엇일까?

준희: 잘못된 높임 표현은 상대방의 기분을 상하게 하거나 예의가 없는 사람이라는 ㅇ ㅅ 을 줄 수 있어.

어떤 대상에 대하여 마음속에 새겨지는 느낌

어휘력에 도움이 되는 **대 표 한 자**

뜻	소리	表자는 衣(옷 의)자와 毛(털 모)자가 결합한 한자예요. 겉, 바깥, 표 등의 의미를 가지고 있어요.
겉	표	

表 圭 表 表

표 시 (表 示)
겉 표 　보일 시

겉으로 드러내 보임.
예 〈동국대지도〉에는 울릉도와 독도가 **표시**되어 있어요.

표 현 (表 現)
겉 표 　나타날 현

생각이나 느낌 따위를 언어나 몸짓 따위의 형상으로 드러내어 나타냄.
예 **표현**의 자유는 생각이나 느낌을 자유롭게 나타낼 수 있는 자유를 말해요.

공자에게 정치는 무엇이었을까?

　　공자는 길을 가던 중에 산속에서 슬피 우는 여인을 보고, 제자들에게 무슨 일인지를 알아오게 했어요. "저 여인의 시아버지와 남편, 아들이 모두 호랑이에게 물려 죽었다고 합니다. 그런데도 왜 이곳을 떠나지 않는지를 물으니, 이곳에는 가혹한 정치가 없기 때문이라고 답했습니다." 공자는 한숨을 내쉬면서 제자들에게 말했어요. "가혹한 정치가 호랑이보다 무섭다는 것을 기억하거라."

번데기가 된 나비 애벌레에게 무슨일이 일어나는 걸까?

　　완전 탈바꿈을 하는 나비 애벌레는 번데기의 과정에서 몸이 조각조각으로 나누어져요. 애벌레가 번데기가 되면서 나비의 몸이 될 바탕만 남고 모두 해체되는 거지요. 나비 애벌레는 번데기 안에서 몸이 흐물흐물해졌다가 새로운 형태를 갖게 됩니다. 다리가 매우 짧은 나비 애벌레가 길고 가느다란 다리와 멋진 날개를 갖게 되는 것은 번데기가 되는 과정이 있기 때문이에요.

국가나 민족 앞에 '저희'라는 표현을 써도 될까?

　　'저희'는 '우리'의 낮춤 표현이에요. 웃어른께 말할 때는 "우리는 지금 놀러 가요."와 같이 말하지 않고, '우리'를 낮추어 '저희는 지금 놀러 가요.'라고 표현합니다. 그런데 예외의 경우가 있어요. 우리말에서 '국가나 민족' 등에 '우리'를 붙여 쓸 때는 '저희'라는 표현을 써서는 안 돼요. '저희 나라', '저희 민족'과 같이 써서는 안 되고, 반드시 '우리나라', '우리 민족'과 같이 표현해야 합니다.

5주

역사의 시대 구분

일일 학습을 마치고, 워크북으로 생각을 정리해 보세요. 워크북 ● 36쪽

공부한 날

월   일

관련 교과 **초등사회 5-2**
옛사람들의 삶과 문화

① 역사는 지나간 시간인 과거에 일어난 일이나 사람들의 발자취를 의미하기도 하지만 과거에 일어났던 사실에 대한 기록을 말하기도 한다. 역사의 시대 구분은 크게 과거의 사실을 글자로 기록하기 전과 후로 나뉜다. 과거의 사실을 글자로 기록해 놓은 때를 역사 시대라고 한다. 반면 글자가 없어 사람들의 생활 모습이 기록으로 남아 있지 않은 때를 선사 시대라고 한다.

② 선사 시대는 글자로 기록된 자료가 발견되지 않기 때문에 그때 사람들이 남긴 여러 가지 생활 유물과 유적으로 당시 사람들이 어떻게 살았는지 알 수 있다. 주먹도끼, 빗살무늬 토기 같은 유물, 동굴이나 움집 같은 유적, 바위에 그려 놓은 그림 등에서 선사 시대 사람들의 흔적을 발견할 수 있는 것이다.

③ 선사 시대는 사람들이 사용한 도구를 기준으로 구석기, 신석기 시대로 구분한다. 돌을 깨뜨리고 떼어 낸 뗀석기를 사용한 시대를 '구석기 시대'라고 하고, 돌을 더 뾰족하게 갈아서 만든 간석기를 사용한 시대를 '신석기 시대'라고 한다.

④ 역사 시대는 사람들이 글자로 남긴 기록을 살펴보면서 그 당시 사람들이 어떻게 살았고 어떤 일이 일어났는지 알 수 있다. 글자로 남긴 기록에는 역사적 사료인 문서, 책, 일기, 비석과 같은 것이 있다.

⑤ 역사 시대의 시작은 청동기 시대부터라고 할 수 있다. 우리나라는 아직까지 청동기 시대에 글자를 사용한 흔적이 발견되지 않았지만, 다른 나라에서는 청동기 시대에 글자를 사용한 흔적을 찾아볼 수 있다.

│ 낱말 풀이 │

●**발자취** 지나온 과거의 흔적을 이르는 말

●**선사** 역사 이전

●**유물** 조상들이 남겨 놓은 물건

●**움집** 땅을 파고 짚 따위를 얹어 지은 집

●**뗀석기** 돌을 깨뜨려 만든 선사 시대 도구

●**간석기** 돌을 갈아 만든 선사 시대 도구

●**사료** 문서, 기록, 건축, 조각 따위의 역사 연구에 필요한 자료나 유물

●**청동기** 청동으로 만든 그릇이나 기구

내용 들여다보기

STEP 1 핵심 내용 정리하기

❶ 역사의 시대 [   ]은 ~ 과거의 사실을 글자로 [   ]하기 전과 후로 나뉜다.

  ↳ 글자로 기록해 놓은 때를 [   ] 시대라고 한다.

  ↳ [   ] 글자가 없어 ~ 기록으로 남아 있지 않은 때를 [   ] 시대라고 한다.

❷ [   ] 시대는 ~ 여러 가지 [   ]과 [   ]으로 당시 사람들이 어떻게 살았는지 알 수 있다.

❸ 선사 시대는 ~ 도구를 기준으로 [   ], [   ] 시대로 구분한다.

  ↳ [   ]를 사용한 시대를 '구석기 시대'라고 하고, ~ [   ]를 사용한 시대를 '신석기 시대'라고 한다.

❹ 역사 시대는 ~ [   ]을 살펴보면서 그 당시 사람들이 어떻게 살았고 어떤 [   ]이 일어났는지 알 수 있다.

  ↳ 글자로 남긴 기록에는 역사적 [   ]인 문서, 책, 일기, 비석과 같은 것이 있다.

❺ 역사 시대의 시작은 [   ] 시대부터라고 할 수 있다.

  ↳ 우리나라는 ~ 청동기 시대에 [   ]를 사용한 흔적이 발견되지 않았지만, 다른 나라에서는 ~ 찾아볼 수 있다.

STEP 2 짜임 이해하기

❶ 역사의 (   ) 구분

❷ (   ) 시대 사람들의 흔적을 확인하는 방법

❸ (   )를 기준으로 한 선사 시대의 시대 구분

❹ (   ) 시대 사람들의 흔적을 확인하는 방법

❺ 역사 시대의 (   )인 청동기 시대

STEP 3 내용 요약하기

✏️ 역사의 시대 구분은 과거의 사실을 글자로 기록하기 이전인 선사 시대와 이후인 역사 시대로 나뉜다. __________

____

당시 사람들의 삶의 흔적을 확인할 수 있다.

 **주제 파악**

1 이 글의 주제로 가장 알맞은 것은 무엇인가요? (   )

① 선사 시대와 역사 시대의 생활 수준

② 선사 시대와 역사 시대의 연구 방법

③ 선사 시대와 역사 시대에 사용한 도구

④ 선사 시대와 역사 시대에 있었던 기록의 중요성

⑤ 선사 시대와 역사 시대의 생활 유물과 유적의 중요성

내용 이해

2 '선사 시대'와 '역사 시대'의 의미로 알맞은 것은 무엇인가요? (   )

① 선사 시대: 구석기 이전의 시대

② 선사 시대: 농사를 짓기 시작한 시대

③ 선사 시대: 말로 의사소통을 할 수 없었던 시대

④ 역사 시대: 기록을 통해 당시 사람들의 삶을 알 수 있는 시대

⑤ 역사 시대: 생활 유물과 유적으로만 당시 사람들의 삶을 알 수 있는 시대

 **상황에 적용**

3 선사 시대의 삶을 조사하는 방법으로 알맞은 것을 두 개 골라 보세요. (,   )

① 당시 사람들이 쓴 역사책들을 조사한다.

② 당시 사람들이 살았던 유적지를 탐방한다.

③ 당시 사람들이 쓴 일기나 편지를 조사한다.

④ 당시 사람들이 쓰던 물건의 쓰임을 알아본다.

⑤ 당시 사람들이 묻힌 무덤의 비석에 쓰인 글을 살펴본다.

 **상황에 적용**

4 보기 의 설명을 보고 '주먹도끼'가 어느 시대 유물인지 골라 보세요.

보기

주먹도끼에 대한 기록이 남아 있지 않아 당시 사람들이 이 도구를 언제 어떻게 사용했는지 정확하게 알 수는 없다. 하지만 형태로 보아 돌의 양쪽 겉면을 깨뜨려 뾰족하게 만든 뗀석기라는 것과 주먹에 쥐고 사용하는 도끼 형태의 도구임을 알 수 있다. 

→ 주먹도끼는 (선사 시대 / 역사 시대) 중 (구석기 시대 , 신석기 시대) 유물이다.

어휘력 다지기

1~2 다음 문장의 괄호 안에 어울리는 낱말을 골라 ○표 해 보세요.

1 역사 시대의 (사료 / 재료)을 통해 조상들의 삶을 살펴볼 수 있다.

2 선사 시대 사람들이 사용한 도구를 통해 당시 사람들의 (발자국 / 발자취)를 확인할 수 있다.

3~6 다음 말 상자에서 주어진 뜻에 알맞은 낱말을 찾아 써 보세요.

3 조상들이 남겨 놓은 물건 →

4 땅을 파고 짚 따위를 얹어 지은 집 →

5 돌을 갈아 만든 선사 시대 도구 →

6 돌을 깨뜨려 만든 선사 시대 도구 →

유	적	뗀	토
물	간	석	기
선	물	기	록
바	움	집	사

어휘력에 도움이 되는 **대표한자** 

史	口 尹 史

뜻	소리	
역사	사	史자는 제사장들이 제사를 지내거나 점을 칠 때 지니고 다니던 주술 도구를 손에 쥐고 있는 모습을 그린 것이에요. **역사, 사관** 등의 의미를 나타내요.

국 사 (國 史)
나라 국 역사 사
나라의 역사
예 교육 과정이 바뀌면서 <u>국사</u> 교과서의 내용도 많이 달라졌다.

선 사 (先 史)
먼저 선 역사 사
역사 이전
예 선사 시대에 사람들은 주로 동굴이나 움집에서 살았다.

경제의 핏줄, 화폐

1 우유를 먹고 싶을 때 우리는 가게에 가서 우윳값을 내고 우유를 사요. 또 몸이 아프면 병원에 가서 병원비를 내고 치료받지요. 이처럼 상품을 사거나 서비스[•]를 이용할 때 화폐가 필요해요.

2 화폐는 상품이나 서비스로 교환하는 기능[•]이 있어요. 쌀이 필요하면 화폐와 쌀을 교환[•]할 수 있어요. 화폐는 어떤 상품이나 서비스의 가치[•]를 나타내는 기준이 되기도 해요. 복숭아 한 개가 1,000원이라면 그 복숭아는 1,000원의 가치가 있는 것이에요. 또 화폐는 가치를 저장하는 기능도 있어요. 화폐를 가지고 있는 만큼 나중에 필요한 물건을 사는 데 쓸 수 있어요.

3 그렇다면 화폐는 어떻게 발달해 왔을까요? 먼 옛날 사람들은 쌀, 옷감, 조개껍데기 등을 화폐로 사용했고, 이것을 '물품 화폐'라고 해요. 그런데 물품 화폐는 들고 다니기가 불편하고 화폐 각각의 값어치[•]가 달라서 문제가 되었어요. 이러한 문제를 해결하기 위해 들고 다니기 편한 금속으로 화폐를 만들었어요. 금속 화폐는 크기가 작아 들고 다니기 편하고 잘 변하지 않지만 무겁고 보관하기 어려웠어요. 그래서 가볍고 보관하기 편한 지폐를 만들었어요. 지폐는 오늘날 흔히 사용하는 종이 화폐예요. 요즘에는 신용[•]으로 물건이나 서비스를 살 수 있는 신용 카드나 스마트폰으로도 결제할 수 있는 전자 화폐를 많이 사용해요.

4 이처럼 화폐는 점점 더 [㉠   ], 사람들이 경제 활동을 하는 한 계속 발달하며 존재할 거예요.

｜ 낱말 풀이 ｜

• **서비스** 형태는 없으나 인간의 욕구를 충족시켜 주는 사람들의 활동이나 작용

• **기능** 하는 구실이나 작용을 함. 또는 그런 것

• **교환** 서로 바꿈.

• **가치** 사물이 지니고 있는 쓸모

• **값어치** 일정한 값에 해당하는 분량이나 가치

• **신용** 거래한 물건의 대가를 앞으로 치를 수 있음을 보이는 능력

▲ 물품 화폐

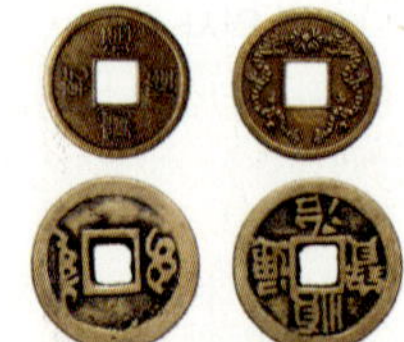

▲ 금속 화폐

▲ 신용 카드

내용 들여다보기

STEP 1 핵심 내용 정리하기

① 상품을 사거나 서비스를 이용할 때 [　　　]가 필요해요.

② 화폐는 상품이나 서비스로 [　　　]하는 기능이 있어요.

화폐는 어떤 상품이나 서비스의 [　　　]를 나타내는 [　　　]이 되기도 해요.

화폐는 가치를 [　　　]하는 기능도 있어요.

③ [　　　] 화폐는 어떻게 [　　　] 해 왔을까요?

↳ 먼 옛날 사람들은 쌀, 옷감, 조개껍데기 등을 화폐로 사용했고, 이것을 [　　　]라고 해요.

　　↳ 들고 다니기 불편하고 ~ [　　　]가 달라서 문제가 되었어요.

↳ 이러한 문제를 해결하기 위해 들고 다니기 편한 [　　　]으로 화폐를 만들었어요.

　　↳ 들고 다니기 편하고 잘 변하지 않지만 무겁고 [　　　]하기 어려웠어요.

↳ [　　　] 가볍고 보관하기 편한 [　　　]를 만들었어요.

↳ 요즘에는 ~ 신용카드나 ~ [　　　]를 많이 사용해요.

④ 화폐는 ~ 계속 발달하며 존재할 거예요.

STEP 2 짜임 이해하기

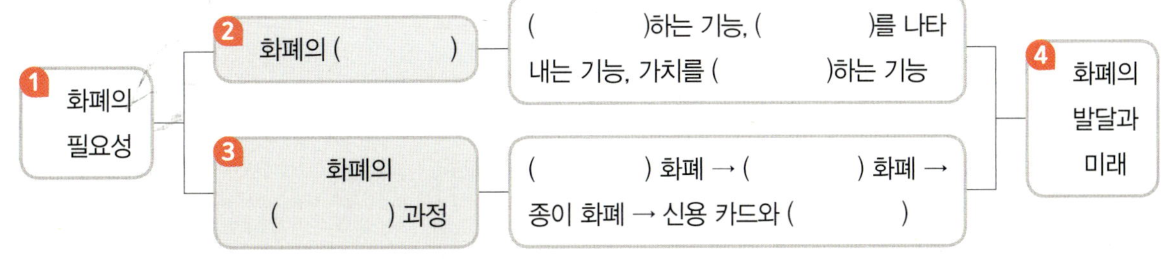

STEP 3 내용 요약하기

화폐는 ______________________________________

____

내용 이해 1 이 글에서 설명한 화폐의 기능으로 알맞지 <u>않은</u> 것은 무엇인가요? (   )

① 가치를 저장할 수 있다.

② 상품이나 서비스를 살 수 있다.

③ 상품이나 서비스와 교환할 수 있다.

④ 상품이나 서비스를 생산할 수 있다.

⑤ 상품이나 서비스의 가치를 나타내는 기준이 될 수 있다.

내용 이해 2 화폐의 종류와 그 특징의 연결이 올바르지 <u>않은</u> 것은 무엇인가요? (   )

① 물품 화폐: 화폐 각각의 값어치가 달라요.

② 금속 화폐: 잘 변하지 않지만 무거워요.

③ 종이 화폐: 가볍지만 보관하기가 쉽지 않아요.

④ 신용 카드: 신용으로 물품이나 서비스를 살 수 있어요.

⑤ 전자 화폐: 간편하게 스마트폰으로 결제할 수 있어요.

내용 추론 3 ㉠에 들어갈 말로 알맞은 것은 무엇인가요? (   )

① 크기가 크게 발달해 왔고

② 교환하기 어렵게 발달해 왔고

③ 사용하기 편리하게 발달해 왔고

④ 화폐 단위를 알기 쉽게 발달해 왔고

⑤ 가치를 나타내는 기준이 될 수 있게

상황에 적용 4 **보기** 는 이 글에서 설명한 화폐의 기능 중 어떤 것과 가장 관련이 있는지 써 보세요.

> **보기**
>
> 사과와 단감의 생산량이 줄어들면서 사과와 단감 모두 작년보다 가격이 올랐어요. 사과 1개의 가격은 작년보다 800원이 올라 1,800원이고, 단감 1개 가격은 작년에 비해 400원이 올라 1,200원이에요.

➡ 화폐는 _______________________________이 돼요.

어휘력 다지기

1~3 다음 문장의 밑줄 친 말과 바꿔 쓸 수 있는 낱말을 **보기**에서 찾아 써 보세요.

> **보기**
>
> 가치 교환 기능

1 기계는 노동력을 대신하는 <u>역할</u>을 한다. → [　]

2 그는 <u>쓸모</u> 없는 일에 시간을 낭비하지 않는다. → [　]

3 무역은 나라와 나라 사이에 서로 물건을 <u>거래</u>하는 일이다. → [　]

4~6 다음 뜻풀이에 어울리는 낱말을 골라 ○표 해 보세요.

4 **값어치** : 일정한 (상품 / 값)에 해당하는 분량이나 가치

5 **신용** : 거래한 물건의 대가를 (바로 / 앞으로) 치를 수 있음을 보이는 능력

6 **서비스** : 형태는 없으나 인간의 욕구를 충족시켜 주는 사람들의 (활동 / 취미)

어휘력에 도움이 되는 **대표 한자**

貨

뜻	소리	貨자는 化(될 화)와 貝(조개 패)가 결합한 한자예요. 금속 화폐가 만들어지기 전에는 조개를 화폐로 사용했기 때문에 재물의 의미를 갖게 되었어요. **재물, 재화, 물건** 등의 의미로 쓰여요.
재물	화	

재 화 (財 貨) 재물 재　재물 화	사람이 바라는 바를 충족시켜 주는 모든 물건 예 인간의 욕망은 끝이 없는 데 반해 세상의 <u>재화</u>는 한정되어 있다.
화 물 (貨 物) 재물 화　물건 물	운반할 수 있는 형태의 재화나 물품을 통틀어 이르는 말 예 기차는 온갖 <u>화물</u>을 실어 나르는 수단으로 이용된다.
화 폐 (貨 幣) 재물 화　화폐 폐	동전이나 지폐와 같이 상품을 사고팔 때 값을 치르는 수단 예 경기가 좋지 않아 <u>화폐</u>의 가치가 크게 떨어졌다.

지구를 아프게 하는 탄소 발자국

일일 학습을 마치고, 워크북으로 생각을 정리해 보세요. 워크북 · 40쪽

공부한 날

월   일

관련 교과 초등과학 5-2
생물과 환경

1 인간은 지구에 살면서 두 개의 발자국을 남깁니다. 하나는 땅에 남기는 발자국이고 하나는 환경에 남기는 탄소 발자국입니다. 탄소 발자국은 사람이 물건을 생산하고 소비하는 과정을 포함한 모든 활동에서 이산화 탄소를 얼마나 발생시키는지를 계산하여 발자국으로 표시한 것입니다. 탄소 발자국은 무게 단위인 kg이나 탄소를 줄이기 위해 우리가 심어야 하는 나무 수로 표시합니다. 탄소 발자국은 온실가스의 발생을 줄이기 위해 도입한 제도입니다.

2 탄소 발자국은 공장이나 자동차에서만 발생할 것 같지만 사실 우리 일상생활에서도 많이 발생합니다. 아침에 세수를 하기 위해 화장실 전등을 켜면 86g, 쌀밥을 먹으면 115g, 배추김치를 먹으면 76g, 학교에 갈 때 버스를 타면 167g, 숙제할 때 컴퓨터를 사용하면 51.6g, 텔레비전을 시청하면 128g, 종이컵을 1개 쓰면 11g의 탄소 발자국이 발생합니다. 이와 같이 우리가 불을 켜고 밥을 먹고 요리를 하고 텔레비전을 보고 차를 타는 모든 활동에서 이산화 탄소가 배출됩니다. 이산화 탄소는 지구 온난화와 기후 변화의 원인이 되는 온실가스이기 때문에 생활 속에서 줄이고자 노력해야 합니다.

3 탄소 발자국을 줄이기 위해서는 우리의 생활 습관을 바꿔야 합니다. 가까운 거리는 걸어 다니거나 자전거를 탑니다. 그리고 일회용품이나 플라스틱 제품의 사용을 줄입니다. 또 쓰지 않는 텔레비전, 세탁기, 전기밥솥 등의 전자 제품의 플러그는 뽑아 놓습니다.

▮ 낱말 풀이

- **생산** 사람이 사는 데 필요한 여러 물건을 만들어 내는 것
- **소비** 상품이나 서비스를 이용하고 쓰는 일
- **이산화 탄소** 산소 두 개와 탄소 하나가 결합해 만들어진 화합물
- **온실가스** 지구 대기를 오염시켜 온실 효과를 일으키는 가스
- **제도** 관습이나 도덕, 법 따위의 규범이나 사회 구조의 체계
- **배출** 안에서 밖으로 밀어 내보냄.
- **온난화** 지구의 기온이 높아지는 현상
- **기후** 기온, 비, 눈, 바람 따위의 날씨 상태

내용 들여다보기 🔍

STEP 1 핵심 내용 정리하기

1 ⬜⬜은 사람이 ~ 모든 활동에서 ⬜⬜를 얼마나 발생시키는지를 계산하여 발자국으로 표시한 것입니다.

↳ 탄소 발자국은 ~ 우리가 심어야 하는 ⬜⬜ 수로 표시합니다.

↳ 탄소 발자국은 ⬜⬜의 발생을 줄이기 위해 도입한 제도입니다.

2 탄소 발자국은 ~ 우리 ⬜⬜에서도 많이 발생합니다.

↳ 이와 같이 ~ 모든 활동에서 ⬜⬜가 배출됩니다.

이산화 탄소는 ⬜⬜와 기후 변화의 원인이 되는 온실가스이기 때문에 생활 속에서 줄이고자 노력해야 합니다.

3 탄소 발자국을 줄이기 위해서는 우리의 ⬜⬜을 바꿔야 합니다.

↳ 가까운 거리는 걸어 다니거나 ⬜⬜를 탑니다.

↳ ⬜⬜이나 플라스틱 제품의 사용을 줄입니다.

↳ ⬜⬜의 플러그는 뽑아 놓습니다.

STEP 2 짜임 이해하기

1 탄소 발자국의 의미

2 일상에서 발생하는 (   )

3 탄소 발자국을 (   ) 방법

- 가까운 거리는 걸어 다니거나 (   ) 타기
- 일회용품이나 (   ) 제품의 사용 줄이기
- 쓰지 않는 (   )의 플러그 뽑기

STEP 3 내용 요약하기

✏️ 탄소 발자국은 개인 또는 단체가 물건을 생산하고 소비하는 과정에서 이산화 탄소를 ___________

___________ 우리가 하는 모든 활동에서 발생하는 탄소 발자국을

줄이기 위해서는 ___________

주제 파악 **1** 이 글에서 알 수 있는 글쓴이의 생각으로 알맞은 것은 무엇인가요? (   )

① 탄소 발자국 제도를 현실에 맞게 바꿔야 한다.

② 탄소 발자국은 지구 온난화에 영향을 주지 않는다.

③ 탄소 발자국은 개인의 노력만으로는 줄이기 어렵다.

④ 탄소 발자국을 줄이기 위해 기업부터 노력해야 한다.

⑤ 탄소 발자국을 줄이기 위해 우리의 생활 습관을 바꿔야 한다.

내용 이해 **2** '탄소 발자국'에 대한 설명으로 알맞지 <u>않은</u> 것은 무엇인가요? (   )

① 탄소 발자국은 무게 단위인 kg으로 표시한다.

② 탄소 발자국은 우리가 일상생활을 하면서도 발생한다.

③ 탄소 발자국은 온실가스 발생을 줄이기 위한 제도이다.

④ 탄소 발자국은 이산화 탄소로 사라진 나무 수로도 표시한다.

⑤ 탄소 발자국은 우리가 이산화 탄소를 얼마나 발생시키는지를 표시한 것이다.

내용 추론 **3** '탄소 발자국'을 줄이기 위한 실천 방법으로 가장 알맞은 생각을 한 친구는 누구인가요? (   )

① 영지: 세수할 때 물을 쓰지 말아야겠어.

② 길봉: 물건을 생산하고 소비하지 말아야겠어.

③ 동희: 전자 제품의 플러그를 뽑지 말아야겠어.

④ 진하: 가까운 거리는 걷거나 자전거를 타야겠어.

⑤ 세은: 되도록 일회용품이나 플라스틱 제품을 사용해야겠어.

상황에 적용 **4** 다음 글을 읽고 '디지털 탄소 발자국'이 무엇인지 빈칸을 채워 완성해 보세요.

> 컴퓨터나 스마트폰과 같은 디지털 기기로 검색, 쇼핑, 동영상 시청 등을 할 때 수많은 정보가 쌓이는 데이터 센터에 접속된다. 쉬지 않고 계속되는 접속으로 뜨거워진 데이터 센터를 식혀 주기 위해서 엄청난 전력이 소비되는데 이때 이산화 탄소가 많이 발생한다.

→ 디지털 탄소 발자국이란 사람이 _________________________
이산화 탄소를 얼마나 발생시키는지를 계산하여 발자국으로 표시한 것입니다.

1~3 다음 낱말의 알맞은 뜻을 찾아 선으로 이어 보세요.

1 생산 •

• ㉠ 상품이나 서비스를 이용하고 쓰는 일

2 소비 •

• ㉡ 산소 두 개와 탄소 하나가 결합해 만들어진 화합물

3 이산화 탄소 •

• ㉢ 사람이 사는 데 필요한 여러 물건을 만들어 내는 것

4~6 다음 문장의 빈칸에 알맞은 낱말을 **보기** 에서 찾아 써 보세요.

보기

기후	온난화	온실가스

4 지구 ☐ 로 인해 남극의 얼음이 점점 녹고 있다.
지구의 기온이 높아지는 현상

5 환경 오염의 영향으로 세계 ☐ 의 변화가 심해졌다.
기온, 비, 눈, 바람 따위의 날씨 상태

6 수많은 공장에서 내뿜는 ☐ 로 대기 오염이 심각해지고 있다.
지구 대기를 오염시켜 온실 효과를 일으키는 가스

어휘력에 도움이 되는 **대표한자** 

因

뜻	소리
원인	인

因자는 囗(에운담 위)자와 大(큰 대)자가 결합한 것으로 침대에 누워 있는 사람을 그린 것이에요. 因자의 본래 의미는 '자리'였다가 후에 **인하다, 말미암다**의 뜻을 갖게 되었어요.

인 과 (因 果)
원인 인 · 열매 과
원인과 결과를 아울러 이르는 말
예 옛날 이야기에는 아무런 **인과** 관계 없이 어떤 일이 일어나는 우연성이 있다.

변 인 (變 因)
변할 변 · 원인 인
성질이나 모습이 변하는 원인
예 가족 형태 변화의 구체적인 **변인**을 찾아보자.

Day 24

예술가로서의 신사임당

일일 학습을 마치고, 워크북으로 생각을 정리해 보세요. 워크북 • 42쪽

공부한 날

월   일

관련 교과 **초등사회 5-2**
옛사람들의 삶과 문화

❶ 우리나라 화폐는 세종 대왕, 이순신 등 남성 위인들로만 채워졌습니다. 그런데 2009년도에 발행된 5만 원권에 여성 위인인 신사임당이 화폐 인물로 그려졌습니다. 신사임당은 어떤 인물이기에 화폐에 들어가는 인물로 선정되었을까요?

❷ 신사임당은 조선 시대 유학자˙인 율곡 이이의 어머니로 많이 알려져 있지만, 사실 조선 시대를 대표하는 예술가입니다. 신사임당은 어려서부터 총명하고 그림에 남다른 재능이 있어 일곱 살 때부터 스승 없이 혼자 그림을 그렸습니다. 처음에는 안견의 〈몽유도원도〉 등의 산수화˙를 따라 그렸는데, 어느 화가 못지않게 그림을 잘 그려 사람들의 감탄을 자아냈습니다. 율곡의 스승인 어숙권은 어린 신사임당의 작품을 보고 감탄하여 사임당의 포도와 산수는 수준이 높아 안견의 솜씨에 견줄 만하다고 평가했습니다.

❸ 성인이 된 신사임당은 풀과 벌레, 포도, 매화, 난초 등 자연을 많이 그렸는데, ㉠그림을 본 닭이 와서 살아 있는 곤충인 줄 알고 쪼아 종이가 뚫어질 뻔했다는 이야기가 전해질 정도로 섬세한 그림을 그렸습니다. 그녀가 그린 〈초충도˙〉에는 그녀만의 독특한 화풍˙이 담겨 있습니다. 신사임당의 〈초충도〉는 각종 풀벌레가 상하좌우에 나누어 자리하고 있어 안정적인 구도˙를 자랑합니다. 그리고 음영˙을 살린 고운 채색˙과 섬세한 표현 방법이 특징입니다.

❹ 조선 시대 여성들은 아무리 재주가 뛰어나도 사회 진출˙이 막혀 능력을 발휘할 수 없었습니다. 재능이 있는 여성들에게 아주 가혹한 시대였지요. 그러나 그러한 암흑기에도 신사임당은 자신의 능력을 갈고닦아 이름을 떨친 예술가가 되었고, 화폐에 들어가는 인물로 선정된 것입니다.

▎낱말 풀이

• **유학자** 유학을 깊이 연구하여 높은 경지에 오른 사람

• **산수화** 동양화에서, 산과 물이 어우러진 자연의 아름다움을 그린 그림

• **초충도** 풀과 풀벌레를 그린 그림

• **화풍** 그림을 그리는 방식이나 양식

• **구도** 그림에서 모양, 색깔, 위치 따위의 짜임새

• **음영** 색의 작은 차이에서 드러나는 깊이와 멋

• **채색** 그림 따위에 색을 칠함.

• **진출** 어떤 방면으로 활동 범위나 세력을 넓혀 나아감.

내용 들여다보기

STEP 1 핵심 내용 정리하기

❶ 5만 원권에 여성 위인인 [   ]이 화폐 인물로 그려졌습니다.

❷ 신사임당은 ~ 율곡 이이의 어머니로 ~ 사실 조선 시대를 대표하는 [   ]입니다.

신사임당은 ~ 일곱 살 때부터 스승 없이 혼자 [   ]을 그렸습니다.

↳ 그림을 잘 그려 사람들의 [   ]을 자아냈습니다.

↳ 어숙권은 ~ [   ]의 솜씨에 견줄 만하다고 평가했습니다.

❸ 성인이 된 신사임당은 ~ 자연을 많이 그렸는데, ~ 섬세한 그림을 그렸습니다.

↳ 그녀가 그린 [   ]에는 그녀만의 독특한 화풍이 담겨 있습니다.

↳ 신사임당의 〈초충도〉는 ~ 안정적인 [   ]를 자랑합니다.

↳ [   ] 음영을 살린 고운 [   ]과 섬세한 표현 방법이 특징입니다.

❹ 조선 시대 여성들은 ~ 사회 [   ]이 막혀 능력을 발휘할 수 없었습니다.

↳ [   ] 그러한 암흑기에도 신사임낭은 ~ 이름을 [   ] 예술가가 되었고, 화폐에 들어가는 인물로 선정된 것입니다.

STEP 2 짜임 이해하기

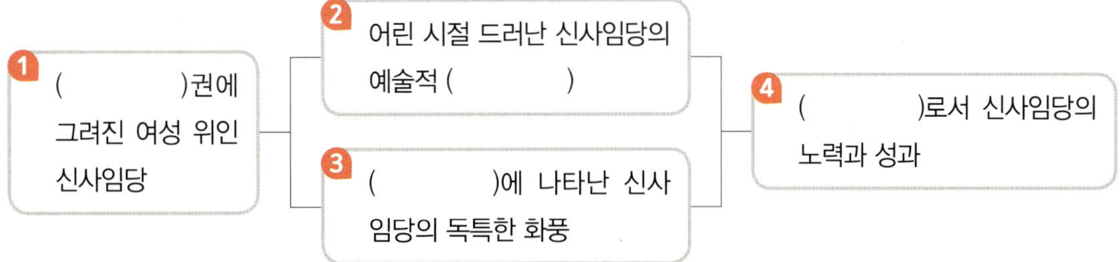

STEP 3 내용 요약하기

✏️ 율곡 이이의 어머니인 신사임당은 〈초충도〉와 같이 안정적인 구도를 가진 섬세한 그림을 그린 예술가로 유명합니다.

주제 파악 1 이 글의 주제로 알맞은 것은 무엇인가요? (　　　　)

① 신사임당과 이이　　　　② 현모양처 신사임당

③ 화폐에 들어간 인물들　　④ 예술가로서의 신사임당

⑤ 조선 시대 여성의 사회 진출

내용 이해 2 신사임당의 그림에 대한 설명으로 알맞지 <u>않은</u> 것은 무엇인가요? (　　　　)

① 섬세한 표현 방법이 특징이다.

② 음영을 살린 고운 채색이 특징이다.

③ 안정적인 구도를 가진 것이 특징이다.

④ 풀과 벌레, 포도, 매화, 난초 등 자연을 많이 그렸다.

⑤ 사람들이 살아가는 모습을 사실적이고 구체적으로 그렸다.

내용 추론 3 ㉠을 통해 짐작할 수 있는 사실로 가장 알맞은 것은 무엇인가요? (　　　　)

① 신사임당은 '닭'을 그리는 것을 좋아했구나.

② 신사임당은 곤충에 대해 아는 것이 많았구나.

③ 신사임당의 그림은 안정적인 느낌을 주었구나.

④ 신사임당의 그림은 살아 움직이는 듯한 느낌을 주었구나.

⑤ 신사임당은 매우 얇은 종이에 그림을 그리는 것을 좋아했구나.

상황에 적용 4 다음 설명에 알맞은 그림에 ○표를 해 보세요.

> 　신사임당의 〈초충도 – 수박과 들쥐〉는 수박 두 덩이가 땅 위에 뒹굴고 있고, 수박 덩굴은 길게 호를 그리며 왼쪽에서 오른쪽으로 뻗어 있다. 덩굴 위에는 나비가 날고 있으며, 땅 위에는 쥐 두 마리가 수박을 파먹고 있는 그림이다.

(1)

(　　　　)

(2)

(　　　　)

1~2 다음 문장의 괄호 안에 어울리는 낱말을 골라 ○표 해 보세요.

1 신사임당의 작품 중에는 풀과 벌레를 소재로 하여 그린 (초충도 / 정물화)가 유명하다.

2 산과 물이 어우러진 자연의 아름다움을 그린 (풍속화 / 산수화)는 서양의 풍경화와 같은 그림이다.

3~6 다음 말 상자에서 주어진 뜻에 알맞은 낱말을 찾아 써 보세요.

3 그림을 그리는 방식이나 양식 → ☐☐

4 그림에서 모양, 색깔, 위치 따위의 짜임새 → ☐☐

5 어떤 방면으로 활동 범위나 세력을 넓혀 나아감. → ☐☐

6 유학을 깊이 연구하여 높은 경지에 오른 사람 → ☐☐☐

유	구	도	산
학	동	효	화
자	물	돌	풍
진	출	억	동

어휘력에 도움이 되는 **대 표 한 자** 

色

┌	彡	色

뜻	소리
빛	색

色자는 허리를 굽히고 있는 사람의 모습을 그린 ┌것과 손을 내뻗고 있는 모양을 그린 巴(꼬리 파)자가 결합한 것으로, 두 사람의 부끄러워하는 얼굴빛을 표현한 한자예요. **빛, 빛깔, 낯, 광택** 등의 의미를 가지고 있어요.

색 감 (色 感)
빛 색 느낄 감
색에 대한 감각
예 그 디자이너는 옷에 대한 **색감**이 뛰어나다.

색 상 (色 相)
빛 색 서로 상
색을 빨강, 노랑, 파랑 따위로 구분하게 하는, 색 자체가 갖는 고유의 특성
예 민호는 밝은 **색상**의 옷이 잘 어울린다.

안 색 (顏 色)
얼굴 안 빛 색
얼굴에 나타나는 표정이나 빛깔
예 부모님이 편찮으시다는 소식을 들은 그는 **안색**이 어두워졌다.

피라미드에 숨어 있는 수학적 비밀

일일 학습을 마치고, 워크북으로 생각을 정리해 보세요.   워크북 • 44쪽

공부한 날

월   일

관련 교과 **초등수학 5-1**
다각형의 둘레와 넓이

❶ 피라미드는 사람의 힘으로 돌이나 벽돌을 쌓아 만든 사각뿔˙ 모양의 거대한 구조물˙입니다. 기원전 2,700년에서 기원전 2,500년 사이에 이집트, 멕시코, 남아메리카 등지에서 만들어졌습니다. 그중에서 가장 유명한 것은 이집트의 피라미드입니다. 고대 이집트의 피라미드는 국왕, 왕비, 왕족의 무덤으로 만들어졌습니다. 세계 불가사의˙ 중의 하나인 피라미드에는 여러 가지 수학적 비밀이 숨어 있습니다.

❷ 첫 번째 비밀은 피라미드의 경사 각도˙가 51.52°라는 것입니다. 모래와 같은 알갱이˙로 된 물질을 조금씩 흘려 오래 쌓다 보면 원뿔 모양의 산이 생기는데, 이 산이 무너지지 않고 평평한 바닥에 자연스럽게 쌓이는 최대 각도가 있습니다. 그 각도는 피라미드의 경사 각도와 같은 51.52°입니다. 그 각이 피라미드가 4천여 년이 넘도록 무너지지 않고 오랫동안 유지되는 비결˙입니다.

❸ 두 번째 비밀은 피라미드에 숨어 있는 비율입니다. 피라미드 옆면과 밑면, 높이가 만드는 직각 삼각형의 밑변과 빗변˙이 약 1:1.6의 황금 비율을 이루고 있습니다. 인간이 보기에 가장 아름다운 비율인 황금 비율이 피라미드를 균형 있고, 아름답게 만들어 줍니다. 피라미드를 실제로 보면 그 거대한 크기에도 불구하고 균형 있고 안정적인 느낌을 받는다고 합니다.

❹ 이처럼 피라미드에는 신비한 비밀이 많이 숨겨져 있어 지금도 많은 사람들을 놀라게 하고 있습니다.

| 낱말 풀이 |

- **사각뿔** 밑면이 사각형이고 옆면은 삼각형인 뿔 모양의 입체 도형
- **구조물** 일정한 설계에 따라 여러 가지 재료를 얽어서 만든 물건. 건물, 다리, 촛대, 터널 따위가 있다.
- **불가사의** 사람의 생각으로는 미루어 헤아릴 수 없이 이상하고 야릇함.
- **각도** 한 점에서 갈리어 나간 두 직선의 벌어진 정도. 각의 크기
- **알갱이** 작고 동그랗고 단단한 물질
- **비결** 세상에 알려져 있지 않은 자기만의 뛰어난 방법
- **빗변** 비스듬히 기울어진 선분

 내용 들여다보기

STEP 1 핵심 내용 정리하기

① [   ]는 사람의 힘으로 돌이나 벽돌을 쌓아 만든 [   ] 모양의 거대한 구조물입니다.

피라미드에는 여러 가지 [   ] 비밀이 숨어 있습니다.

② [   ] 비밀은 피라미드의 경사 각도가 [   ]라는 것입니다.

모래와 같은 알갱이로 된 ~ 원뿔 모양의 산이 ~ [   ] 않고 ~ 쌓이는 최대 각도가 있습니다.

↳ 그 각도는 ~ [   ]입니다.

그 [   ]이 피라미드가 ~ 무너지지 않고 오랫동안 유지되는 비결입니다.

③ [   ] 비밀은 피라미드에 숨어 있는 비율입니다.

↳ 밑변과 빗변이 약 [   ]의 황금 비율을 이루고 있습니다.

↳ 황금 비율이 피라미드를 [   ] 있고, 아름답게 만들어 줍니다.

④ [   ] 피라미드에는 [   ] 비밀이 ~ 숨겨져 있어 ~ 사람들을 놀라게 하고 있습니다.

STEP 2 짜임 이해하기

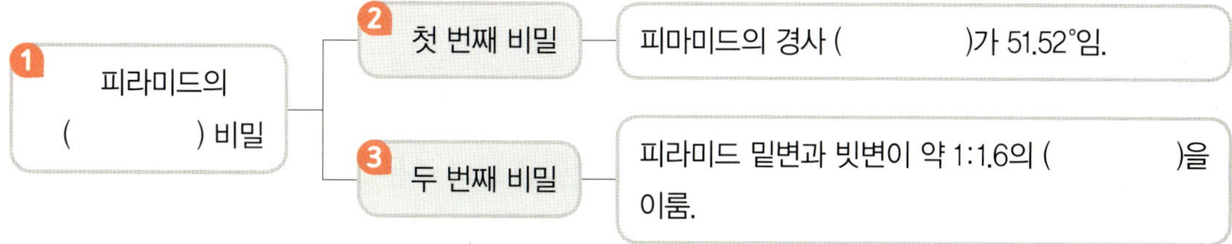

STEP 3 내용 요약하기

✎ 피라미드의 첫 번째 수학적 비밀은 _______________________________

_______________________ 두 번째 수학적 비밀은 _______________________

____

화제 파악 **1** 이 글에서 알 수 있는 내용으로 알맞지 <u>않은</u> 것은 무엇인가요? (　　　)

① 피라미드 밑변의 길이　　② 피라미드가 만들어진 시기

③ 피라미드 중 가장 유명한 것　　④ 피라미드 건축에 사용된 재료

⑤ 이집트 피라미드의 건축 목적

내용 이해 **2** 이 글에서 설명한 피라미드의 수학적 비밀 두 가지는 무엇인가요? (　　　,　　　)

① 피라미드의 경사 각도

② 피라미드의 거대한 크기

③ 피라미드의 건축된 위치

④ 피라미드의 사각뿔 모양

⑤ 피라미드의 밑변과 빗변의 황금 비율

내용 추론 **3** 이 글의 내용으로 볼 때 피라미드가 위쪽으로 갈수록 좁아지는 구조로 지어진 이유는 무엇인가요? (　　　)

① 옛날 사람들이 원뿔 모양을 좋아해서

② 멀리서도 눈에 잘 띄도록 만들기 위해서

③ 안정적인 형태로 높이 지어 올리기 위해서

④ 햇빛을 받을 수 있는 면적을 최대한 늘리기 위해서

⑤ 다른 사람이 함부로 건물 위에 오르지 못하게 하기 위해서

상황에 적용 **4** **보기** 와 관련된 피라미드의 수학적 비밀을 보여 주는 그림에 ○표 해 보세요.

> **보기**
>
> 피라미드는 4천여 년이 넘도록 무너지지 않고 유지되고 있다.

(1)

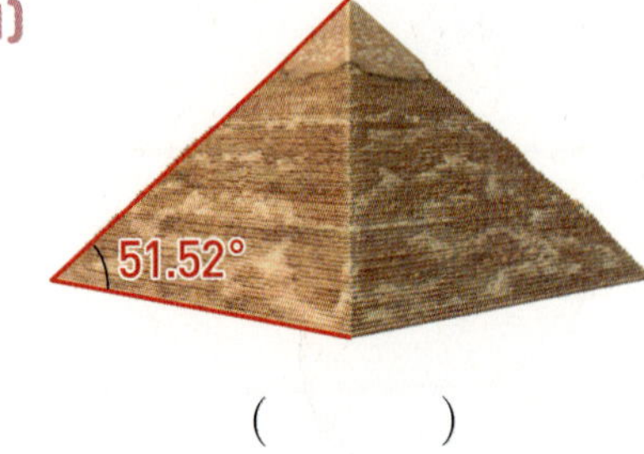

(　　　)

(2)

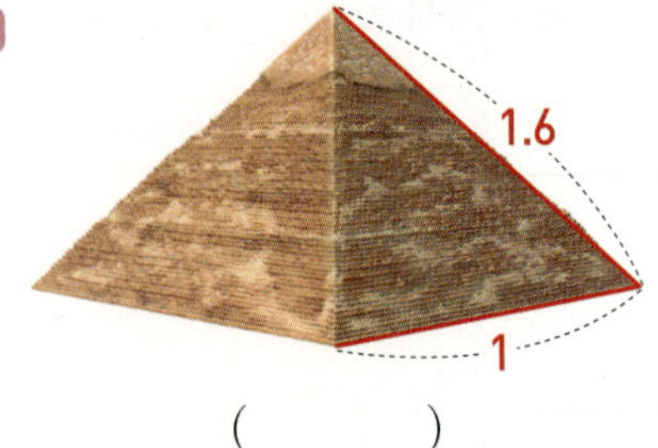

(　　　)

1~4 다음 글자의 첫소리와 뜻을 참고하여 문장의 빈칸에 들어갈 낱말을 써 보세요.

1 ㅂ ㄱ : 세상에 알려져 있지 않은 자기만의 뛰어난 방법

→ 그의 요리 ________은 신선한 재료를 쓰는 것이다.

2 ㅇ ㄱ ㅇ : 작고 동그랗고 단단한 물질

→ 그는 해변에 앉았다가 일어나며 모래 ________를 털어냈다.

3 ㄱ ㅈ ㅁ : 일정한 설계에 따라 여러 가지 재료를 얽어서 만든 물건

→ 재개발 계획에 따라 한 달 안에 콘크리트 ________을 허물 예정이다.

4 ㅂ ㄱ ㅅ ㅇ : 사람의 생각으로는 미루어 헤아릴 수 없이 이상하고 야릇함.

→ 죽은 줄로만 알았던 그가 다시 돌아오다니 __________한 일이다.

5~6 다음 문장의 괄호 안에 어울리는 낱말을 골라 ○표 해 보세요.

5 밑면은 사각형이고 옆면은 삼각형인 뿔 모양의 도형을 (삼각뿔 / 사각뿔)이라고 한다.

6 수학에서는 한 점에 갈리어 나간 두 직선의 벌어진 정도를 가르켜 (각도 / 척도)라고 한다.

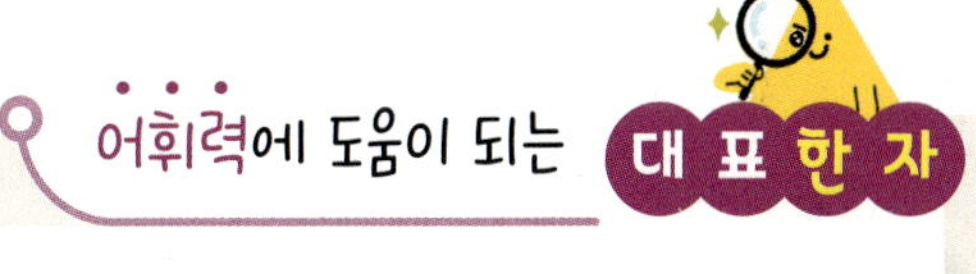

角	⼃	⼓	角		

뜻	소리	角자는 짐승의 머리에 난 뾰족한 뿔을 본뜬 글자로, 짐승의 뿔을 표현한 한자예요. 뿔,
뿔	각	구석, 각도 등의 의미를 가지고 있어요.

각 도 (角 度)
뿔 각 법도 도
두 직선이 한 점에서 만나 이루어진 모서리인 각의 크기
예 각도기를 사용하여 도형의 **각도**를 잴 수 있다.

직 각 (直 角)
곧을 직 뿔 각
두 직선이 만나서 이루는 90°의 곧은 각
예 한 각이 직각인 삼각형을 **직각** 삼각형이라고 한다.

'물 발자국'이란 대체 무엇일까?

물 발자국은 어떤 물건을 만들고 배달하고 판매할 때 얼마나 깨끗한 물을 사용했는지를 표시한 거예요. 신발이 만들어지는 과정을 예로 들어 볼게요. 우선 물은 신발을 만들 때 필요한 가죽을 얻는 데 쓰여요. 가죽을 얻으려면 동물을 길러야 하고, 그 과정에는 물이 필요해요. 또 신발 공장에서 전기를 쓰거나 포장할 종이를 만들 때도 물이 쓰이지요. 탄소 발자국과 더불어 물 발자국을 줄이는 방법은 사고팔고 만드는 물건을 줄이는 거랍니다.

암호 화폐가 일반 화폐를 대신할 수 있을까?

요즘 주목받고 있는 디지털 화폐는 암호화된 기술이 적용되어 있다는 의미에서 '암호 화폐'라고 불려요. 각 나라의 정부나 중앙은행이 가치를 정하는 일반 화폐와 달리 암호 화폐는 개인이 만든 규칙에 따라 가치가 매겨지지요. 암호 화폐 중에서 가장 많이 사용되는 것이 '비트코인'인데, 비트코인은 사토시 나카모토라는 프로그래머가 만든 것으로 알려졌어요. 오늘날 일부 암호 화폐는 일반 화폐를 대신하여 결제할 수 있는 수단으로 사용되고 있어요.

파라오의 무덤, 피라미드는 왜 만들었을까?

피라미드는 고대 이집트를 상징하는 건축물로 유명해요. 이집트의 왕 파라오의 무덤이자 그의 업적을 기리기 위해 만들어진 것으로 보여요. 고대 이집트인들은 죽는 것을 잠시 다른 세계를 여행하는 것이라고 여겼지요. 그 여행을 끝내고 시체로 돌아오면 영원한 생명을 누린다고 생각했어요. 그래서 피라미드 안에는 파라오가 쓰던 각종 생활품과 귀금속, 그리고 파라오가 자신을 알아볼 수 있게 초상화 등을 갖추어 놓았어요.

6주

옛날의 교육 기관

일일 학습을 마치고, 워크북으로 생각을 정리해 보세요. 워크북 · 46쪽

공부한 날

월   일

관련 교과 초등과학 5-2
옛사람들의 삶과 문화

❶ 우리나라 조상들은 먼 옛날부터 교육에 관심이 많았습니다. 그래서인지 나라에서는 오래 전부터 교육 기관을 두고 운영해 왔습니다. 오늘날 대학과 같은 우리나라 교육 기관으로는 삼국 시대 고구려의 태학, 통일 신라 시대의 국학, 고려 시대의 국자감, 조선 시대의 성균관이 있었습니다.

❷ 태학은 고구려 소수림왕 때인 372년에 세워진 우리나라 최초의 학교입니다. 오늘날의 국립˙ 대학과 같은 곳으로 주로 지배층˙의 자녀들이 다니는 귀족 학교였습니다. 입학 후에는 유교˙ 경전을 익히거나 무예˙를 수련˙했습니다. 국학은 통일 신라 신문왕 때인 682년에 왕권 강화와 유교 정치 확립˙을 위해 설치된 지금의 국립 대학과 비슷한 최고의 교육 기관입니다. 이곳에서는 주로 유학을 배웠습니다. 국자감은 고려 시대에 유능한 인재를 기르기 위해 나라에서 세운 최고의 교육 기관입니다. 이곳에서는 유학, 서학˙, 산학˙ 등 다양한 학문을 배웠습니다. 성균관은 조선 시대를 대표하는 최고의 교육 기관입니다. 성균관은 교육을 통해 유교 지식을 익힌 관리를 기르는 곳이었습니다. 성균관에서 유학을 공부하던 학생들을 유생이라고 하는데, 유생들은 대부분 기숙사에서 생활하였습니다.

❸ 옛날 교육 기관에서는 주로 그 시대의 학문과 사상을 가르쳤습니다. 그 이유는 그 시대에 맞는 인재를 길러 국가 관리를 만들기 위해서였습니다.

┃낱말 풀이┃

•**국립** 공공의 이익을 위하여 나라의 예산으로 세우고 관리함.

•**지배층** 다른 사람을 지배할 만큼 지위가 높은 무리

•**유교** 옛날 중국 공자의 사상이나 가르침을 배우는 학문

•**무예** 무술에 관한 재주

•**수련** 인격, 기술, 학문 따위를 닦아서 단련함.

•**확립** 제도나 조직 따위가 굳게 섬.

•**서학** 서양의 과학 기술과 종교 등을 연구한 학문

•**산학** 셈에 관하여 연구하는 학문. 오늘날의 수학

내용 들여다보기

STEP 1 핵심 내용 정리하기

❶ 오늘날 대학과 같은 우리나라 교육 기관으로는 삼국 시대 고구려의 [   ], 통일 신라 시대의 [   ], 고려 시대의 [   ], 조선 시대의 [   ]이 있었습니다.

❷ 태학은 고구려 [   ] 때인 372년에 세워진 우리나라 [   ] 학교입니다.

국학은 통일 신라 [   ] 때인 682년에 왕권 강화와 유교 정치 확립을 위해 설치된 ～ 최고의 교육 기관입니다.

국자감은 [   ] 시대에 유능한 인재를 기르기 위해 [   ]에서 세운 최고의 교육 기관입니다.

성균관은 [   ] 시대를 대표하는 최고의 교육 기관입니다.

↳ 교육을 통해 유교 지식을 익힌 [   ]를 기르는 곳이었습니다.

❸ 옛날 교육 기관에서는 주로 그 시대의 [   ]과 [   ]을 가르쳤습니다.

↳ 그 이유는 그 시대에 맞는 인재를 길러 국가 [   ]를 만들기 위해서였습니다.

STEP 2 짜임 이해하기

STEP 3 내용 요약하기

✏️ 각 시대를 대표하는 우리나라 최고 교육 기관으로는

화제 파악 1 다음 각 시대를 대표하는 교육 기관을 찾아 선으로 이어 보세요.

(1) 고구려 •　　　• ㉠ 국학

(2) 통일 신라 •　　　• ㉡ 태학

(3) 고려 •　　　• ㉢ 국자감

(4) 조선 •　　　• ㉣ 성균관

내용 이해 2 이 글의 각 문단에서 답할 수 있는 질문이 <u>아닌</u> 것은 무엇인가요? (　　　)

① ❶문단: 우리나라의 각 시대를 대표하는 교육 기관은 무엇인가요?
② ❷문단: 삼국 시대 고구려의 태학은 어떤 사람들이 다녔나요?
③ ❷문단: 통일 신라의 신문왕이 국학을 설치한 이유는 무엇인가요?
④ ❸문단: 우리나라 조상들이 교육에 관심이 많았던 이유는 무엇인가요?
⑤ ❸문단: 우리나라 옛 교육 기관은 왜 그 시대 학문과 사상을 가르쳤나요?

비판과 평가 3 이 글을 읽은 학생들의 반응으로 알맞지 <u>않은</u> 것은 무엇인가요? (　　　)

① 삼국 시대 때도 대학과 같은 학교가 있었구나.
② 소수림왕과 신문왕은 교육에 관심이 많았구나.
③ 삼국 시대에도 수학 공부를 중요하게 생각했구나.
④ 옛날 학교는 주로 관리를 기르기 위한 곳이었구나.
⑤ 고구려에는 지배층의 자녀들이 교육을 받을 수 있는 학교가 있었구나.

주제 파악 4 다음 빈칸에 알맞은 말을 이 글에서 찾아 써 보세요.

> 옛날 최고 교육 기관의 설치 목적은 국가 [(1)　　　]을 기르는 데 있었기 때문에 주로 그 시대 [(2)　　　]과 [(3)　　　]을 가르쳤다.

1~3 다음 뜻풀이에 알맞은 낱말을 **보기** 의 글자 카드로 만들어 써 보세요.

> **보기**
>
> 교   련   무   수   예   유

1 무술에 관한 재주 → ☐☐

2 인격, 기술, 학문 따위를 닦아서 단련함. → ☐☐

3 옛날 중국 공자의 사상이나 가르침을 배우는 학문 → ☐☐

4~6 다음 설명이 맞으면 ○에, 그렇지 않으면 ×에 표시해 보세요.

4 '서학'은 셈에 관하여 연구하는 학문으로 오늘날의 수학이다. (○ , ×)

5 '지배층'은 다른 사람을 지배할 만큼 높은 지위를 가진 무리를 말한다. (○ , ×)

6 '국립'은 공공의 이익을 위하여 나라의 예산으로 세우고 관리하는 것을 말한다.
(○ , ×)

어휘력에 도움이 되는 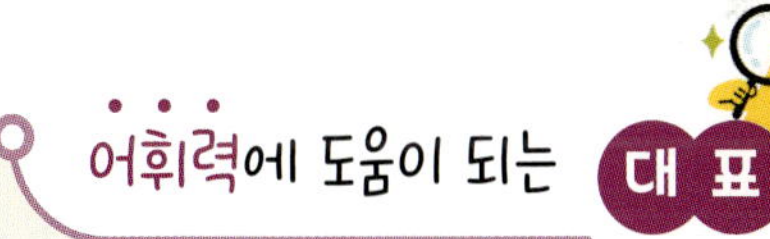  대표한자

育	去 育 育

뜻	소리	育자는 子(아들 자)자와 月(육달 월)자가 결합한 한자로, 출산을 막 끝낸 어머니와 아이를 표현한 것이에요. **기르다, 낳다, 자라다 등**의 의미를 가지고 있어요.
기를	육	
사 육 (飼 育) 먹일 사　기를 육		어린 가축이나 짐승이 자라도록 먹이어 기름. 예 옛날에는 소나 돼지를 <u>사육</u>하는 집이 많았다.
교 육 (敎 育) 가르칠 교　기를 육		지식과 기술 따위를 가르치며 인격을 길러 줌. 예 조선 시대에는 서당, 향교, 서원 등 다양한 <u>교육</u> 기관이 있었다.
체 육 (體 育) 몸 체　기를 육		운동 따위를 통해 신체를 튼튼하게 단련시키는 일 예 주민들의 건강을 위해 지역 센터에 <u>체육</u> 시설을 마련하였다.

착한 사마리아인의 법

일일 학습을 마치고, 워크북으로 생각을 정리해 보세요.　워크북 • 48쪽

공부한 날

월　　　일

관련 교과 **초등도덕 4-1**
함께 꿈꾸는 무지개 세상

1 2016년 승객을 태우고 공항으로 향하던 택시 기사가 운전 중 심장마비로 쓰러졌습니다. 그런데 택시에 타고 있던 승객은 아무런 조치도 취하지 않고 짐을 챙겨 자리를 떠났습니다. 이후 택시 기사는 시민들의 신고로 병원으로 옮겨졌지만, 결국 사망했습니다. 하지만 승객에게는 아무런 벌도 줄 수 없습니다. 왜냐하면 우리나라에는 위험에 처한 사람을 구하지 않았다고 처벌*할 수 있는 법*이 없기 때문입니다. 이 사건으로 인해 우리나라에서도 '착한 사마리아인의 법'을 만들어야 한다는 목소리가 커지고 있습니다.

2 '착한 사마리아인의 법'은 자신이 위험해지지 않는데도 위험에 처한 사람을 일부러 구하지 않을 때 처벌하는 법입니다. 이 법은 『성경』 속 이야기에서 유래*하였습니다. 옛날에 어느 유대인이 강도를 만나 큰 상처를 입고 길가에 쓰러져 있었습니다. 그때 당시 사람들의 존경을 받던 제사장*과 레위인이 차례로 쓰러진 유대인의 곁을 지나갔습니다. 그런데 둘 다 모르는 척 하고 지나쳤습니다. 하지만 당시 천대*를 받고 유대인과 사이도 좋지 않던 사마리아인은 쓰러진 사람을 보고 지나칠 수 없어 유대인의 상처를 치료해 주고 여관까지 데려다 주었습니다. '착한 사마리아인의 법'은 사람들이 이 이야기 속의 사마리아인과 같이 행동하기를 바라는 마음에서 만들어졌습니다.

3 프랑스와 독일 등 유럽의 여러 나라와 미국의 30여 개 주에서 '착한 사마리아인의 법'을 시행*하고 있습니다. 이와 같이 여러 나라에서 '착한 사마리아인의 법'을 시행하는 이유는 사람들이 점점 이기적*으로 변해서 법으로 정하지 않으면 타인의 고통이나 위험을 외면*하기 때문입니다.

| 낱말 풀이 |

• **처벌** 형벌에 처함. 또는 그 벌
• **법** 모든 국민들이 지키기로 약속한 강제력을 수반하는 사회 규범
• **유래** 사물이나 일이 생겨남. 또는 그 사물이나 일이 생겨난 바
• **제사장** 유대교에서, 예루살렘 성전에서 제사 의식을 맡아보는 사람
• **천대** 업신여기어 천하게 대우하거나 푸대접함.
• **시행** 법에 대한 효력을 실제로 발생시키는 일
• **이기적** 자기 자신의 이익만을 꾀하는 것
• **외면** 사실이나 상황 따위를 인정하지 않고 피함.

내용 들여다보기

STEP 1   핵심 내용 정리하기

1 2016년 ~ 택시 기사가 운전 중 [　　　　]로 쓰러졌습니다.

그런데 ~ 승객은 아무런 [　　　　]도 취하지 않고 ~ 자리를 떠났습니다.

↳ 이 사건으로 인해 우리나라에서도 '[　　　　]의 법'을 만들어야 한다는 목소리가 커지고 있습니다.

2 '착한 사마리아인의 법'은 자신이 위험해지지 않는데도 위험에 처한 사람을 [　　　　] 구하지 않을 때 [　　　　]하는 법입니다.

↳ 이 법은 『[　　　　]』 속 이야기에서 유래하였습니다.

↳ '착한 사마리아인의 법'은 사람들이 ~ [　　　　]과 같이 행동하기를 바라는 마음에서 만들어졌습니다.

3 [　　　　]의 여러 나라와 [　　　　]의 30여 개 주에서 '착한 사마리아인의 법'을 시행하고 있습니다.

↳ '착한 사마리아인의 법'을 시행하는 이유는 사람들이 ~ 타인의 고통이나 위험을 [　　　　]하기 때문입니다.

STEP 2   짜임 이해하기

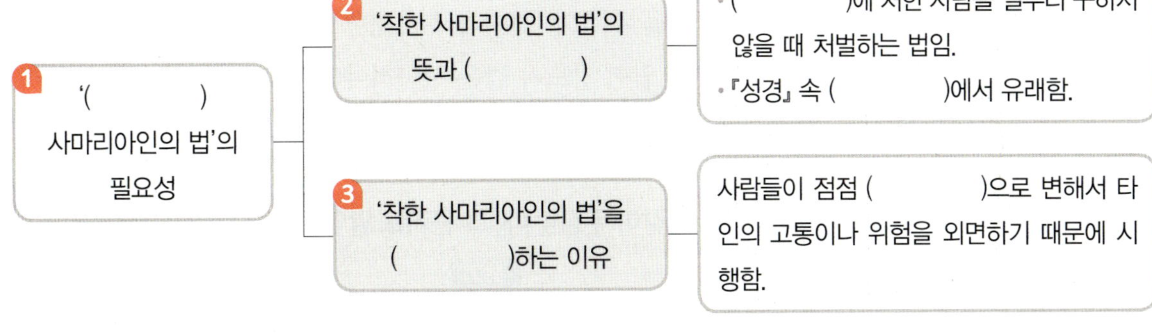

STEP 3   내용 요약하기

✎ '착한 사마리아인의 법'은ㅤ__________________________________

ㅤㅤㅤㅤㅤㅤㅤㅤ이 법을 여러 나라에서 시행하는 이유는ㅤ__________________

____

화제 파악 **1** 이 글에서 알 수 있는 내용이 <u>아닌</u> 것은 무엇인가요? (   )

① 착한 사마리아인의 법의 뜻

② 착한 사마리아인의 법의 유래

③ 착한 사마리아인의 법의 문제점

④ 착한 사마리아인의 법을 시행하는 이유

⑤ 착한 사마리아인의 법을 시행하는 나라

내용 이해 **2** 택시 기사를 도와주지 않은 승객이 처벌받지 <u>않은</u> 이유는 무엇인가요? (   )

① 승객은 택시 기사와 모르는 사이이기 때문에

② 우리나라는 착한 사마리아인의 법을 시행하고 있기 때문에

③ 착한 사마리아인의 법은 강제성을 가지고 있지 않기 때문에

④ 승객에게 택시 기사를 돕지 못할 분명한 이유가 있었기 때문에

⑤ 우리나라에는 위험에 처한 사람을 돕지 않았다고 처벌할 법이 없기 때문에

내용 추론 **3** 『성경』 속 이야기에서 사마리아인이 유대인을 도운 이유는 무엇인가요? (   )

① 평소에 유대인과 사이가 좋았으므로

② 사람으로서 마땅히 해야 할 일이라고 생각했으므로

③ 위험에 처한 사람을 구하지 않으면 벌금을 내야 하므로

④ 유대인에게 보답을 받을 수 있을 것이라고 기대했으므로

⑤ 유대인에게 큰 상처를 입힌 강도가 같은 사마리아인이라고 생각했으므로

비판과 평가 **4** 이 글의 글쓴이가 보기 와 같이 주장할 때, 그 근거로 알맞은 것에 ○표를 하세요.

> **보기**
>
> '착한 사마리아인의 법'이 필요하다.

(1) 위험에 처한 사람을 돕도록 해야 더불어 사는 사회를 만들 수 있다.

(   )

(2) 위험에 처한 사람을 돕는 것은 법으로 강제할 수 없는 도덕의 문제이다.

(   )

1~3 다음 글자의 첫소리와 뜻을 참고하여 문장의 빈칸에 들어갈 낱말을 써 보세요.

1 ㅅ ㅎ : 법에 대한 효력을 실제로 발생시키는 일

→ 국민들의 건강을 위해 설탕세를 [   ]하는 나라가 많다.

2 ㅇ ㄹ : 사물이나 일이 생겨남. 또는 그 사물이나 일이 생겨난 바

→ 우리 마을의 이름은 전설 이야기에서 [   ]하였다.

3 ㅊ ㄷ : 업신여기어 천하게 대우하거나 푸대접함.

→ 사람은 누구나 성별이나 인종에 따라 [   ]받지 않아야 한다.

4~6 다음 문장의 빈칸에 알맞은 낱말을 〔보기〕에서 찾아 써 보세요.

〔보기〕

외면	처벌	이기적

4 도덕은 지키지 않아도 [   ]받지 않는다.
    형벌에 처함. 또는 그 벌

5 연희는 자기만 생각하는 [   ]인 성격이다.
    자기 자신의 이익만을 꾀하는 것

6 아버지는 어려운 집안 사정을 [   ]한 채 어디론가 떠나 버렸다.
    사실이나 상황 따위를 인정하지 않고 피함.

어휘력에 도움이 되는  대표 한자

法

뜻	소리
법	법

氵 汁 法

法자는 水(물 수)와 去(갈 거)자가 결합한 한자예요. 물이 위에서 아래로 흘러가는 것이 당연한 이치라는 뜻으로 만들어진 글자예요. **법, 방법, 꼴** 등의 의미를 가지고 있어요.

법 전 (法 典)
법법 법전
국가가 정한 법 규범을 모은 것
예 경국대전은 조선 시대에 나라를 다스리는 기준이 된 **법전**이다.

법 원 (法 院)
법법 집원
법에 따라 재판을 담당하는 국가 기관
예 **법원**에서는 법에 따라 옳고 그름을 따져 재판을 한다.

우주로 쏘아 보낸 골든 레코드

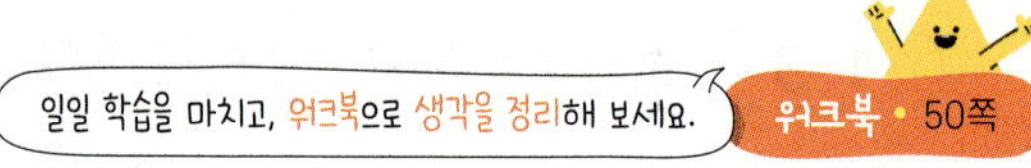

❶ 1977년 '여행자'라는 이름의 우주 탐사선 보이저 1호와 2호가 발사됐습니다. 두 우주 탐사선은 영원히 지구로 돌아오지 않는 탐사선으로, 2012년 8월 25일 태양계 바깥 공간에 진입했습니다. 두 우주 탐사선에 지름 30cm 크기의 금박을 입힌 레코드, 일명 '골든 레코드'를 실어 보냈습니다.

❷ '골든 레코드'는 태양계 밖에서 만날지 모를 외계 생명체에게 지구의 존재를 알리기 위해 보내는 지구의 자기 소개서이자 메시지입니다. 그 안에는 지구를 알 수 있는 다양한 자료가 담겨 있습니다. 각기 다른 문화와 시대를 대표하는 음악 27곡, 한국어를 포함한 60개 언어로 된 인사말, 새·고래·번개·바람·파도 등 다양한 자연의 소리 19개, 달 표면과 지구의 모습, 어린이의 공부를 지도하는 교사, 대형 마트에서 장을 보는 사람, 트랙에서 전력 질주하는 육상 선수 등 지구 환경과 사람들의 일상을 보여 주는 사진 118장이 수록되어 있습니다.

❸ 골든 레코드판 위에는 여러 가지 기호가 쓰여 있습니다. 그 기호는 레코드를 작동하는 방법, 레코드에 담긴 이미지를 보는 방법, 우주에서 지구를 찾는 방법 등을 쓴 것입니다. 우주는 워낙 넓고 멀어서 외계 생명체에게 골든 레코드가 발견될 확률은 매우 낮습니다. 그래도 외계 생명체가 골든 레코드를 발견한다면 설명서대로 골든 레코드를 작동해 지구에 와서 "안녕!" 하고 인사할지도 모릅니다.

▎낱말 풀이 ▎

• **탐사선** 우주 공간에서 지구나 다른 행성들을 탐사하기 위해 쏘아 올린 비행 물체

• **발사** 활·총포·로켓이나 광선·음파 따위를 쏘는 일

• **진입** 향하여 내처 들어감.

• **일상** 날마다 반복되는 생활

• **수록** 책이나 잡지에 실음.

• **확률** 일정한 조건 아래에서 어떤 사건이 일어날 가능성의 정도

• **작동** 기계 따위가 작용을 받아 움직임. 또는 기계 따위를 움직이게 함.

내용 들여다보기 🔍

① 1977년 '여행자'라는 이름의 [   ] 보이저 1호와 2호가 발사됐습니다.

↳ 두 우주 탐사선은 영원히 [   ]로 돌아오지 않는 탐사선으로, ~ 지름 30cm 크기의 ~ 일명 '[   ]'를 실어 보냈습니다.

② '골든 레코드'는 ~ 외계 생명체에게 ~ 보내는 지구의 [   ]이자 [   ]입니다.

↳ 그 안에는 ~ 음악 27곡, ~ 60개 언어로 된 [   ], ~ 자연의 소리 19개, ~ 지구 환경과 사람들의 일상을 보여 주는 [   ] 118장이 수록되어 있습니다.

③ 골든 레코드판 위에는 여러 가지 [   ]가 쓰여 있습니다.

↳ 그 [   ]는 레코드를 작동하는 방법, 레코드에 담긴 [   ]를 보는 방법, 우주에서 지구를 찾는 방법 등을 쓴 것입니다.

외계 [   ]가 골든 레코드를 발견한다면 ~ 지구에 와서 "안녕!" 하고 인사할지도 모릅니다.

① (   ) 1호와 2호에 실려 보낸 골든 레코드

② 골든 레코드의 정체와 그것에 담겨 있는 다양한 (   )

- 골든 레코드는 (   )에게 보내는 지구의 자기 소개서이자 메시지임.
- 골든 레코드에는 (   )를 알 수 있는 다양한 자료가 담겨 있음.

③ 골든 레코드에 쓰여진 (   )의 의미

레코드를 (   )하는 방법, 레코드에 담긴 이미지를 보는 방법, 우주에서 지구를 (   ) 방법 등을 쓴 것임.

🖊 1977년에 발사된 보이저 1호와 2호에 실어 보낸 골든 레코드에는

화제 파악

1 이 글에서 설명한 내용으로 알맞지 <u>않은</u> 것은 무엇인가요? (   )

① 골든 레코드의 쓰임새

② 골든 레코드에 담긴 자료

③ 골든 레코드의 크기와 모양

④ 골든 레코드에 쓰인 기호의 의미

⑤ 골든 레코드를 숨겨 둔 탐사선 속 위치

내용 이해

2 보이저 1호, 2호에 골든 레코드를 실어 보낸 까닭은 무엇인가요? (   )

① 우주의 소리를 녹음하려고

② 외계 생명체에게 지구에 대해 소개하려고

③ 지구인에게 보여 줄 외계 생명체의 모습을 담으려고

④ 탐사선에 탄 비행사가 음악 감상을 할 수 있게 하려고

⑤ 보이저 탐사선이 지구로 돌아오는 길을 기록해 두려고

내용 추론

3 '골든 레코드'에 담긴 자료로 어울리는 것에 ○표, 그렇지 않은 것에 ×표를 하세요.

[1] 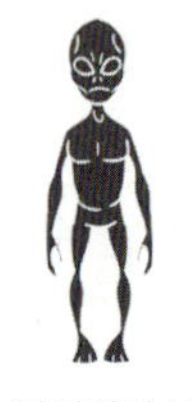
▲ 외계인의 모습
(   )

[2] 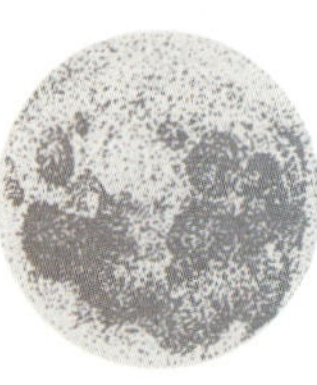
▲ 달 표면의 모습
(   )

[3] 
▲ 육상 선수가 뛰는 모습
(   )

비판과 평가

4 이 글을 읽은 학생의 생각으로 알맞지 <u>않은</u> 것을 골라 그 기호를 써 보세요. (   )

㉠ 외계 생명체는 지구와 지구인에게 관심이 많은 것 같아.

㉡ 사람들은 외계에도 생명체가 살 거라는 기대를 갖고 있는 것 같아.

㉢ 외계 생명체가 골든 레코드를 발견한다면 지구에 호기심이 생길 것 같아.

1~3 다음 낱말의 알맞은 뜻을 찾아 선으로 이어 보세요.

1 탐사선 •

2 진입 •

3 확률 •

• ㉠ 향하여 내처 들어감.

• ㉡ 일정한 조건 아래에서 어떤 사건이 일어날 가능성의 정도

• ㉢ 우주 공간에서 지구나 다른 생명들을 탐사하기 위해 쏘아 올린 비행 물체

4~5 다음 문장의 괄호 안에 공통으로 들어갈 낱말을 **보기** 에서 찾아 써 보세요.

보기

발사   수록

4 군인들이 적에게 대포를 (　　　　)하였다.
우리나라는 달 탐사를 위해서 인공위성을 (　　　　)하였다.

→ ☐☐

5 이 책에는 50여 편의 시가 (　　　　)되어 있다.
골든 레코드에는 118장의 사진이 (　　　　)되어 있다.

→ ☐☐

어휘력에 도움이 되는 **대표 한자** 

金

人 수 金

뜻	소리	金자는 今(이제 금)자의 생략형과 土(흙 토)자 속에 두 개의 광물(점)을 담고 있다는 뜻을 합하여 만들어졌어요. **쇠, 황금, 돈** 등의 의미를 가지고 있어요.
황금, 돈	금	

금 색 (金 色) 황금 금　빛 색	황금과 같이 광택이 나는 누런색 **예** 들판에 누렇게 익은 벼들이 **금색**의 물결을 이루고 있었다.
천 금 (千 金) 일천 천　황금 금	아주 귀중한 것을 비유적으로 이르는 말 **예** 두 부부는 늦은 나이에 **천금** 같은 아이를 얻었다.
적 금 (積 金) 쌓을 적　돈 금	은행에 일정 금액을 넣은 다음 찾는 저금 **예** 우리 가족은 이번 방학에 해외여행을 가려고 **적금**을 부었다.

아름다운 소리를 내는 현악기

1 현악기는 줄로 소리를 내는 악기입니다. 현악기는 소리를 내는 방법에 따라 찰현 악기, 발현 악기, 타현 악기로 나뉩니다.

2 찰현 악기는 활°로 줄을 문질러서 소리를 내는 악기입니다. 손으로 튕기는 것보다 활이 줄에 조금 더 오래 머무르기 때문에 음량°과 음색°이 풍부하며 활과 줄을 어떻게 마찰°시키느냐에 따라 다양한 소리를 낼 수 있어 연주자마다 개성이 다른 연주를 할 수 있습니다. 대표적인 찰현 악기는 바이올린, 비올라, 첼로, 콘트라베이스, 아쟁 등이 있습니다.

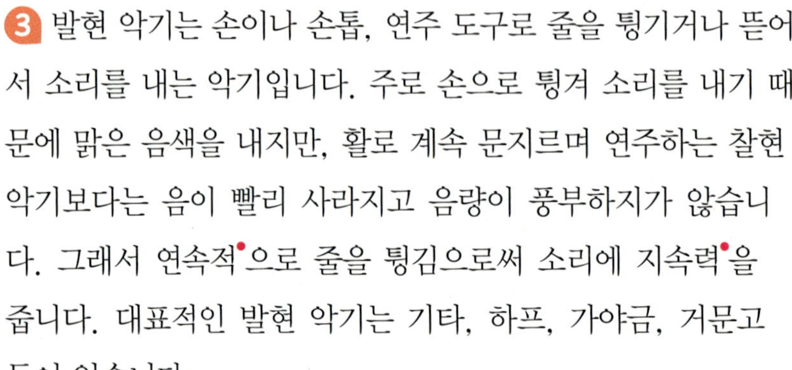

▲ 바이올린

3 발현 악기는 손이나 손톱, 연주 도구로 줄을 튕기거나 뜯어서 소리를 내는 악기입니다. 주로 손으로 튕겨 소리를 내기 때문에 맑은 음색을 내지만, 활로 계속 문지르며 연주하는 찰현 악기보다는 음이 빨리 사라지고 음량이 풍부하지가 않습니다. 그래서 연속적°으로 줄을 튕김으로써 소리에 지속력°을 줍니다. 대표적인 발현 악기는 기타, 하프, 가야금, 거문고 등이 있습니다.

▲ 기타

4 타현 악기는 줄을 두드리거나 때려서 소리를 내는 악기입니다. 두드렸을 때 적당한 울림을 만들어 내기 위해 주로 줄이 금속으로 되어 있으며, 하나의 줄을 두드리면 하나의 소리만 나기 때문

▲ 양금

에 많은 개수의 줄을 갖고 있는 것이 특징입니다. 대표적인 타현 악기는 채로 줄을 쳐서 소리를 내는 양금 등이 있습니다.

공부한 날

월   일

│ 낱말 풀이 │

• **활** 찰현 악기의 줄을 켜는 데에 쓰는 도구. 활 모양의 나무 부분과 줄을 켜는 털 부분으로 되어 있는데 악기에 따라 모양과 크기가 다르다.

• **음량** 악기 소리 따위가 크거나 작게 울리는 정도

• **음색** 다른 소리와 구분되는 음의 색깔

• **마찰** 두 물체가 서로 닿아 비벼짐. 또는 그렇게 함.

• **연속적** 연달아 이어지는 것

• **지속력** 어떤 상태를 오래 계속하는 힘

내용 들여다보기

STEP 1 핵심 내용 정리하기

❶ [   ]는 줄로 소리를 내는 악기입니다.

↳ 현악기는 소리를 내는 [   ]에 따라 찰현 악기, 발현 악기, 타현 악기로 나뉩니다.

❷ 찰현 악기는 [   ]로 줄을 문질러서 소리를 내는 악기입니다.

↳ [   ]과 [   ]이 풍부하며 ~ 개성이 다른 연주를 할 수 있습니다.

↳ 대표적인 찰현 악기는 [   ], 비올라, 첼로, 콘트라베이스, 아쟁 등

❸ 발현 악기는 ~ 줄을 튕기거나 [   ] 소리를 내는 악기입니다.

↳ 맑은 [   ]을 내지만, ~ 음이 빨리 사라지고 음량이 풍부하지가 않습니다.

↳ [   ] 연속적으로 줄을 튕김으로써 소리에 [   ]을 줍니다.

↳ 대표적인 발현 악기는 [   ], 하프, 가야금, 거문고 등

❹ [   ]는 [   ]을 두드리거나 때려서 소리를 내는 악기입니다.

↳ 줄이 금속으로 되어 있으며, ~ 많은 개수의 줄을 갖고 있는 것이 특징입니다.

↳ 대표적인 타현 악기는 ~ [   ] 등

STEP 2 짜임 이해하기

❶ 줄로 소리를 내는
(   )

❷ 줄을 문질러서 소리를 내는 (   )

❸ 줄을 튕기거나 뜯어서 소리를 내는 (   )

❹ 줄을 두드리거나 때려서 소리를 내는 (   )

STEP 3 내용 요약하기

✎ 줄로 소리를 내는 현악기는 소리를 내는 방법에 따라 찰현 악기, 발현 악기, 타현 악기로 나뉩니다.

화제 파악 **1** 이 글의 중심 화제는 무엇인가요? (   )

① 현악기의 역사　　　　② 현악기의 유래

③ 현악기의 종류　　　　④ 현악기의 문제점

⑤ 현악기를 만드는 재료

내용 이해 **2** 찰현 악기에 해당하는 것을 보기 에서 모두 찾아 써 보세요.

보기

기타	아쟁	양금	첼로
하프	가야금	비올라	콘트라베이스

답 ______________________________

내용 추론 **3** 타현 악기를 연주하는 모습을 떠올린 장면으로 알맞은 것은 무엇인가요? (   )

① 작은 채로 악기의 줄을 때리며 연주하는 모습

② 손으로 줄을 연속적으로 튕기면서 연주하는 모습

③ 악기를 턱에 끼고 활로 줄을 문질러서 연주하는 모습

④ 가죽을 덧댄 둥근 통을 막대로 두드리면서 연주하는 모습

⑤ 악기를 무릎 위에 길게 뉘어 놓고 짧은 막대로 줄을 뜯으며 연주하는 모습

상황에 적용 **4** 보기 에서 설명하는 현악기의 종류가 무엇인지 찾아 ○표 하세요.

보기

연주자의 무릎 위에 악기를 길게 뉘어 놓고 '술대'라고 하는 대나무로 만든 막대기로 명주실을 꼬아 만든 여섯 개의 줄을 뜯으면서 연주를 해요.

→ 이 악기는 (찰현 악기 / 발현 악기 / 타현 악기)입니다.

어휘력 다지기

1~2 다음 글자의 첫소리와 뜻을 참고하여 문장의 빈칸에 들어갈 낱말을 써 보세요.

1 ㅎ : 찰현 악기의 줄을 켜는 데에 쓰는 도구

→ 바이올린은 [ ]로 줄을 켜서 소리를 내는 악기예요.

2 ㅁ ㅊ : 두 물체가 서로 닿아 비벼짐. 또는 그렇게 함.

→ 바이올린은 활과 줄의 [ ]로 소리가 나는 거예요.

3~6 다음 문장의 빈칸에 알맞은 낱말을 **보기** 에서 찾아 써 보세요.

보기

| 음량 | 음색 | 연속적 | 지속력 |

3 값비싼 건전지일수록 [ ]이 뛰어나다.
어떤 상태를 오래 계속하는 힘

4 찰현 악기는 활로 줄을 비벼서 줄에 [ ]인 떨림을 일으킨다.
연달아 이어지는 것

5 아버지는 형에게 텔레비전 소리가 너무 크다며 [ ]을 줄이라고 하셨다.
악기 소리 따위가 크거나 작게 울리는 정도

6 피아노와 바이올린은 [ ]이 달라 소리만으로 어떤 악기인지 구별할 수 있다.
다른 소리와 구분되는 음의 색깔

어휘력에 도움이 되는 **대표한자**

絃

糸 紅 絃

뜻	소리
줄	현

絃자는 糸(가는 실 사)자와 玄(검을 현)자가 결합한 것으로 활에 걸린 '줄'을 뜻해요.
줄, 현악기, 활시위 등의 의미를 가지고 있어요.

현 악 기 (絃 樂 器)
줄 현 즐길 악 그릇 기

현을 켜거나 타서 소리를 내는 악기
예 가야금, 거문고, 바이올린 등이 <u>현악기</u>이다.

관 현 악 (管 絃 樂)
대롱 관 줄 현 즐길 악

관악기, 타악기, 현악기 따위로 함께 연주하는 음악
예 교향곡은 <u>관현악</u> 연주를 위한 곡이다.

디지털 시대에 더 빛나는 한글

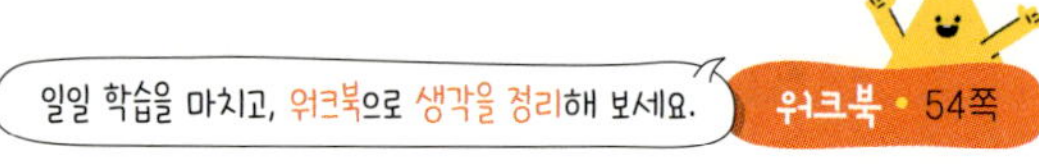

1 세종 대왕은 백성을 사랑하는 마음으로 글자를 만들고 그 뜻을 담아 '훈민정음'이라고 이름 붙였습니다. 이 훈민정음이 바로 오늘날의 '한글'입니다. 한글은 전 세계 언어학자들이 독창성과 과학성을 인정하는 매우 우수한 문자이고, 디지털 시대에 더 빛나는 문자입니다. 한글이 디지털 시대에 더 빛나는 이유를 살펴보겠습니다.

2 한글은 디지털 시대에 많이 사용하는 컴퓨터 키보드와 스마트폰 자판에서 쉽고 빠르게 글을 입력할 수 있는 문자입니다. 키보드로 글자를 입력할 때 한글은 자음 다음에 모음을 표기하기 때문에, 왼손으로는 자음을, 오른손으로는 모음을 치며 빠른 속도로 글자를 입력할 수 있습니다. 그리고 비좁은 스마트폰 자판에서 글자를 입력할 때 한글은 10개 내외의 자판으로 모든 한글 자모음을 입력할 수 있기 때문에 자판의 수를 줄일 수 있습니다. 예를 들어, 스마트폰에서 많이 쓰는 천지인 입력 방식은 '·(아래아)', 'ㅡ', 'ㅣ' 세 개의 기본 모음자만으로 한글에 있는 모든 모음자를 만들어 낼 수 있기 때문에 입력 속도가 매우 빠릅니다.

3 그리고 ㉠한글은 사람의 음성으로 낱말이나 문장을 입력하는 음성 인식 기술에도 가장 적합한 문자로 평가받고 있습니다. 알파벳 'A'라는 문자는 위치에 따라 '에, 아, 어, 에이' 등으로 발음이 바뀌기 때문에 음성을 문자로 바꾸기가 어렵습니다. 하지만 한글은 어느 위치에 있어도 'ㅏ'는 '아'라는 발음으로 읽히기 때문에 음성 인식 기능을 사용할 때 편리합니다. 한글은 빠른 정보 처리와 편리함이 중요한 디지털 시대와 가장 잘 어울리는 문자가 되었습니다.

공부한 날

월   일

관련 교과 **초등국어 5-2**
우리말 지킴이

▌낱말 풀이 ▐

- **훈민정음** 백성을 가르치는 바른 소리라는 뜻으로, 1443년에 세종이 창제한 우리나라 글자를 이르는 말
- **독창성** 다른 것을 따라하지 않고 새로운 것을 처음으로 만들어 내거나 생각해 내는 성질
- **과학성** 과학적인 면에서 본 정확성이나 타당성
- **입력** 문자나 숫자를 컴퓨터가 기억하게 하는 일
- **표기** 문자 또는 음성 기호로 언어를 표시함.
- **인식** 사물을 분별하고 판단하여 앎.
- **정보** 관찰이나 측정을 통하여 수집한 자료를 실제 문제에 도움이 될 수 있도록 정리한 지식 또는 그 자료

▲ 컴퓨터 키보드 자판

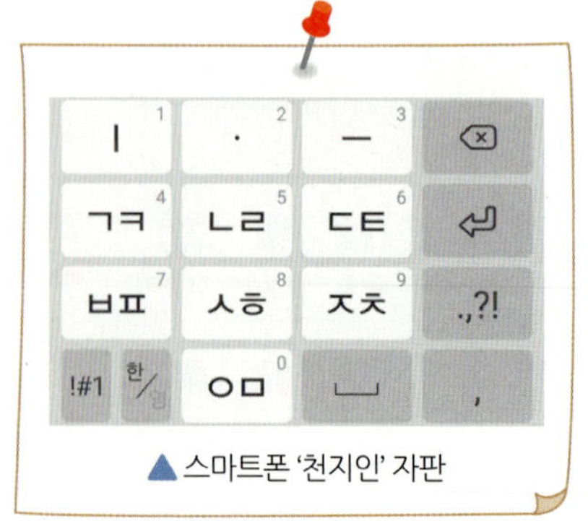
▲ 스마트폰 '천지인' 자판

내용 들여다보기

STEP 1 핵심 내용 정리하기

❶ 한글은 ~ 매우 [   ] 문자이고, [   ] 시대에 더 빛나는 문자입니다.

❷ 한글은 ~ 컴퓨터 [   ]와 스마트폰 [   ]에서 쉽고 빠르게 글을 입력할 수 있는 문자입니다.

↳ 키보드로 글자를 입력할 때 한글은 자음 다음에 [   ]을 표기하기 때문에, ~ 빠른 속도로 글자를 입력할 수 있습니다.

↳ 스마트폰 자판에서 ~ 한글은 10개 내외의 자판으로 [   ] 한글 자모음을 입력할 수 있기 때문에 자판의 [   ]를 줄일 수 있습니다.

↳ 예를 들어, ~ [   ] 입력 방식은 ~ 세 개의 기본 모음자만으로 ~ 모든 모음자를 만들어 낼 수 있기 때문에 [   ] 속도가 매우 빠릅니다.

❸ 한글은 ~ [   ] 기술에도 가장 적합한 문자로 평가받고 있습니다.

↳ 한글은 어느 위치에 있어도 'ㅏ' 는 '[   ]'라는 발음으로 읽히기 때문에 음성 인식 기능을 사용할 때 [   ]합니다.

STEP 2 짜임 이해하기

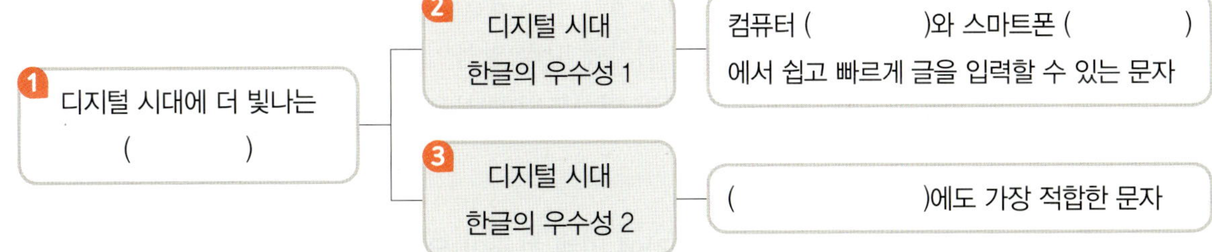

STEP 3 내용 요약하기

✎ 한글은 디지털 시대에 더 빛나는 문자로, 디지털 시대에 많이 사용하는 ____________________

____

____

1 **주제 파악** 글쓴이가 이 글을 쓴 목적으로 가장 알맞은 것은 무엇인가요? (   )

① 한글에 담긴 세종 대왕의 뜻을 알리기 위해

② 디지털 시대에 맞게 한글을 발전시키기 위해

③ 한글을 훼손하지 말아야 한다고 주장하기 위해

④ 디지털 시대에 적합한 한글의 우수성을 알리기 위해

⑤ 한글을 시대에 맞게 변형해야 한다고 주장하기 위해

2 **내용 이해** 이 글에서 설명한 '한글'의 특징으로 알맞지 <u>않은</u> 것은 무엇인가요? (   )

① 음성을 문자로 바꾸기가 쉽다.

② 백성을 사랑하는 만든 이의 마음이 담겨 있다.

③ 전 세계 언어학자들에게 독창성과 과학성을 인정받고 있다.

④ 천지인 입력 방식을 쓰면 세 개의 기본 모음자로 모든 자모음을 입력할 수 있다.

⑤ 키보드로 글자를 입력할 때 왼손으로 자음을, 오른손으로는 모음을 빠른 속도로 칠 수 있다.

3 **내용 추론** 글쓴이가 ㉠과 같이 주장하는 근거로 가장 알맞은 것은 무엇인가요? (   )

① 한글은 글자를 입력하기가 편리하다.

② 한글은 글자를 잘못 쓸 가능성이 매우 낮다.

③ 한글은 전 세계적으로 독창성과 과학성을 인정받고 있다.

④ 한글은 자모음이 쓰이는 위치에 따라 발음이 바뀌지 않는다.

⑤ 한글은 여러 낱말을 덧붙여 얼마든지 대상을 구체적으로 설명할 수 있다.

4 **상황에 적용** **보기** 를 바탕으로 중국의 한자에 비해 한글이 우수한 점이 무엇인지 알맞은 내용에 ○표 하세요.

> **보기**
>
> 컴퓨터에 중국의 한자로 '나는 너를 사랑해.'라는 뜻의 '我爱你(워아이니)'를 입력하려면 중국 발음을 알파벳으로 친 다음 그 발음에 해당하는 한자를 골라 선택해야 합니다.

➡ 키보드로 입력할 때, 한글은 중국의 한자보다 (빠르게 / 다양하게 / 자세하게) 입력할 수 있다.

1~4 다음 낱말의 알맞은 뜻을 찾아 선으로 이어 보세요.

1 입력 •

2 인식 •

3 정보 •

4 표기 •

• ㉠ 사물을 분별하고 판단하여 앎.

• ㉡ 문자 또는 음성 기호로 언어를 표시함.

• ㉢ 문자나 숫자를 컴퓨터가 기억하게 하는 일

• ㉣ 수집한 자료를 실제 문제에 도움이 될 수 있도록 정리한 지식

5~6 다음 문장의 빈칸에 알맞은 낱말을 보기 의 글자 카드로 만들어 써 보세요.

보기

| 과 | 독 | 성 | 창 | 학 |

5 지금껏 어디에서도 들어 보지 못한 멜로디에서 □□□이 돋보인다.

새로운 것을 처음으로 만들어 내거나 생각해 내는 성질

6 그의 주장은 많은 과학자들이 실험을 거듭한 끝에 □□□이 증명되었다.

과학적인 면에서 본 정확성이나 타당성

어휘력에 도움이 되는  대 표 한 자

入		ノ 入

뜻	소리	화살촉처럼 생긴 날카로운 물건의 모양을 본뜬 글자로, 다른 물체 안으로 쉽게 파고들
들	입	어갈 수 있다는 점에서 '들어가다'의 뜻을 나타내요. 들다, 들이다, 빠지다 등의 의미를 가지고 있어요.

입 구 (入 口)	들어가는 통로
들입 입구	예 극장 **입구**에서 친구와 만나기로 했다.
입 학 (入 學)	학생이 되어 공부하기 위해 학교에 들어감.
들입 배울 학	예 동생의 초등학교 **입학**을 진심으로 축하해 주었다.
출 입 (出 入)	어느 곳을 드나듦.
날출 들입	예 이 도서관은 누구나 **출입**할 수 있도록 열려 있다.

골든 레코드는 누구의 아이디어일까?

　태양계 천문학의 일인자로 손꼽히는 칼 세이건은 미국의 우주 개발 프로젝트에서 중요한 역할을 담당했어요. 파이오니아 10호와 11호, 보이저 우주선에 탑재된 '외계인에게 보내는 메시지'는 그가 기획한 작품으로 유명해요. 이처럼 세이건은 태양계 무인 탐사선 계획의 설계에 핵심적인 역할을 맡았어요. 세이건은 우주의 탄생과 발전, 외계인과 그 문명에 대해 다룬 책 『코스모스』의 저자로 더욱 유명해졌어요.

과거 시험은 어떻게 치러졌을까?

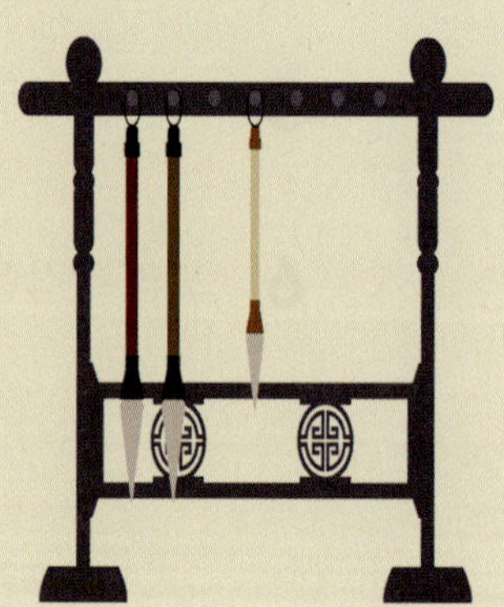

　조선 시대의 과거 시험은 3년에 1번 치르도록 정해져 있었어요. 문과 시험의 경우는 소과와 대과의 2단계로 구분되어 있었어요. 소과 합격자에게는 낮은 벼슬에 오를 수 있는 자격과 함께 성균관 입학 자격이 주어졌어요. 대과는 소과 합격자와 성균관 학생의 자격을 가진 사람이 치를 수 있었어요. 대과를 통해 33명의 합격자를 뽑았는데, 그에 따라 높은 벼슬자리에 오를 수 있는 기회가 열렸어요.

'착한 사마리아인의 법'을 반대하는 사람도 있을까?

　착한 사마리아인의 법을 도입하면, 위험에 처한 사람을 보고도 돕지 않은 사람은 법의 처벌을 받게 됩니다. 사람을 돕는다는 것은 양심에서 우러나와서 하는 행동입니다. 그런데 이를 법으로 정하는 것은, 개인의 자유를 크게 침범하는 것입니다. 더구나 순수한 마음에 선행을 베푼 사람도 처벌을 받지 않으려고 도왔다는 식의 오해를 받을 수 있습니다. 그렇다면 사회는 점점 각박해질 것이 분명합니다.

똑독 초등 국어 문해력 커리큘럼

똑독 초등 국어 문해력 시리즈는 다양한 제재를 담고 있어요!

MEMO

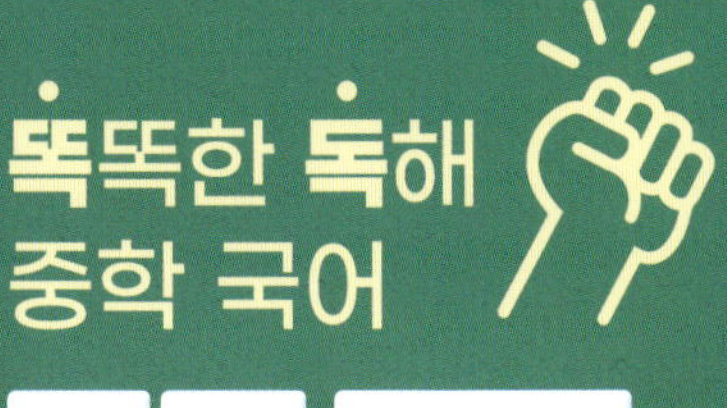

똑독 중학 국어 문법

똑독 중학 국어 어휘

개념 학습과 문제 풀이의
1DAY 구성으로
계획적인 학습 가능

중학교 국어 교과서와
100% 연계된
개념 학습

족보닷컴을 활용하여
출제한 문제로
내신 시험과 수행 평가 대비

똑똑 초등 국어 문해력은

문장 독해, 문단 독해, 지문 독해 훈련에
최적화된 교재입니다.

문장 독해 각 문장이 담고 있는 의미를 올바르게 해석해야
문단의 의미를 정확히 이해할 수 있습니다.

문단 독해 문단 간의 관계와 각 문단의 역할을 이해해야
글의 전체 흐름을 제대로 파악할 수 있습니다.

지문 독해 글의 전체 내용을 짧고 명확한 문장으로 요약할 수 있어야
글을 완벽하게 이해한 것으로 볼 수 있습니다.

이투스북

똑똑

초등 국어 문해력

자기 주도형 심화 학습 노트

- 문해력 보강을 위한 일차별 심화 학습
- 재미있는 문제 풀이로 일차별 어휘 점검

2단계 | 기본편　　초등 3·4학년

똑독
똑똑한 독해, 똑독!

자기 주도형
심화 학습 노트

• 본책에서 일차별로 학습한 내용을 이 책 안에 정리해 보세요.

공부한 날   월   일

모기에 물려 가려워요

★ 핵심 내용 이해

Q. 다음 낱말 카드를 활용하여 이 글의 내용을 정리해 보자!

| 번식 | 섭취 | 수액 | 이슬 | 치료 | 항체 | 단백질 |

✎ 모기의 암컷과 수컷은 평소에 ______________

✎ 모기의 암컷이 피를 먹는 이유는 ______________

✎ 모기에 물렸을 때 가려운 이유는 ______________

____

✈ 새로 알게 된 사실

Q. 이 글을 읽고 새롭게 알게 된 내용을 적어 보자!

✎ ______________

____

★ 나의 생각 정리

Q. 다음 글을 읽고 지구 온난화로 인해 모기의 활동 기간이 늘어나면 생기는 문제점을 써 보자!

> 지구 온난화가 점점 심해지고 있어요. 그 원인은 지구의 숲과 나무가 사라지고, 생활 곳곳에서 발생하는 이산화 탄소의 양이 늘어나고 있기 때문이에요. 그래서 따뜻한 남쪽에서만 자라던 식물들이 점점 북쪽까지 올라와서 자라고, 덥고 습한 환경을 좋아하는 모기 같은 곤충이 활동하는 기간이 늘어났어요.

✎ '나'는 ______________

____

어휘력 확인

1~3 다음 낱말의 알맞은 뜻을 찾아 선으로 이어 보세요.

1 항체 •
    • ㉠ 초대하지 않았는데도 스스로 찾아온 손님

2 냉찜질 •
    • ㉡ 세균이나 바이러스 등의 침입으로부터 몸을 보호하는 물질

3 불청객 •
    • ㉢ 찬물에 적신 천이나 차가운 성질의 약품 따위를 사용하는 찜질

4~5 다음 문장의 밑줄 친 낱말의 뜻으로 알맞은 것을 골라 ○표 해 보세요.

4 강민이는 약속하면 <u>어김없는</u> 친구이다.
→ (지키지 않는 / 어기는 일이 없는)

5 단 음식을 지나치게 많이 <u>섭취하면</u> 건강에 해롭다.
→ (가려서 즐겨 먹으면 / 몸속에 빨아들이면)

6~8 다음 문장의 빈칸에 알맞은 낱말을 **보기** 의 글자 카드로 만들어 써 보세요.

보기

부	소	악	위	평	화

6 상황이 □□ 되는 것을 막으려면 대화가 필요하다.
일의 형편이 나쁜 쪽으로 바뀜.

7 세균 감염을 막으려면 상처 □□를 자주 소독해야 한다.
전체에 대하여 어떤 특정한 부분이 차지하는 위치

8 등산화의 크기는 □□ 신는 신발보다 5mm 정도 큰 게 좋다.
특별한 일이 없는 보통 때

어린이 비만의 원인

핵심 내용 이해

Q. 다음 글자 카드를 활용하여 글쓴이가 이 글을 쓴 목적을 완성해 보자!

| 방 | 법 | 예 | 원 | 인 |

글쓴이는 독자에게 어린이 비만의 위험성을 알리고 그 □□과 □□□을 전달하기 위한 목적으로 글을 썼다.

새로 알게 된 사실

Q. 이 글을 읽고 새롭게 알게 된 내용을 적어 보자!

나의 생각 정리

Q. 다음 생활 습관 중 한 가지를 고르고, 이것을 고치기 위해 무엇을 할 수 있을지 자신의 생각을 써 보자!

비만이 되기 쉬운 생활 습관

① 아침을 자주 거른다.　　② 음식을 먹으며 게임을 한다.
③ 저녁이나 늦은 시간에 먹는다.　　④ 신체 활동이나 운동을 싫어한다.
⑤ 식사를 20분 이내로 빨리 먹는다.　　⑥ 열량이 높은 음식을 자주 먹는다.
⑦ 스트레스를 받으면 먹는 것으로 푼다.

'나'는

🔬 어휘력 확인

1~3 다음 뜻에 알맞은 낱말을 글자의 첫소리를 참고하여 써 보세요.

1 나이나 수준이 서로 비슷한 무리 → ㄸ ㄹ : ___________

2 뼈와 뼈 사이에 있는, 성장을 일으키는 판 → ㅅ ㅈ ㅍ : ___________

3 같은 말이나 일을 자꾸 반복함. 또는 같은 일이 자꾸 일어남.

→ ㄷ ㅍ ㅇ : ___________

4~6 다음 밑줄 친 말과 바꿔 쓸 수 있는 낱말을 보기 에서 골라 내용에 어울리게 써 보세요.

보기		
즐기다	달하다	불어나다

4 우리 가족은 등산을 <u>좋아하여 자주 하는</u> 편이다. → [   ]

5 하루 대중교통을 이용하는 사람은 수백만에 <u>이른다</u>. → [   ]

6 한동안 늦은 저녁에 간식을 먹어서 그런지 몸무게가 많이 <u>늘었다</u>. → [   ]

7~8 다음 문장에 어울리는 낱말을 괄호 안에서 골라 ○표 해 보세요.

7 햄버거와 같은 음식은 (열량 / 열정)이 높아 살이 찌기 쉽다.

8 맛있는 음식이라고 해서 (과식 / 배식)을 하면 배탈이 나기 쉽다.

아프라시압 궁전 벽화

🚩 핵심 내용 이해

Q. 다음 낱말 카드를 활용하여 아프라시압 궁전 벽화 속의 두 사신을 고구려인으로 보는 이유가 무엇인지 써 보자!

| 조우관 | 고구려인 | 삼국 시대 | 환두대도 |

✎ 두 사신은 ______________________

✎ 두 사신은 ______________________

✎ 두 사신은 ______________________

✈ 새로 알게 된 사실

Q. 이 글을 읽고 새롭게 알게 된 내용을 적어 보자!

✎ ______________________

____

⭐ 나의 생각 정리

Q. 다음 글을 읽고 고구려의 문화의 영향력에 대한 자신의 생각을 써 보자!

고구려의 승려 혜자는 일본 쇼토쿠 태자의 스승이 되었어요. 혜자는 태자를 가르치며 고구려의 문화를 일본에 전했어요. 또한 고구려 승려 담징은 일본에 먹과 종이를 만드는 법도 가르쳐 주었어요. 일본 다카마쓰 고분 벽화에는 고구려 벽화에 나오는 여인과 비슷한 복식을 한 여인이 등장하는데, 이는 고구려가 일본 벽화에 많은 영향을 주었음을 보여 준다.

✎ '나'는 ______________________

____

____

1~3 다음 낱말의 알맞은 뜻을 찾아 선으로 이어 보세요.

1 유적 •

2 복식 •

3 비단길 •

• ㉠ 옷과 장신구를 아울러 이르는 말

• ㉡ 역사적인 사건과 관련 있는 물건이나 장소

• ㉢ 중국과 서아시아, 지중해 지역을 연결하여 무역하던 길

4~5 다음 뜻풀이를 참고하여 십자말 풀이를 완성해 보세요.

4 ㉠ 동양과 서양을 아울러 이르는 말

5 ㉡ 중국의 서쪽에 있던 여러 나라를 통틀어 이르는 말

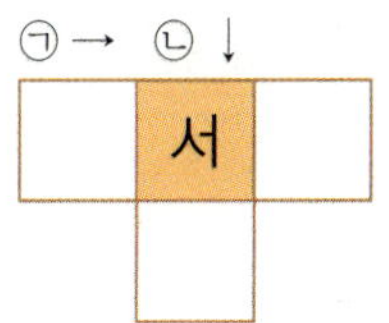

6~8 다음 문장의 빈칸에 알맞은 낱말을 **보기** 에서 찾아 써 보세요.

─ 보기 ─

교류	짐작	추정

6 범인은 우리의 [   ] 대로 이곳에 오지 않았다.

　　사정이나 형편 따위를 어림잡아 헤아림.

7 이번 공연은 남북한이 만나 문화를 [   ] 하는 기회가 될 것이다.

　　문화나 생각 따위가 서로 통함.

8 전문가들은 이번 화재의 원인이 전기의 누전에서 비롯된 것이라 [   ] 하고 있다.

　　미루어 생각하여 판정함.

바코드와 QR 코드

핵심 내용 이해

Q. 다음 낱말 카드를 활용하여 바코드와 QR 코드의 쓰임에 대해 정리해 보자!

| 홍보 | 결제 | 도난 | 상품 |

✎ 바코드는

✎ QR 코드는

새로 알게 된 사실

Q. 이 글을 읽고 새롭게 알게 된 내용을 적어 보자!

✎

나의 생각 정리

Q. 다음 글을 읽고 스마트폰으로 QR 코드를 사용할 때 주의할 점이 무엇인지 자신의 생각을 써 보자!

QR 코드에 악성 코드나 바이러스를 담아 퍼뜨리는 일이 많이 발생하고 있다. 이로 인해 이용자의 디지털 기기가 원하지 않는 불법 사이트에 연결되기도 하고, 그것에 저장된 개인 정보가 유출되기도 한다.

✎ '나'는 스마트폰으로

1~3 다음 설명에 해당하는 낱말을 보기 에서 찾아 써 보세요.

> **보기**
>
> 기호　　　　결제　　　　시스템

1 이것은 부호, 문자, 표지 따위를 통틀어 이르는 말이야.　　→ ☐

2 이것은 필요한 기능을 작동하기 위해 규칙에 따라 만든 집합을 뜻하는 말이야.
　　→ ☐

3 이것은 돈을 주고받아 사고파는 사람 사이의 거래를 끝맺는 일을 나타내는 말이야.
　　→ ☐

4~6 다음 문장의 빈칸에 알맞은 낱말을 보기 에서 찾아 써 보세요.

> **보기**
>
> 개발　　　　저장　　　　지불

4 옛날 사람들은 땅속에 김치를 ☐ 하였다.
물건 따위를 모아서 간수함.

5 이 물건을 가져가려면 그 값을 ☐ 해야 한다.
값을 치름.

6 조선 시대 과학자 장영실은 빗물의 양을 재는 측우기를 ☐ 하였다.
새로운 물건을 만들거나 생각을 내어놓음.

7~8 다음 밑줄 친 말과 바꿔 쓸 수 있는 낱말을 골라 ○표 하세요.

7 쓰고 남은 종이를 <u>활용</u>하여 학교 게시판을 꾸몄다.　→ 응용　이용

8 이 물건은 부패가 심해서 원래 <u>생김새</u>를 찾아볼 수 없었다.　→ 유형　형태

중력이 사라진다면?

☆ 핵심 내용 이해

Q. 다음 글자 카드를 활용하여 '중력'과 '무게', '질량'의 의미를 정리해 보자!

| 힘 | 고유 | 물체 | 작용 | 중력 | 지구 | 크기 |

✎ 중력은 ____

✎ 무게는 ____

✎ 질량은 ____

✈ 새로 알게 된 사실

Q. 이 글을 읽고 새롭게 알게 된 내용을 적어 보자!

✎ ____

____

☆ 나의 생각 정리

Q. 다음 글을 읽고 나무에 달린 사과가 아래로 떨어지는 이유를 써 보자!

질량이 있는 모든 물체는 서로를 끌어당기는데, 이 힘을 '만유인력'이라고 한다. 사과와 지구를 예를 들어 보자. 사과와 지구는 서로 끌어당기고 있지만 지구가 사과를 끌어당기는 힘에 비해 사과가 지구를 끌어당기는 힘은 매우 작다고 할 수 있다. 왜냐하면 지구의 질량이 사과의 질량보다 훨씬 크기 때문이다. 뉴턴은 물체의 질량이 클수록 다른 물체를 끌어당기는 힘이 더 커진다는 것을 알아냈다.

✎ ____

____

⚛️ 어휘력 확인

1~3 다음 뜻에 해당하는 낱말을 **보기**에서 찾아 써 보세요.

> **보기**
>
> 손상되다　　　　작용하다　　　　지탱하다

1 병이 들거나 다치다.　　→ ☐

2 오래 버티거나 배겨 내다.　　→ ☐

3 어떠한 현상을 일으키거나 영향을 미치다.　　→ ☐

4~5 다음 뜻풀이를 참고하여 십자말 풀이를 완성해 보세요.

4 ㉠ 눈알 안에 미치는 압력

5 ㉡ 심장에서 혈액을 밀어 낼 때, 혈관 안에 생기는 압력

6~8 다음 문장의 빈칸에 알맞은 낱말을 **보기**의 글자 카드로 만들어 써 보세요.

> **보기**
>
> 계　　량　　력　　무　　중　　질

6 환경이 바뀌어도 이 물질의 ☐☐은 변하지 않는다.
　　물체의 고유한 기본량

7 무중력은 마치 ☐☐이 없는 것처럼 느끼는 현상을 말한다.
　　지구 위의 물체가 지구로부터 받는 힘

8 짐의 ☐☐가 너무 무거워서 내가 들기에는 역부족이다.
　　물건의 무거운 정도

육상 트랙을 도는 방향

핵심 내용 이해

Q. 다음 낱말 카드를 활용하여 육상 선수들이 트랙을 반시계 방향으로 달릴 때 기록이 잘 나오는 이유를 완성해 보자!

| 왼발 | 지탱 | 오른발 |

오른손잡이는 (　　　　　)로 체중을 (　　　　　)하고, (　　　　　)로 땅을 차고 나가기 때문에 트랙을 반시계 방향으로 달릴 때 좋은 기록을 낼 수 있는 것입니다.

새로 알게 된 사실

Q. 이 글을 읽고 새롭게 알게 된 내용을 적어 보자!

나의 생각 정리

Q. 보기 중 하나의 소재를 활용하여 왼손잡이가 되어 느낄 수 있는 불편한 점에 대해 써 보자!

보기

- 가위질
- 악수를 하는 손
- 글을 쓰고 읽는 방향
- 컴퓨터 마우스를 움직이는 손

어휘력 확인

1~3 다음 뜻에 알맞은 낱말을 글자의 첫소리를 참고하여 써 보세요.

1 활동이나 회전의 중심 → ㅊ : ___________

2 육상 경기에서 경기를 할 때 달리도록 만든 길 → ㅌ ㄹ : ___________

3 어떤 상태나 행동 따위에 대하여 거스르고 반항함. → ㅂ ㅂ : ___________

4~5 다음 문장에 어울리는 낱말을 괄호 안에서 골라 ○표 해 보세요.

4 달리기, 뛰기, 던지기는 (수상 / 육상) 경기에 속한다.

5 나사를 풀 때는 드라이버를 (시계 / 반시계) 방향으로 돌려야 한다.

6~7 다음 문장의 빈칸에 알맞은 낱말을 **보기** 의 글자 카드로 만들어 써 보세요.

보기

| 의 | 중 | 체 | 항 |

6 성장기에는 키가 크고 ☐☐이 늘어나는 속도가 굉장히 빠르다.
몸의 무게

7 마을에 쓰레기 처리장을 설치한다는 계획은 주민들의 ☐☐에 부딪쳤다.
못마땅한 생각이나 반대의 뜻을 주장함.

아킬레스건에 숨겨진 의미

☆ 핵심 내용 이해

Q. 다음 낱말 카드를 활용하여 아킬레스건의 의미를 정리해 보자!

| 약점 | 힘줄 | 치명적 |

🖊 아킬레스건은 종아리 근육과 발뒤꿈치 뼈를 이어 주는 우리 몸에서 튼튼한 (　　　　　)을 가리키는 말이지만 사람마다 각각 다르게 가지고 있는 (　　　　)인 (　　　　)이라는 뜻으로도 사용되고 있습니다.

✒ 새로 알게 된 사실

Q. 이 글을 읽고 새롭게 알게 된 내용을 적어 보자!

🖊 ____

____

☆ 나의 생각 정리

Q. 다음 글을 읽고 아킬레스를 스틱스 강에 담근 테티스의 행동에 대해 평가해 보자!

바다의 여신 테티스는 인간인 펠레우스와 결혼하여 아킬레스를 낳았어요. 아킬레스의 몸에는 인간의 피도 섞여 있었기 때문에 죽음을 피할 수 없었어요. 그래서 테티스는 아킬레스를 스틱스 강에 담그고, 그를 불사신으로 만들려고 한 것이에요.

🖊 '나'는 ____

____

어휘력 확인

1~3 다음 낱말의 알맞은 뜻을 찾아 선으로 이어 보세요.

1 전사 •

2 영웅 •

3 불사신 •

• ㉠ 전투하는 군사

• ㉡ 지혜가 뛰어나고 용감하여 보통 사람이 하기 어려운 일을 해내는 사람

• ㉢ 아무리 때려도 다치지도 아니하고 피도 나지 아니하는 특이하게 강한 몸

4~6 다음 설명에 해당하는 낱말을 보기 에서 찾아 써 보세요.

보기

우람하다	용맹하다	어처구니없다

4 체격이 크고 튼튼한 사람의 모습을 가리키는 말이야. →

5 무서움을 모르고 용감한 사람의 성격을 나타낼 때 쓰는 말이야. →

6 일이 생각했던 것과 다르게 뜻밖이어서 어이가 없을 때 쓰는 말이야. →

7~8 다음 문장에 어울리는 낱말을 괄호 안에서 골라 ○표 해 보세요.

7 홍익인간은 (널리 / 멀리) 사람을 이롭게 한다는 뜻이다.

8 우리 몸의 (기간 / 기관)은 생명을 유지하기 위하여 끊임없이 활동하고 있다.

말 속에 숨어 있는 성차별

핵심 내용 이해

Q. 다음 낱말 카드를 활용하여 글쓴이가 이 글을 쓴 목적을 완성해 보자!

| 속담 | 여성 | 차별 | 이유 |

글쓴이는 우리의 ( )(이)나 말에 ( )을/를 ( )하는 뜻이 담겨 있는 ( )을/를 설명하고, 여성을 차별하는 말을 되도록 쓰지 않도록 노력해야 한다고 주장하고 있다.

새로 알게 된 사실

Q. 이 글을 읽고 새롭게 알게 된 내용을 적어 보자!

나의 생각 정리

Q. 다음 글에 드러난 '차별'에 대한 자신의 생각을 써 보자!

여자아이에게는 칭찬의 말로 "예쁘다"는 표현을 쓰고, 남자아이에게는 "씩씩하다"라는 표현을 자주 사용합니다. 또한 드라마나 광고 속에서 여성은 요리나 집안일을 하고 남성은 무거운 짐을 옮기는 장면이 많이 등장합니다.

'나'는

1~2 다음 뜻에 알맞은 낱말을 글자의 첫소리를 참고하여 써 보세요.

1 세상에 전하여 내려오는 설이나 견해 → ㅅ ㅅ : __________

2 둘 이상의 대상을 각각 등급이나 수준 등의 차이를 두어 구별함.

→ ㅊ ㅂ : __________

3~5 다음 속담의 빈칸에 알맞은 낱말을 보기 에서 찾아 써 보세요.

보기

| 이레 | 암탉 | 뒤웅박 |

3 여편네 팔자는 [   ] 팔자

여자의 운명은 남편에게 매인 것이나 다름없다는 말

4 [   ] 이/가 울면 집안이 망한다.

가정에서 아내가 남편을 제쳐 놓고 간섭하면 집안일이 잘 안 된다는 말

5 남자는 [   ] 굶으면 죽고 여자는 열흘 굶으면 죽는다.

어려움에 처했을 때 여자가 남자보다 더 잘 견딘다는 것을 비유하여 이르는 말

6~8 다음 문장의 밑줄 친 말과 바꿔 쓸 수 있는 낱말을 보기 에서 찾아 문장에 맞게 써 보세요.

보기

| 성실하다 | 특이하다 | 뒷바라지하다 |

6 나는 주변 사람들에게 <u>정성스럽고 참되다고</u> 평가를 받는다. → [   ]

7 어머니는 자식들을 <u>뒤에서 보살피며 도와주는</u> 일에 평생을 바쳤다. → [   ]

8 내 친구는 <u>보통 상태에 비하여 두드러지게 다른</u> 성격을 가지고 있다. → [   ]

새로운 친구 맺기, SNS

⚑ 핵심 내용 이해

Q. 다음 낱말 카드를 활용하여 SNS의 특징을 정리해 보자!

| 정보 | 친구 | 홍보 | 구매 |

✎ SNS를 이용하면 ______________________________________

✎ SNS를 이용하면 ______________________________________

✎ SNS를 이용하면 ______________________________________

✈ 새로 알게 된 사실

Q. 이 글을 읽고 새롭게 알게 된 내용을 적어 보자!

✎ ______________________________________

____

☆ 나의 생각 정리

Q. 다음 글을 읽고 SNS를 할 때 주의해야 할 점은 무엇이라고 생각하는지 써 보자!

> 연예인 A 씨는 자신의 SNS에 그룹 멤버들과 여행을 가서 찍은 사진을 올렸다. 이를 본 B 씨는 A 씨가 올린 사진에 그룹 멤버 중 한 명이 빠졌다며 그가 왕따를 당하고 있다는 내용의 글을 자신의 SNS에 올렸다.

✎ '나'는 ______________________________________

____

어휘력 확인

1~2 다음 뜻에 알맞은 낱말을 글자의 첫소리를 참고하여 써 보세요.

1 요구를 받아들임.　　　　　　　　　　　→ ㅅ ㄹ : ____________

2 가지고 있는 생각이나 뜻이 서로 통함.　→ ㅇ ㅅ ㅅ ㅌ : ____________

3~5 다음 문장에 어울리는 낱말을 괄호 안에서 골라 ○표 해 보세요.

3 그는 한 번만 만나 달라는 사람들의 (수청 / 요청)을 거절했다.

4 친구가 숙제를 도와준다고 했을 때, 나는 (거듭 / 거의) 거절의 뜻을 밝혔다.

5 각 지방단체들은 지역 (상거래 / 암거래)가 활발하게 이루어질 수 있도록 지원하고 있다.

6~8 다음 문장의 빈칸에 알맞은 낱말을 **보기**의 글자 카드로 만들어 써 보세요.

보기

곱	대	소	비	제	확

6 2의 ▢▢은 4이다.
같은 수를 두 번 곱함. 또는 그렇게 하여 얻어진 수

7 건강에 대한 관심이 높아지면서 채소의 ▢▢가 크게 늘었다.
돈이나 물자, 시간, 노력 따위를 들이거나 써서 없앰.

8 이번 복지 정책의 ▢▢로 혜택을 보는 서민들이 늘어날 것이다.
모양이나 규모 따위를 더 크게 함.

물의 흐름에 따른 지형 변화

🚩 핵심 내용 이해

Q. 다음 낱말 카드를 활용하여 물이 흐르는 속도에 따라 어떤 작용이 일어나는지 정리해 보자!

흙과 돌   침식 작용   퇴적 작용

✏️ 물이 빨리 흐르는 곳은 ______________________________

✏️ 물이 천천히 흐르는 곳은 ______________________________

✈️ 새로 알게 된 사실

Q. 이 글을 읽고 새롭게 알게 된 내용을 적어 보자!

✏️ ____

____

⭐ 나의 생각 정리

Q. 다음 글을 읽고 삼각주가 농사를 짓기 좋은 땅인 이유가 무엇인지 써 보자!

> 강의 하류에서 물길은 바다에 닿기 전에 여러 갈래의 작은 강으로 갈라지기도 하고 다시 합쳐지기도 해요. 이때 물길의 속도가 매우 느려지면서 퇴적 작용이 일어나 퇴적물들이 쌓여 삼각형 모양의 땅 '삼각주'가 만들어져요. 삼각주는 주변에 물이 계속해서 흐르고 땅이 평평해요. 우리나라의 김해평야가 대표적인 삼각주예요.

✏️ ____

____

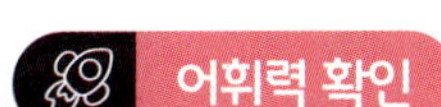

1~3 다음 낱말의 알맞은 뜻을 찾아 선으로 이어 보세요.

1 물살 •

2 침식 •

3 퇴적 •

• ㉠ 물이 흘러 내뻗는 힘

• ㉡ 물이나 바람 따위의 자연 현상이 땅을 깎는 일

• ㉢ 돌이나 흙이 물, 바람의 작용으로 운반되어 일정한 곳에 쌓이는 일

4~5 다음 뜻풀이를 참고하여 십자말 풀이를 완성해 보세요.

4 ㉠ 강의 중간 부분

5 ㉡ 물이 굽이쳐 흘러감. 또는 그 흐름이나 물

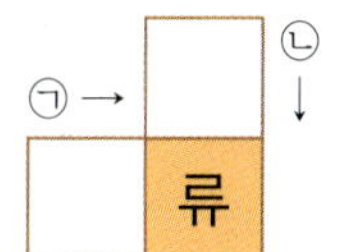

6~8 다음 문장의 빈칸에 알맞은 낱말을 [보기]의 글자 카드로 만들어 써 보세요.

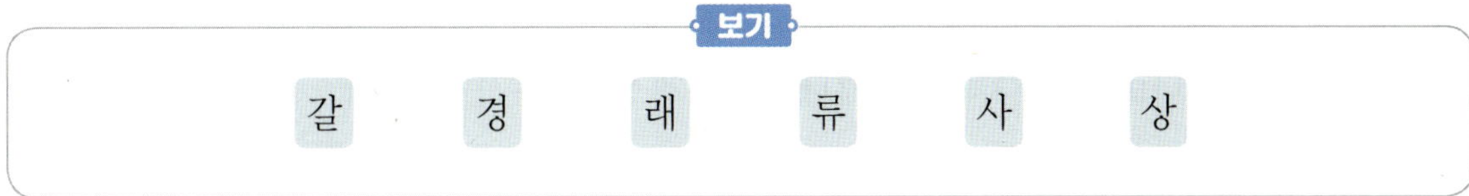

6 그 집은 ☐☐가 급한 언덕을 올라가야 해서 힘들다.
비스듬히 기울어짐. 또는 그런 상태나 정도

7 어머니는 매일 아침마다 딸의 머리를 두 ☐☐로 땋아 준다.
갈라진 낱낱을 세는 단위

8 강의 ☐☐에서는 물의 흐름이 빨라 흙과 돌이 잘 쓸려 내려간다.
강의 물줄기가 시작된 데서 가까운 부분

해부학에 관심을 가진 화가, 다빈치

핵심 내용 이해

Q. 다음 낱말 카드를 활용하여 레오나르도 다빈치에 대해 알게 된 사실을 정리해 보자!

| 원리 | 해부학 | 몸의 구조 | 뼈의 생김새 | 미술 |

✎ 레오나르도 다빈치는 __________________________

✎ 레오나르도 다빈치는 __________________________

____

새로 알게 된 사실

Q. 이 글을 읽고 새롭게 알게 된 내용을 적어 보자!

✎ ____

____

나의 생각 정리

Q. 다음 글을 읽고, 레오나르도 다빈치의 성격에 대해 어떻게 생각하는지 써 보자!

- 레오나르도 다빈치는 요리에 관심이 많아 요리사로 일을 한 적도 있다.
- 레오나르도 다빈치는 하늘을 나는 새를 보고, 헬리콥터와 낙하산을 발명했다.
- 레오나르도 다빈치는 사람의 몸을 해부하며 시신경이 뇌와 연결되어 있다는 사실을 알아냈다.

✎ '나'는 ____

____

🚀 **어휘력 확인**

1~2 **다음 뜻에 알맞은 낱말을 글자의 첫소리를 참고하여 써 보세요.**

1 어떤 두 개의 수 또는 양을 서로 비교하여 몇 배인가를 나타내는 관계

→ ㅂ ㅇ : ＿＿＿＿＿＿＿

2 생물체의 일부나 전부를 갈라 헤쳐 그 내부 구조와 각 부분을 조사하는 일

→ ㅎ ㅂ : ＿＿＿＿＿＿＿

3~5 **다음 설명에 해당하는 낱말을 보기 에서 찾아 써 보세요.**

보기
시각　　　　　원근법　　　　　입체감

3 이것은 물체와 공간의 멀고 가까움을 느낄 수 있도록 평면 위에 표현하는 방법을 말해.

→ ☐

4 이것은 사물을 바라보고 관찰하는 위치를 나타내는 말이야. 위, 아래, 옆, 뒤 등 이것을 달리하여 대상을 관찰하면, 대상을 좀 더 자세하게 표현할 수 있어.

→ ☐

5 이것은 위치와 넓이, 길이, 두께를 가진 물건에서 받는 느낌을 나타내는 말이야. 이것을 잘 살리면 대상에서 볼록한 부분과 그렇지 않은 부분을 표현할 수 있어.

→ ☐

6~7 **다음 문장에 어울리는 낱말을 괄호 안에서 골라 ○표 해 보세요.**

6 자식에 대한 어머니의 사랑은 (위대하다 / 우대하다).

7 우리 모둠은 조별 과제의 문제점을 (보완 / 완성)하여 새로운 발표 자료를 만들었다.

널뛰기 속에 숨어 있는 과학

핵심 내용 이해

Q. 다음 낱말 카드를 활용하여 널뛰기 속에 담긴 과학적 원리에 대한 설명을 완성해 보자!

작용	지레	반작용	받침대

✎ (　　　　　)의 법칙에 따르면, (　　　　　)에서 멀리 떨어져 힘을 줄수록 힘이 커진다.

✎ (　　　　　)와/과 (　　　　　)의 법칙에 따르면, 물체 A가 물체 B에 힘을 줄 때 같은 힘을 되돌려 받게 된다.

새로 알게 된 사실

Q. 이 글을 읽고 새롭게 알게 된 내용을 적어 보자!

✎ ....

....

나의 생각 정리

Q. 다음 글을 읽고 널뛰기를 어떤 놀이라고 생각하는지 써 보자!

널뛰기는 널에서 상대방을 떨어뜨리면 승리하는 놀이이다. 상대편을 널에서 떨어뜨리기 위해서는 높이 뛰어 올라 널을 힘껏 굴러 주어야 하고, 상대편의 리듬과 구르는 타이밍을 잘 맞춰야 한다.

✎ '나'는 ....

....

어휘력 확인

1~3 다음 낱말의 알맞은 뜻을 찾아 선으로 이어 보세요.

1 단오 •　　　　　　　　• ㉠ 음력 5월 5일

2 설날 •　　　　　　　　• ㉡ 음력 팔월 보름날

3 추석 •　　　　　　　　• ㉢ 음력으로 한 해의 첫째 날

4~6 다음 뜻에 해당하는 낱말을 보기 에서 찾아 써 보세요.

보기

전달하다　　　　　조정하다　　　　　되돌리다

4 어떤 기준이나 상황에 맞게 정돈하다.　→ ☐

5 자극, 신호, 동력 따위를 다른 기관에 전하다.　→ ☐

6 움직이던 쪽과 반대되게 방향을 바꾸어 가게 하거나 돌아가게 하다.　→ ☐

7~9 다음 문장에 어울리는 낱말을 괄호 안에서 골라 ○표 해 보세요.

7 같은 차에 탄 두 사람이 (홀로 / 번갈아) 운전을 하였다.

8 손바닥으로 책상을 내려치면 (작용 / 반작용)의 힘으로 인해 그만큼 손바닥은 충격을 받는다.

9 정부는 어느 한쪽으로 치우치지 않는 (균형 / 불균형) 있는 지역 발전을 이루겠다고 약속하였다.

공자의 '인' 사상

 **핵심 내용 이해**

Q. 다음 낱말 카드를 활용하여 공자의 '인' 사상에 담긴 의미가 무엇인지 완성해 보자!

> 사람　　소중　　존재

공자의 '인' 사상에는 (　　　　)은/는 그 어떤 (　　　　)보다 귀하고 (　　　　)하다는 의미가 담겨 있습니다.

새로 알게 된 사실

Q. 이 글을 읽고 새롭게 알게 된 내용을 적어 보자!

나의 생각 정리

Q. 다음 인터뷰 내용을 읽고 공자의 '인'을 실천할 때 좋은 점이 무엇인지 써 보자!

> **기자:** 공자 선생님께서는 왜 '인'을 중요하게 생각하게 되었나요?
>
> **공자:** 내가 살던 중국은 전쟁이 끊이질 않았어요. 백성들은 굶어 죽거나 전쟁터에서 싸우다가 죽었지요. 나는 안타까운 마음에 사람이 어떻게 하면 더 나은 세상에서 살 수 있을까를 고민하게 되었어요. 그러다 군주가 사람을 사랑하는 마음, '인(仁)'을 가지면 좋겠다고 생각하게 되었지요. 사람이 가장 소중하다고 생각하며 다른 사람을 도와주고, 어려운 사람을 보살펴 주기 위해 애쓰다 보면 결국 평화로운 세상이 될 테니까요.

어휘력 확인

1~3 다음 뜻에 알맞은 낱말을 글자의 첫소리를 참고하여 써 보세요.

1 벼슬자리에 오른 사람 → ㄱ ㄹ : ____________

2 사회에서 개인이 가진 위치나 계급 → ㅅ ㅂ : ____________

3 윗세대로부터 물려받아 나라를 다스리는 최고 지위에 있는 사람

→ ㄱ ㅈ : ____________

4~5 다음 문장에 어울리는 낱말을 괄호 안에서 골라 ○표 해 보세요.

4 내일 현장 학습은 날씨에 (어김없이 / 상관없이) 일정대로 출발합니다.

5 예은이의 노래 실력은 (절대로 / 반대로) 다른 친구들에게 빠지지 않는다.

6~8 다음 문장의 빈칸에 알맞은 낱말을 **보기**에서 찾아 문장에 맞게 고쳐 써 넣으세요.

보기

단호하다	들통나다	온화하다

6 그가 한 거짓말은 결국에는 [　　　　] 말았다.
드러나고

7 우리는 놀러 가자는 친구의 제안을 [　　　　] 거절했다.
딱 잘라 결정하고 엄격하게

8 내 동생은 성격이 [　　　　] 놀림에도 쉽게 화를 내지 않는다.
온순하고 부드러워

우리가 지켜야 할 미래 유산

⚑ 핵심 내용 이해

Q. 다음 괄호 안에 어울리는 말에 ○표 하여 이 글의 핵심 내용을 완성해 보자!

✎ (문화유산 / 미래 유산)은 (문화유산 / 미래 유산)으로 지정되지는 않았으나 후손에게 물려줄 만한 충분한 (가치 / 재미)가 있는 것들 중에서 선정한다.

✎ 미래 유산은 (중요한 / 평범한) 인물이나 사건, 지역의 (생활 / 서민) 문화를 이해하는 데 도움이 되는 것, 특색 있는 장소 또는 경관으로 지역 사람들에게 널리 알려진 것 등에서 선정한다.

✈ 새로 알게 된 사실

Q. 이 글을 읽고 새롭게 알게 된 내용을 적어 보자!

✎ ____

____

☆ 나의 생각 정리

Q. 다음 글을 읽고 '이문 설렁탕'이 왜 미래 유산으로 선정되었다고 생각하는지 써 보자!

> 1900년대 초 서울 종로구에 문을 연 이문설렁탕은 대한민국 최초의 설렁탕집으로 110년이 넘는 시간 동안 그 이름을 지켜 오고 있다. 그리고 한국인이 사랑하는 오래된 한식당 100선에도 가장 먼저 소개되었다. 이문설렁탕의 ○○○ 대표는 좋은 재료로 대중 음식점에 걸맞은 단순하지만 맛있는 음식을 제공하는 것이 목표라고 말했다.

✎ '나'는 ___________________________________

____

⚛ 어휘력 확인

1~3 다음 낱말의 알맞은 뜻을 찾아 선으로 이어 보세요.

1 유산 •

2 선정 •

3 지정 •

• ㉠ 어떤 것에 특정한 자격을 줌.

• ㉡ 앞 세대가 물려준 사물 또는 문화

• ㉢ 여럿 가운데서 어떤 것을 뽑아 정함.

4~6 다음 문장의 빈칸에 알맞은 낱말을 **보기**에서 찾아 써 보세요.

보기

지역   인물   사건

4 이순신은 임진왜란에서 큰 활약을 한 ⬚이다.

5 6.25 전쟁은 우리나라의 중요한 역사적 ⬚이다.

6 미래 유산은 ⬚을 대표할 수 있는 것 중에서 가치가 있는 것을 선정한다.

7~8 다음 밑줄 친 말과 바꿔 쓸 수 있는 낱말에 ○표 해 보세요.

7 우리는 아름답고 깨끗한 환경을 <u>후손</u>에게 물려주어야 한다.   →   단골   자손

8 역사적 가치가 있는 이 구역은 문화유산으로 지정해 <u>보호</u>해야 한다.   →   보존   보유

멋진 변신, 곤충의 탈바꿈

핵심 내용 이해

Q. 다음 글자 카드를 활용하여 이 글의 핵심 내용을 완성해 보자!

| 꿈 | 바 | 완 | 전 | 탈 | 불 |

☐☐☐☐☐은 곤충이 알에서 깨어나 애벌레가 되었다가 번데기를 거쳐 어른벌레가 되는 것이고, ☐☐☐☐☐☐은 곤충이 번데기 과정을 거치지 않고 어른벌레가 되는 것이다.

새로 알게 된 사실

Q. 이 글을 읽고 새롭게 알게 된 내용을 적어 보자!

....

....

나의 생각 정리

Q. 다음 그림을 보고 번데기 과정을 거치는 것을 왜 완전 탈바꿈이라고 하는지 자신의 생각을 써 보자!

| 완전 탈바꿈 | 불완전 탈바꿈 |

✎ '나'는 ....

....

어휘력 확인

1~2 다음 뜻에 알맞은 낱말을 글자의 첫소리를 참고하여 써 보세요.

1 벌레가 실을 내어 지은 집 → ㄱ ㅊ : ___________

2 동물이나 식물이 태어나서 어린 시절을 지나 성장하여 자손을 남기고 죽을 때까지의 과정

→ ㅎ ㅅ ㄹ : ___________

3~5 다음 문장의 빈칸에 알맞은 낱말을 보기에서 찾아 써 보세요.

보기
멸종 　　　 서식 　　　 허물

3 곤충은 [　　　　]을 벗으면서 그 크기가 점점 커진다.
　　　살갗에서 저절로 일어나는 꺼풀

4 생태 습지는 먹이가 풍부하여 많은 동식물이 [　　　　]하기에 알맞다.
　　　　　　　　　　　　　　생물이 일정한 곳에 자리를 잡고 삶.

5 우리나라는 [　　　　] 위험이 높은 야생 동물을 천연기념물로 지정해 보호하고 있다.
　　　생물의 한 종류가 아주 없어짐.

6~8 다음 문장에 어울리는 낱말을 괄호 안에서 골라 ○표 해 보세요.

6 환경 오염은 인간의 (생존 / 생산)을 위협한다.

7 우리는 가족의 보살핌 속에서 매일매일 (신장 / 성장)하고 있다.

8 (완전 / 불완전) 탈바꿈은 번데기 과정을 거치지 않는 탈바꿈이다.

전통 공놀이, 축국과 격구

핵심 내용 이해

Q. 다음 글자 카드를 활용하여 글쓴이가 이 글을 쓴 목적을 완성해 보자!

| 공 | 정 | 이 | 놀 | 보 |

✎ 글쓴이는 독자에게 우리 조상들이 즐긴 ☐☐☐에 대한 ☐☐을/를 전달하기 위한 목적으로 글을 썼다.

새로 알게 된 사실

Q. 이 글을 읽고 새롭게 알게 된 내용을 적어 보자!

✎ ____

____

나의 생각 정리

Q. 다음 글을 읽고 삼국 시대부터 했던 축국이 조선 시대에 인기가 없었던 이유를 써 보자!

조선 시대에는 예절을 지키고 마음과 정신을 갈고닦는 것을 중요하게 생각한 유교가 나라를 다스리고 사회 질서를 유지하는 기준이었다. 그러다 보니 몸을 사용하는 무예나 운동은 중요하게 생각되지 않았다.

✎ ____

____

🚀 **어휘력 확인**

1~2 다음 뜻풀이를 참고하여 십자말 풀이를 완성해 보세요.

1 ㉠ 탈것을 타지 않고 걸어감.

2 ㉡ 일을 할 때 쓰는 연장을 통틀어 이르는 말

	㉠→	
㉡↓	**도**	

3~5 다음 문장의 빈칸에 알맞은 낱말을 **보기** 에서 찾아 써 보세요.

─ **보기** ─

기록	수단	뭉치

3 ☐ 와/과 방법을 가리지 말고 목표한 것을 이루자.
  어떤 목적을 이루기 위한 방법. 또는 그 도구

4 당시의 사건 ☐ 을/를 보면 목격자를 찾을 수 있을 것이다.
  남길 목적으로 어떤 사실을 적음.

5 격구는 나무로 만든 채와 마 끈 ☐ (으)로 만든 공으로 하는 놀이이다.
  한데 뭉치거나 말리거나 감은 덩이

6~7 다음 문장의 빈칸에 알맞은 낱말을 **보기** 의 글자 카드로 만들어 써 보세요.

─ **보기** ─

신	련	훈	분

6 조선 시대에는 타고난 ☐☐ 을 벗어나기가 무척 어려웠다.
  개인의 사회적인 위치나 계급.

7 격구는 고려 시대와 조선 시대에 군사들의 ☐☐ 수단으로 활용되었다.
  기본자세나 동작 따위를 되풀이하여 익힘.

잘못 쓰는 높임 표현

핵심 내용 이해

Q. 다음 낱말 카드를 활용하여 글쓴이가 이 글을 쓴 목적을 완성해 보자!

표현	높임	공경	마음

글쓴이는 독자에게 상대를 존중하고 (　　　　　)하는 (　　　　　)을 담아 올바른 (　　　　　) (　　　　　)을 쓰도록 하기 위한 목적으로 글을 썼다.

새로 알게 된 사실

Q. 이 글을 읽고 새롭게 알게 된 내용을 적어 보자!

나의 생각 정리

Q. 다음 대화를 읽고 카페 직원이 왜 잘못된 높임 표현을 사용했다고 생각하는지 써 보자!

카페 사장: 고객에게는 공손하게 말해야 합니다.

카페 직원: 네, 그렇게 하겠습니다.

(손님 방문 후)

손님: 키위 주스 한 잔 주세요.

카페 직원: 키위 주스는 오천 원이세요.

손님: 네.

카페 직원: 주문하신 키위 주스 나오셨습니다.

'나'는

어휘력 확인

1~2 다음 뜻에 알맞은 낱말을 글자의 첫소리를 참고하여 써 보세요.

1 마음에 새겨 두고 조심함. → ㅈ ㅇ : ___________

2 어떤 대상에 대하여 마음속에 새겨지는 느낌 → ㅇ ㅅ : ___________

3~5 다음 문장의 빈칸에 알맞은 낱말을 [보기]에서 찾아 써 보세요.

보기

사물   위인   웃어른

3 높임 표현은 듣는 사람이 말하는 사람보다 ☐ 일 때 사용한다.

4 이 동영상에서는 뛰어나고 훌륭한 옛 ☐ 의 삶을 소개하고 있다.

5 '주스 나오셨습니다.'는 ☐ 을 높여서 쓴 것으로 잘못 쓴 높임 표현이다.

6~7 다음 문장의 빈칸에 알맞은 낱말을 [보기]의 글자 카드로 만들어 써 보세요.

보기

의   중   존   예

6 공동체 생활에서는 서로 간에 ☐☐ 를 지켜야 한다.
존경의 뜻을 표하기 위하여 예로써 나타내는 말투나 몸가짐

7 높임 표현은 다른 사람을 ☐☐ 할 때 자연스럽게 나온다.
높이어 귀중하게 대함.

역사의 시대 구분

🏁 핵심 내용 이해

Q. 다음 낱말 카드를 활용하여 선사 시대와 역사 시대의 의미를 구분해 보자!

기록	과거	사실	때

✏️ 선사 시대는

✏️ 역사 시대는

🚀 새로 알게 된 사실

Q. 이 글을 읽고 새롭게 알게 된 내용을 적어 보자!

✏️

⭐ 나의 생각 정리

Q. 다음 글을 읽고 유물과 유적을 통해 옛날 사람들이 어떻게 살았는지를 알 수 있는 이유는 무엇이라고 생각하는지 써 보자!

> 유물은 옛날 사람들이 만들고 사용했던 물건으로, 그릇이나 무기, 왕관 같이 옮길 수 있는 크기의 것을 말한다. 유적은 옛날 사람들이 살던 집이나 동굴, 무덤처럼 움직일 수 없는 장소를 말한다.

✏️ '나'는

1~3 다음 설명에 해당하는 낱말을 보기 에서 찾아 써 보세요.

보기

| 문자 | 사료 | 발자취 |

1 지나온 과거의 흔적을 비유적으로 이르는 말 → [   ]

2 인간의 언어를 적는 데 사용하는 시각적인 기호 → [   ]

3 문서, 기록, 건축, 조각 따위의 역사 연구에 필요한 자료나 유물 → [   ]

4~6 다음 문장의 빈칸에 알맞은 낱말을 보기 에서 찾아 써 보세요.

보기

| 비석 | 흔적 | 유물 |

4 구석기 시대의 대표적인 [   ]은 돌을 깨뜨려 만든 뗀석기이다.
조상이 후대에 남긴 물건

5 전쟁에서 목숨을 잃은 군인들의 삶을 기념하며 [   ]을 세웠다.
업적을 기념하여 글을 새기어 세워 놓은 것

6 범죄를 저지른 범인은 신발 자국, 지문, 머리카락 등 반드시 [   ]을 남긴다.
지나간 뒤에 남은 자국이나 자취

7~8 다음 문장에 어울리는 낱말을 괄호 안에서 골라 ○표 해 보세요.

7 보물찾기 놀이에서 선생님께서 숨겨 놓으신 보물을 돌 아래에서 (발명 / 발견)하였다.

8 선사 시대는 사람들이 사용한 도구를 (기준 / 기원)으로 구석기와 신석기 시대로 나뉜다.

경제의 핏줄, 화폐

핵심 내용 이해

Q. 다음 빈칸에 알맞은 낱말을 써 넣어 화폐의 기능을 정리해 보자!

✎ 화폐는 상품이나 서비스로 ☐☐하는 기능이 있고, 어떤 상품이나 서비스의 가치를 나타내는

☐☐이 되기도 하고, 가치를 ☐☐하는 기능도 있다.

새로 알게 된 사실

Q. 이 글을 읽고 새롭게 알게 된 내용을 적어 보자!

✎ ____

____

나의 생각 정리

Q. 다음 대화를 읽고 물품 화폐가 금속 화폐로 발달한 이유를 써 보자!

원시인 1: 내가 잡은 물고기 한 마리와 네가 가진 가죽 옷 하나를 바꾸자.
원시인 2: 물고기 한 마리로는 부족해. 두 마리를 더 주면 바꿔 주지.
원시인 1: 두 마리나 더 달라고? 나는 한 마리면 될 것 같은데, 교환하기 어렵네.

✎ ____

____

____

🎯 어휘력 확인

1~3 다음 낱말의 알맞은 뜻을 찾아 선으로 이어 보세요.

1 가치 •

2 기준 •

3 기능 •

• ㉠ 기본이 되는 표준

• ㉡ 사물이 지니고 있는 쓸모

• ㉢ 하는 구실이나 작용을 함. 또는 그런 것

4~6 다음 문장의 밑줄 친 낱말의 뜻으로 알맞은 것을 찾아 ○표 해 보세요.

4 돈을 많이 찍으면 돈의 <u>값어치</u>가 떨어진다.

→ (물건의 성질과 바탕 / 일정한 값에 해당하는 분량이나 가치)

5 새로 생긴 가게에는 외국에서 들여온 <u>상품</u>들이 많다.

→ (사고파는 물품 / 일상생활에서 반드시 있어야 할 물품)

6 요즘은 현금 거래보다 카드를 이용한 <u>신용</u> 거래가 늘고 있다.

→ (돈을 빌려주거나 빌림. / 돈을 앞으로 갚을 수 있음을 보이는 능력)

7~8 다음 문장의 밑줄 친 말과 바꿔 쓸 수 있는 낱말에 ○표 해 보세요.

7 화폐는 물건으로 <u>교환하는</u> 기능이 있다.　　→　　바꾸는　　변하는

8 금속 화폐에 비해 종이 화폐는 <u>보관하기</u> 편리하다.　　→　　간섭하기　　간직하기

지구를 아프게 하는 탄소 발자국

핵심 내용 이해

Q. 다음 낱말 카드를 활용하여 이 글의 주제를 완성해 보자!

> 습관   생활   탄소   발자국

✎ (   ) (   )을/를 줄이기 위해서는 우리의 (   ) (   )을/를 바꿔야 한다.

새로 알게 된 사실

Q. 이 글을 읽고 새롭게 알게 된 내용을 적어 보자!

✎ ____

____

나의 생각 정리

Q. 다음 글에서 유럽 사람들이 플뤼그스캄 운동을 벌인 목적이 무엇인지 써 보자!

> 유럽 환경청의 자료에 따르면 승객 한 명이 1km를 이동할 때 발생하는 탄소 배출량은 기차가 14g, 비행기는 275g으로 비행기가 기차의 20배 가량 많은 탄소를 배출한다. 그래서 유럽 사람들은 비행기 대신 기차 등의 다른 교통수단을 더 많이 이용하자는 '플뤼그스캄' 운동을 벌였다. '플뤼그스캄'은 스웨덴어로 '비행기 여행의 부끄러움'이라는 뜻이다.

✎ ____

____

🐝 어휘력 확인

(1~3) 다음 낱말의 알맞은 뜻을 찾아 선으로 이어 보세요.

1 기후 •　　　　　• ㉠ 기온이 높아지는 현상

2 온난화 •　　　　　• ㉡ 기온, 비, 눈, 바람 따위의 날씨 상태

3 온실가스 •　　　　　• ㉢ 지구 대기를 오염시켜 온실 효과를 일으키는 기체

(4~6) 다음 문장의 빈칸에 알맞은 낱말을 **보기** 에서 찾아 써 보세요.

보기
생산　　　　소비　　　　제도

4 물건을 [　　　]하기 위해서는 노동과 토지와 자본이 필요하다.

인간이 생활하는 데 필요한 각종 물건을 만들어 냄.

5 탄소 발자국은 환경 문제를 해결하기 도입한 환경 [　　　]이다.

관습이나 도덕, 법률 따위의 규범이나 사회 구조의 체계

6 돈을 내고 [　　　]을/를 할 때는 합리적이고 지혜롭게 해야 한다.

상품이나 서비스를 이용하고 쓰는 일

(7~8) 다음 밑줄 친 말과 바꿔 쓸 수 있는 낱말에 ○를 해 보세요.

7 폐수를 거르지 않고 <u>배출하는</u> 것은 불법이다.　　→　 없애는　　 내보내는

8 층간 소음이 <u>발생하는</u> 원인을 찾아 해결해야 한다.　　→　 생겨나는　　 생산되는

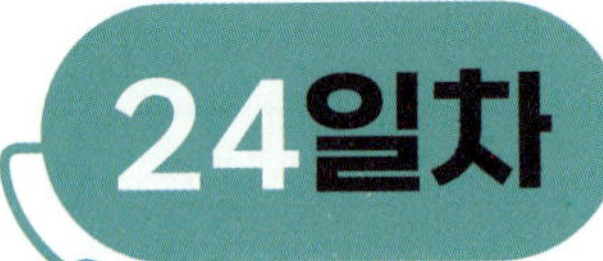

예술가로서의 신사임당

✎ 핵심 내용 이해

Q. 다음 낱말 카드를 활용하여 신사임당의 〈초충도〉의 특징을 정리해 보자!

묘사	음영	구도	안정적	풀벌레

✎ 신사임당의 〈초충도〉는 ________________________________

✎ 신사임당의 〈초충도〉는 ________________________________

✎ 새로 알게 된 사실

Q. 이 글을 읽고 새롭게 알게 된 내용을 적어 보자!

✎ ________________________________

____

☆ 나의 생각 정리

Q. 다음 글을 읽고, 신사임당의 위대한 점이 무엇인지 자신의 생각을 써 보자!

조선 전기에 양반들은 자연의 아름다움을 그리는 산수화를 즐겨 그렸어요. 이때의 산수화는 중국의 풍경을 따라 그린 것이 대부분이었어요. 신사임당은 중국의 풍경을 베껴 그리는 대신에 작은 풀, 작은 식물, 곤충들을 관찰해서 있는 그대로를 섬세하게 표현하였고, 그렇게 유명해진 것이 〈초충도〉예요.

✎ '나'는 ________________________________

____

1~3 다음 뜻에 알맞은 낱말을 글자의 첫소리를 참고하여 써 보세요.

1 그림을 그리는 방식이나 양식 → ㅎ ㅍ : ___________

2 그림에서 모양, 색깔, 위치 따위의 짜임새 → ㄱ ㄷ : ___________

3 유학을 깊이 연구하여 높은 경지에 오른 사람 → ㅇ ㅎ ㅈ : ___________

4~6 다음 문장의 빈칸에 알맞은 낱말을 보기 에서 찾아 써 보세요.

보기

| 감탄 | 발행 | 수준 |

4 그녀의 그림은 이름난 예술가의 그림만큼 [ ]이 높다.
사물의 가치나 기준이 되는 표준

5 그는 요리사의 뛰어난 음식을 맛보고 [ ]이 절로 나왔다.
마음속 깊이 느끼어 탄복함.

6 우리나라에서 화폐의 [ ]을 담당하는 곳은 한국은행이다.
세상에 내놓아 널리 쓰도록 함.

7~8 다음 문장의 밑줄 친 말과 바꿔 쓸 수 있는 낱말에 ○표 해 보세요.

7 조선 시대에는 <u>가혹한</u> 형벌이 많았다. → 모진   모자란

8 조선 시대에는 여성이 사회에 <u>진출할</u> 기회가 많지 않았다. → 나아갈   마련할

피라미드에 숨어 있는 수학적 비밀

핵심 내용 이해

Q. 다음 낱말 카드 중 알맞은 것을 골라 넣어 이 글의 핵심 내용을 완성해 보자!

각도	비밀	비율	수학

피라미드의 경사 (　　　　)와/과 (　　　　)에는 여러 가지 (　　　　)적 (　　　　)
이 숨겨져 있습니다.

새로 알게 된 사실

Q. 이 글을 읽고 새롭게 알게 된 내용을 적어 보자!

나의 생각 정리

Q. 다음 글을 읽고 황금 비율을 적용한 형태로 제품들이 생산되는 이유가 무엇인지 써 보자!

> 우리 주변에는 A4 용지나, 신용카드, 신분증 등 황금 비율을 적용한 사각형 모양의 제품들을 쉽게 찾아볼 수 있어요.

어휘력 확인

1~3 다음 설명에 해당하는 낱말을 보기 에서 찾아 써 보세요.

보기

| 각도 | 경사 | 비율 |

1 비스듬히 기울어짐. 또는 그런 상태나 정도 →

2 한 점에서 갈리어 나간 두 직선의 벌어진 정도. 각의 크기 →

3 어떤 두 개의 수 또는 양을 비교하여 몇 배인가를 나타내는 관계 →

4~6 다음 문장의 빈칸에 알맞은 낱말을 보기 에서 찾아 써 보세요.

보기

| 유지 | 구조물 | 불가사의 |

4 그가 감쪽같이 사라진 것은 정말 [   ]한 일이다.
미루어 헤아릴 수 없이 이상하고 야릇함.

5 이 성은 오랫동안 무너지지 않고 그 모양을 [   ]하고 있다.
그대로 보존하거나 변함없이 계속하여 지탱함.

6 지금 눈앞에 보는 건물은 이 도시에서 가장 높은 높이의 [   ]이다.
설계에 따라 여러 가지 재료를 얽어서 만든 물건

7~8 다음 문장에 어울리는 낱말을 괄호 안에서 골라 ○표 해 보세요.

7 예수가 태어난 해를 기준으로 그 이전을 (기원전 / 기원후)(이)라고 부른다.

8 오랫동안 건강을 유지하는 (비결 / 비밀)은 규칙적인 생활을 하며 꾸준히 운동하는 것이다.

옛날의 교육 기관

☆ 핵심 내용 이해

Q. 다음 괄호 안에 알맞은 말에 ○표를 하여 이 글의 목적을 완성해 보자!

✎ 글쓴이는 과거 우리나라에도 오늘날 (대학 / 직장)과 같은 (교육 / 행정) 기관이 있었다는 것을 알리기 위한 목적으로 글을 썼다.

✈ 새로 알게 된 사실

Q. 이 글을 읽고 새롭게 알게 된 내용을 적어 보자!

✎ ____

____

☆ 나의 생각 정리

Q. 다음 글을 읽고 우리나라의 옛 교육 기관의 교육 목적에 대해 어떻게 생각하는지 써 보자!

> **'교육'의 의미**
>
> 교육은 사람의 됨됨이를 교육하고 사람이 살아가는 데 필요한 지식이나 기술 등을 가르치는 것이다.

✎ '나'는 ________________________________

____

____

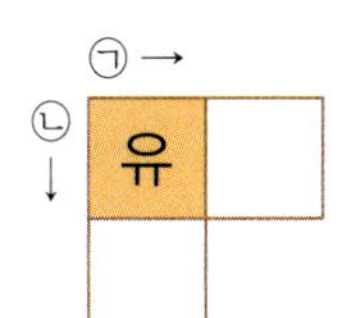

어휘력 확인

1~2 다음 뜻풀이를 참고하여 십자말 풀이를 완성해 보세요.

1 ㉠ 유학을 공부하는 선비

2 ㉡ 옛날 중국 공자의 사상이나 가르침을 배우는 학문

3~5 다음 문장의 빈칸에 알맞은 낱말을 <보기>에서 찾아 써 보세요.

──── 보기 ────

관리   국립   기관

3 과천에 있는 과학관은 나라에서 관리하는 [   ] 과학관이다.

나라의 예산으로 세우고 관리함.

4 국회는 국가 행정 [   ]이/가 하는 일을 감시하는 역할을 한다.

사회생활의 영역에서 일정한 역할과 목적을 위하여 설치한 기구나 조직

5 조선 시대에는 과거 시험을 통해 유능한 사람을 [   ](으)로 뽑았다.

관직에 있는 사람

6~7 다음 문장의 빈칸에 알맞은 낱말을 <보기>의 글자 카드로 만들어 써 보세요.

──── 보기 ────

학   관   양   기   성   문

6 옛날 교육 기관들은 인재를 [ ][ ]하는 데 목적이 있었다.

가르쳐서 유능한 사람을 길러냄.

7 유학은 공자의 가르침에서 시작된 [ ][ ]으로 조선 시대에 많은 분야에 영향을 미쳤다.

어떤 분야를 체계적으로 배워서 익힘. 또는 그런 지식

공부한 날   월   일

착한 사마리아인의 법

핵심 내용 이해

Q. 다음 낱말 카드를 활용하여 착한 사마리아인의 뜻과 유래를 정리해 보자!

| 위험 | 처벌 | 성경 | 법 | 유래 |

✎ 착한 사마리아인의 법은 ______________________________________

✎ 착한 사마리아인의 법은 ______________________________________

새로 알게 된 사실

Q. 이 글을 읽고 새롭게 알게 된 내용을 적어 보자!

✎ ______________________________________

나의 생각 정리

Q. 다음 글을 읽고 '착한 사마리아인의 법'과 우리나라의 '구호자 보호법'의 공통점은 무엇인지 써 보자!

> 우리나라에서는 선한 마음으로 응급 환자에게 응급 처치를 하다 실수로 환자에게 손해를 입힌 경우 그 결과에 책임을 덜어 주는 '응급 의료에 관한 법률(구호자 보호법)'이 만들어졌다.

✎ ______________________________________

어휘력 확인

1~3 다음 뜻에 알맞은 낱말을 주어진 글자의 첫소리를 참고하여 써 보세요.

1 업신여기어 천하게 대우하거나 푸대접함. → ㅊ ㄷ : ___________

2 사실이나 상황 따위를 인정하지 않고 피함. → ㅇ ㅁ : ___________

3 사물이나 일이 생겨남. 또는 그 사물이나 일이 생겨난 바 → ㅇ ㄹ : ___________

4~6 다음 설명에 해당하는 낱말을 보기 에서 찾아 써 보세요.

보기
법　　　　　관습　　　　　도덕

4 이것은 국가가 공동체의 유지를 위해 만든 강제적인 사회 규범이에요. → ☐

5 이것은 밖에서 정해진 것이 아닌 자신의 마음과 생각에서 우러나오는 행동 규범이에요.
→ ☐

6 이것은 오랜 시간에 걸쳐 전해져 내려와 '사회 구성원 중 누구를 데려다 놓아도 비슷하게
하는 행동들'을 말해요. → ☐

7~8 다음 문장에 어울리는 낱말을 괄호 안에서 골라 ○표 해 보세요.

7 새로 만든 법을 (시행 / 주행)하기도 전에 시민들의 반대에 부딪쳤다.

8 그는 혼자 자라서인지 다른 사람을 배려할 줄 모르고 (이기적 / 이타적)이다.

우주로 쏘아 보낸 골든 레코드

 **핵심 내용 이해**

Q. 다음 낱말 카드를 활용하여 '골든 레코드'가 무엇인지 완성해 보자!

| 외계 | 자기 | 메시지 | 생명체 | 소개서 |

골든 레코드는 태양계 밖에서 만날지 모를 (　　　　) (　　　　)에게 지구의 존재를 알리기 위해 보내는 지구의 (　　　　) (　　　　)이자 (　　　　)이다.

새로 알게 된 사실

Q. 이 글을 읽고 새롭게 알게 된 내용을 적어 보자!

나의 생각 정리

Q. 다음 글을 읽고 외계인에게 지구를 소개하는 자료를 보낸다면 '나'는 어떤 것들을 보낼지 써 보자!

　　보이저 호에 실린 레코드판에는 우리 행성과 인간의 활동을 담은 사진 118장, 90분 가까이 되는 세계 최고의 음악들, 지구와 그 생명의 변화를 표현한 소리집 「지구의 소리들(The Sounds of Earth)」, 미국 대통령과 유엔 사무총장의 인사말을 비롯하여 약 60가지 언어로 말한 인사말(고래의 인사말도 있음.)이 담겨 있다.

'나'는

1~3 다음 뜻에 해당하는 어휘를 **보기**에서 찾아 써 보세요.

보기
진입하다　　　　　　수록하다　　　　　　탐사하다

1 책이나 잡지에 싣다.　　　　　　　　　　　　　→ [　　　]

2 향하여 내처 들어가다.　　　　　　　　　　　　→ [　　　]

3 알려지지 않은 사물이나 사실 따위를 샅샅이 더듬어 조사하다.　→ [　　　]

4~5 다음 글자의 첫소리와 그 뜻에 알맞은 낱말을 빈칸에 넣어 문장을 완성해 보세요.

4 ㅈ ㄷ : 기계 따위가 작용을 받아 움직임. 또는 기계 따위를 움직이게 함.

→ 제품 설명서를 보니 청소기의 [　　　] 방법이 쓰여 있었다.

5 ㅈ ㅈ : 현실에 실제로 있음. 또는 그런 대상

→ 사람들은 우주 어딘가에 외계인이 [　　　]할 것이라고 상상한다.

6~8 다음 문장에 어울리는 낱말을 괄호 안에서 골라 ○표 해 보세요.

6 우주는 (워낙 / 그리) 넓어서 탐사하기가 쉽지 않다.

7 세종 대왕은 역사에 (영원히 / 완전히) 기록될 훌륭한 왕이다.

8 먹구름이 낀 날은 그렇지 않은 날에 비해 비가 올 (요인 / 확률)이 높다.

아름다운 소리를 내는 현악기

핵심 내용 이해

Q. 다음 글자 카드를 활용하여 빈칸에 알맞은 현악기의 종류를 써 보자!

| 발 | 찰 | 타 | 현 |

✎ (　　　　　) 악기는 활로 줄을 문질러서 소리를 내는 악기이다.

✎ (　　　　　) 악기는 줄을 두드리거나 때려서 소리를 내는 악기이다.

✎ (　　　　　) 악기는 손이나 손톱, 연주 도구로 줄을 튕기거나 뜯어서 소리를 내는 악기이다.

새로 알게 된 사실

Q. 이 글을 읽고 새롭게 알게 된 내용을 적어 보자!

✎ ____

____

나의 생각 정리

Q. 다음 글을 읽고 하프가 찰현 악기, 발현 악기, 타현 악기 중 어느 것에 해당하는지 써 보자!

하프는 커다란 삼각형 틀에 길이가 서로 다른 줄을 치고 손가락으로 뜯어서 소리 내는 악기이다. 하프 연주자인 하피스트는 의자에 앉아 공명통을 오른쪽 어깨에 대고 양손 손가락으로 줄을 뜯으며 연주한다. 새끼 손가락은 사용하지 않으며 보통 왼손으로 낮은 음을 연주하고 오른손으로 높은 음을 연주한다.

✎ ____

____

 **어휘력 확인**

1~3 다음 낱말의 알맞은 뜻을 찾아 선으로 이어 보세요.

1 음량 •

• ㉠ 높이가 다른 두 음 사이의 간격

2 음색 •

• ㉡ 다른 소리와 구분되는 음의 색깔

3 음정 •

• ㉢ 악기 소리 따위가 크거나 작게 울리는 정도

4~5 다음 뜻풀이를 참고하여 십자말 풀이를 완성해 보세요.

4 ㉠ 어떤 상태를 오래 계속하는 힘

5 ㉡ 두 물체가 서로 닿아 비벼지며 발생하는 힘

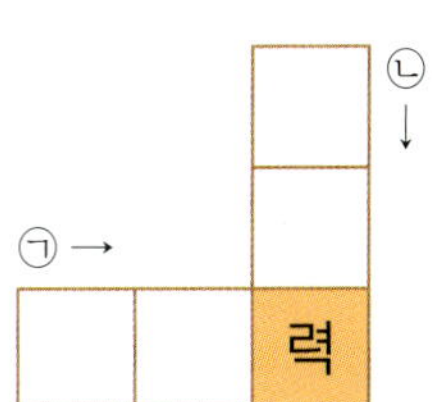

6~8 다음 밑줄 친 낱말과 바꿔 쓸 수 있는 낱말을 골라 ◯표 해 보세요.

6 <u>쇠</u>는 오랫동안 관리하지 않으면 녹이 슨다. → 금속〔金屬〕 강철〔鋼鐵〕

7 이번에 산 기타 악기는 맑은 <u>소리</u>를 내는 것이 특징이다. → 성〔聲〕 음〔音〕

8 연주자는 아쟁을 무릎 위에 올리고 활로 <u>줄</u>을 문질러서 소리를 냈다.

→ 선〔線〕 현〔絃〕

디지털 시대에 더 빛나는 한글

핵심 내용 이해

Q. 다음 빈칸에 알맞은 말에 ○표를 하여 이 글의 목적이 무엇인지 확인해 보자!

글쓴이는 독자에게 (한글 / 한자)이/가 (아날로그 / 디지털) 시대에 더 빛나는 언어임을 알리기 위한 목적으로 글을 썼다.

새로 알게 된 사실

Q. 이 글을 읽고 새롭게 알게 된 내용을 적어 보자!

나의 생각 정리

Q. 다음 글을 읽고 스마트폰을 쓸 때 한글이 더 빛을 발하는 이유가 무엇이라고 생각하는지 써 보자!

> 한글은 모양을 본 떠 만든 글자예요. 모음의 기본자인 '천지인'은 하늘, 땅, 사람의 모양을 본 떠 만들었어요. '•'은 '하늘'을, 'ㅡ'은 땅을, 'ㅣ'는 사람의 모양을 나타내요. 이렇게 한글의 '천지인' 방식이 스마트폰에서 한글을 입력하는 자판에 그대로 적용되어 쓰이고 있어요. 스마트폰에서 천지인 방식을 활용하면 모음 '•, ㅡ, ㅣ' 세 개의 버튼으로 20개가 넘는 모음을 모두 입력할 수 있어요.

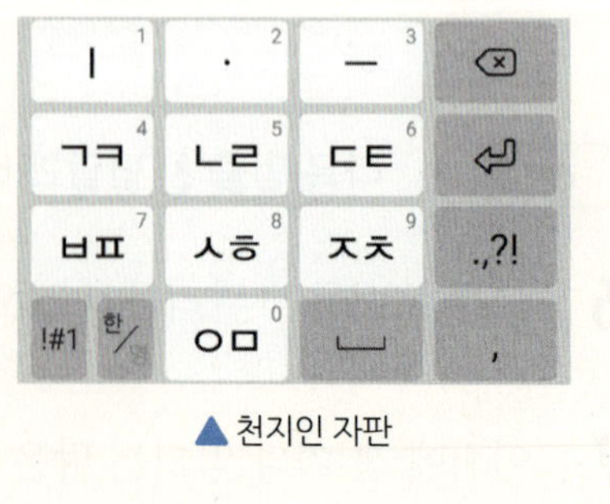
▲ 천지인 자판

어휘력 확인

1~2 다음 설명에 해당하는 낱말을 보기 에서 찾아 써 보세요.

보기

입력하다   표기하다

1 문자 또는 음성 기호로 언어를 표시하는 것을 뜻하는 말이야. →

2 문자나 숫자를 컴퓨터가 기억하게 하는 것을 나타내는 말이야. 예를 들어, 자료를 컴퓨터가 기억하게 할 때 쓰는 거지. →

3~5 다음 문장의 빈칸에 알맞은 낱말을 보기 에서 찾아 써 보세요.

보기

인식   인정   처리

3 자동차 사고를 내면 그 [   ] 비용이 만만치가 않다.
사건 따위를 정리하여 치르거나 마무리를 지음.

4 어떤 문제든지 척척 해결하는 그는 사람들에게 그 능력을 [   ] 받고 있다.
확실히 그렇다고 여김.

5 우리는 스마트폰을 오래 사용하는 것이 눈 건강을 해롭다는 것을 [   ] 하지 못한다.
사물을 분별하고 판단하여 앎.

6~7 다음 문장에 어울리는 낱말을 괄호 안에서 골라 ○표 해 보세요.

6 접이식 자전거는 휴대하기에 (편리 / 편찬)하다.

7 한글은 세계적으로도 우수하고 독창적인 문자로 (비평 / 평가)되었다.

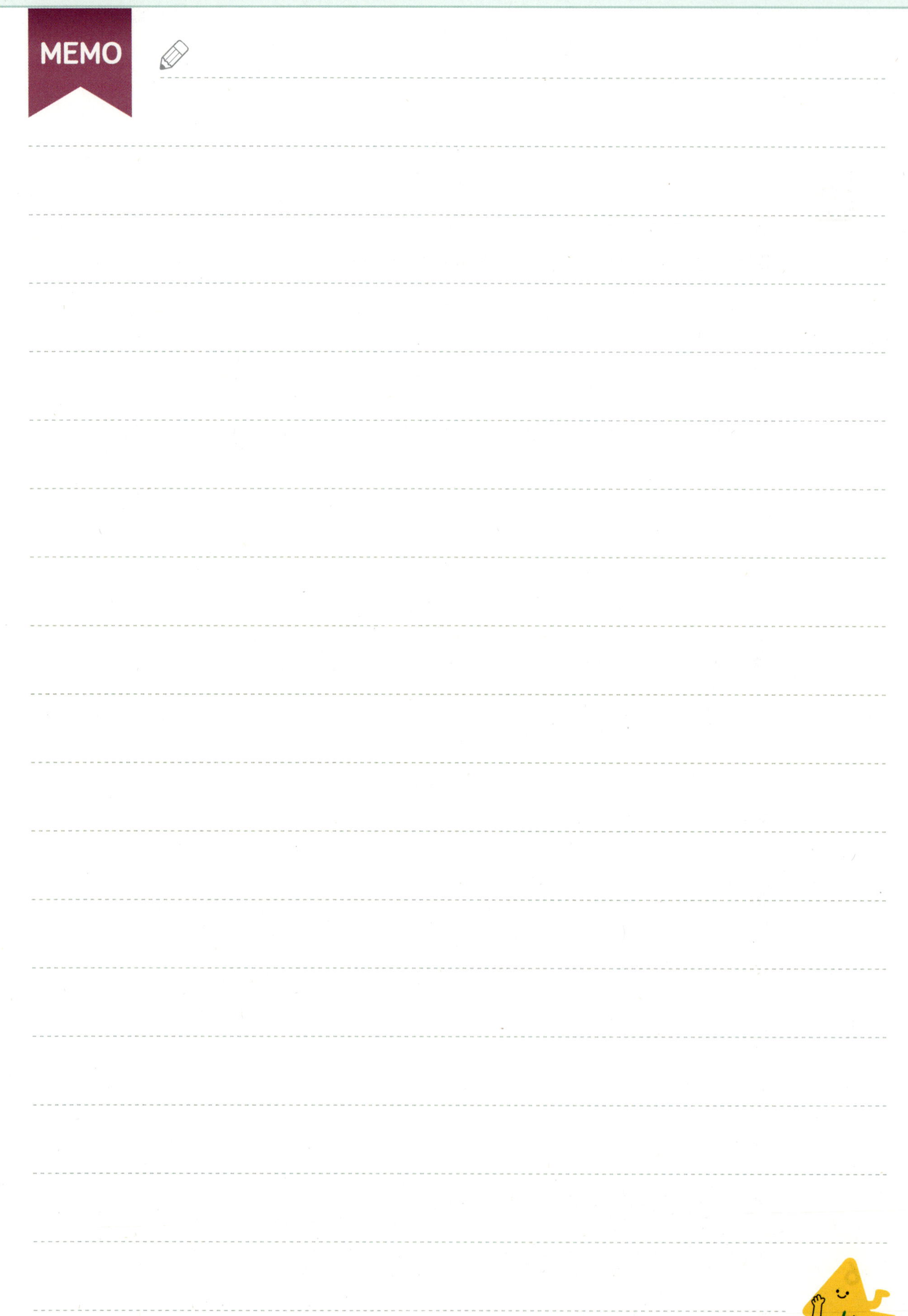

세 마리 토끼를 모두 잡았다!

재미 · 학습 · 복습

똑똑 초등 일력 초성 퀴즈

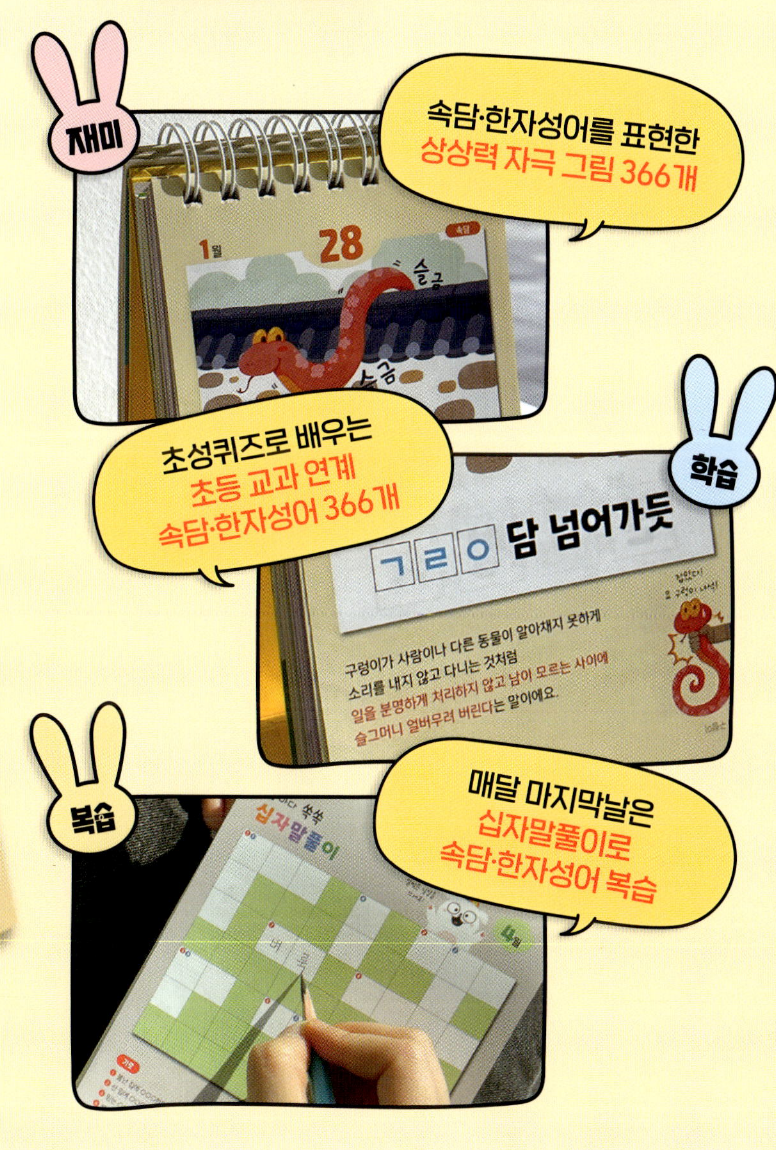

활용만점 똑똑한 일력

그림을 감상하며 사고력과 추리력을 기르고
속담과 한자성어 뜻을 공부하며 어휘력과 문해력을 높여 보세요.

매일 다른
336개의 그림으로
속담·한자성어
뜻을 추리해요.

사고력

속담·한자성어
초성퀴즈를 풀며
낱말의 뜻을 알고
의미를 기억해요.

어휘력

속담·한자성어
유래를 보며
맥락을 이해하고
표현을 사용해요.

문해력

똑똑 초등 국어 문해력

정답과 해설

2단계 | 기본편

초등 3·4학년

이투스북

똑독
똑똑한 독해, 똑독

똑똑

똑똑한 독해, 똑똑!

초등 국어 문해력

정답과 해설

2단계 | 기본편

초등 3·4학년

Q1

글의 내용 이 글의 글쓴이는 꿀벌이 사라지는 이유에 대한 전문가의 의견을 설명하고 있어요.

정답 사라지는 이유

해설 이 글에서 가장 많이 등장하는 낱말은 '꿀벌'이에요. 이 글에서는 꿀벌이 해충과 겨울철 이상 기온 때문에 사라진다고 말하고 있어요. 따라서 이 글은 꿀벌이 사라지는 이유에 대해 설명한 것임을 알 수 있어요.

Q2

글의 내용 이 글은 사람에게 필요한 에너지를 만드는 영양소에 대해 설명하고 있어요.

정답 에너지를 만드는 영양소

해설 이 글은 사람이 살아가는 데 필요한 에너지를 만드는 필수 영양소 3가지의 특성에 대해 말하고 있어요. 사람에게 필요한 에너지가 무엇인지는 설명하고 있지 않아요.

Q3

글의 내용 이 글은 네 잎 클로버가 행운의 상징이 된 배경에 대해 말하고 있어요.

정답 [1] 나폴레옹은, 발견했어요 [2] 숙였어요
[3] 총알 [4] 행운의 상징

해설 이 글을 문장의 기본 형태를 생각하며 간추려 보면, [1] '19세기 초, 나폴레옹은 네 잎 클로버를 발견했어요.', [2] '나폴레옹은 네 잎 클로버를 들여다보려고 고개를 숙였어요.', [3] '그 순간 그의 머리 위로 총알이 지나갔어요.', [4] '네 잎 클로버는 행운의 상징이 되었어요.'로 정리할 수 있어요.

Q4

글의 내용 이 글은 에디슨의 연구에 대한 열정과 백열전구를 발명하게 된 계기에 대해 이야기하고 있어요.

정답 [1] ✕ [2] ✕ [3] ○

해설 [1] 에디슨이 백열전구를 발명하기 전에도 전구는 있었어요. [2] 에디슨은 돈을 벌기 위해 열차 신문 판매원으로 일했어요. [3] 에디슨은 열차 실험실에 불이 나서 차장에게 얻어맞고 청각 장애를 얻었어요. 따라서 열차 실험실에 불이 난 사건은 에디슨이 청각 장애를 얻게 된 원인으로 볼 수 있어요.

Q5

글의 내용 이 글은 '유럽 연합(EU)'이 탄생하게 된 배경에 대해 이야기하고 있어요.

정답 탄생

해설 이 글은 오랜 기간 전쟁을 치러 온 유럽 사람들이 힘을 하나로 모으기로 결심한 이유에 대해 설명하고 있어요. 이와 같은 내용은 유럽의 여러 나라들이 '유럽석탄철강공동체'를 거쳐 오늘날 하나의 '유럽연합'이 된 배경을 말해 주는 것이므로, 이 글의 제목은 '유럽 연합의 탄생'이 가장 어울려요.

Q6

글의 내용 이 글은 지구의 내부 구조를 설명하고 있어요.

정답 [1] 내핵 [2] 외핵 [3] 맨틀 [4] 지각

해설 [1] 지구의 제일 안쪽은 핵이 자리하고 있는데, 핵의 안쪽 부분을 '내핵'이라고 했어요. [2] 핵의 바깥쪽 맨틀과 가까운 층을 '외핵'이라고 했어요. [3] 지구의 딱딱한 겉부분의 안쪽을 '맨틀'이라고 했어요. [4] 지구의 가장 겉 부분을 '지각'이라고 부른다고 했어요.

Q7

글의 내용 이 글은 지구에 미치는 달의 영향과 중요성에 대해 설명하고 있어요.

정답 ㉠, ㉡, ㉢

해설 달은 태양을 도는 지구가 일정한 기울기를 유지할 수 있도록 지구를 당긴다고 했어요. 달이 사라져도 지구가 태양 주위를 돌겠지만 일정한 기울기를 유지할 수 없어 지구의 기온이 불안정하게 변하게 될 거예요. 또한 지구의 자전 속도가 빨라져서 하루의 길이가 짧아질 거예요. 밀물과 썰물 현상이 없어짐에 따라 바다 생물의 터전인 갯벌이 사라지게 될 것임을 알 수 있어요.

Q8

글의 내용 이 글은 햄버거라는 음식이 생기게 된 과정과 그 이름의 유래를 보여 주고 있어요.

정답 [1] 타타르족, 넣고 [2] 다져졌고 [3] 전해졌어요
[4] 함부르크, 함부르크 스테이크 [5] 햄버거

해설 [1] 이 글의 첫 문장은 몽골의 '타타르족'이 고기를 말 안장 밑에 '넣고' 다녔다고 말하고 있어요. [2] 이 글의 두 번째 문장을 보면 타타르족의 고기 보관 방법으로 고기가 부드럽게 '다져졌고' 숙성까지 되었다고 했어요. [3] 이 글의 세 번째 문장은 이 요리법이 러시아에 '전해졌다'고 했어요. [4] 이 글의 네 번째 문장은 '함부르크' 상인들이 이 음식을 독일로 전파하며 '함부르크 스테이크'라고 불렀음을 말해 주고 있어요. [5] 이 글의 다섯 번째 문장은 19세기 초반에 미국 사람들이 이를 '햄버거'라고 부르기 시작했다고 말하고 있어요.

Q1~Q2

글의 내용 이 글은 '비교'라는 설명 방식으로 새와 사람의 공통점과 차이점을 설명하고 있어요.

정답 **Q1** 비교　　**Q2** [1] 뼈 [2] 턱

해설 **Q1** 1문단의 두 번째 문장을 보면 이 글이 새와 사람의 특징을 '비교'하는 것임을 한눈에 파악할 수 있어요. 따라서 글쓴이는 이 글을 쓰기 전에 새와 사람의 특징을 비교하여 보여 주어야겠다는 생각을 했음을 알 수 있어요.
Q2 [1] 1문단에서는 새의 뼈는 속이 비어 있어 가벼운 데 반해 사람의 뼈는 상당히 무겁다고 했어요. [2] 2문단에서 사람은 턱을 가지고 있는 데 반해, 새는 턱이 없다고 했어요.

Q3

글의 내용 이 글은 척추동물을 포유류, 조류, 파충류, 양서류, 어류로 구분하고 그 특징에 대해 이야기하고 있어요.

정답 몸의 온도, 피부 상태, 호흡 기관, 번식 방법

해설 이 글에서는 척추동물을 몸의 온도가 일정한 포유류와 조류, 그렇지 않은 파충류, 양서류에 대해 설명하고 있어요. 또한 호흡 기관으로 폐를 가진 포유류와 조류, 아가미를 가진 어류에 대해 말하고 있어요. 피부가 비늘로 덮힌 파충류와 촉촉한 피부를 가진 양서류도 구분해 설명하고 있어요. 번식 방법으로 새끼를 낳는 포유류와 알을 낳는 조류, 파충류, 어류 등의 특성을 설명하고 있어요.

Q4

글의 내용 이 글은 우리 몸의 뼈마디인 관절을 인대와 미끌액, 물렁뼈로 나누어 그 역할에 대해 분석하고 있어요.

정답 수철

해설 [1] 이 글은 우리 몸의 뼈마디가 인대와 미끌액, 물렁뼈로 이루어져 있음을 밝히고, 그 각각의 역할에 대해 설명하고 있어요. 이렇게 어떤 대상을 각 부분들로 나누어 설명하는 방법을 '분석'이라고 해요. 여러 대상의 공통점과 차이점을 설명하는 방법은 '비교', 여러 대상을 기준에 따라 같은 것끼리 묶어 설명하는 방법은 '분류'라고 해요.

Q5

글의 내용 이 글은 우리나라 전통 현악기인 거문고와 가야금의 특징을 비교하여 설명하고 있어요.

정답 [1] 공통점 [2] 하지만 [3] 연주

해설 [1] 1문단에서 거문고와 가야금은 오동나무와 명주실로 만든 악기라는 '공통점'이 있다고 했어요. [2] 1문단에서는 거문고와 가야금의 공통점을, 2문단에서는 거문고와 가야금의 차이점에 대해 이야기하고 있어요. 두 문단은 '하지만'이라는 이어 주는 말로 연결되어 있어요. [3] 2문단에서는 거문고와 가야금의 줄의 개수와 연주 방식이 차이가 있다고 말하고 있어요.

Q6

글의 내용 이 글은 경제 활동을 하면서 느끼는 만족감과 관련있는 표현인 '효용'과 '한계 효용'을 예를 통해 설명하고 있어요.

정답 [1] ㉠ [2] ㉡

해설 [1] 아이가 목이 말라 처음 물을 마시고 느끼는 만족감을 '효용'이라고 했어요. [2] 목이 말라 물을 마신 아이가 한 잔을 더 마실 때 더해지는 만족감을 '한계 효용'이라고 했어요.

Q7

글의 내용 이 글은 전세계를 5대양 6대주로 나누어 구분하고 있어요.

정답 [1] 5대양 [2] 인도양 [3] 오세아니아 [4] 남극 대륙

해설 [1] 진 세계는 다섯 개의 큰 바다인 5대양과 여섯 개의 큰 육지인 6대주로 이루어져 있다고 했어요. [2] 5대양은 태평양, 대서양, 인도양, 북극해, 남극해를 이른다고 했어요. [3] 6대주에는 아시아, 아프리카, 유럽, 남아메리카, 북아메리카와 오세아니아가 있다고 했어요. [4] 6대주에 남극 대륙을 더해 7대주로 부른다고 했어요.

Q8

글의 내용 이 글은 액체형 손난로를 만드는 방법을 순서에 따라 설명하고 있어요.

정답 ㉢, ㉠, ㉣, ㉡

해설 맨 처음 아세트산나트륨을 넣은 지퍼백에 물을 더해 흔들어 준다고 했어요. 그러고 나서 금속 조각을 지퍼백에 넣고 다리미로 지퍼백의 입구를 봉한다고 했어요. 마지막으로 지퍼백을 끓여 주면 손난로가 완성된다고 설명했어요.

Q1~Q2

글의 내용 이 글은 농산물의 성장을 관리하는 첨단 기술인 스마트팜의 적용 효과에 대해 설명하고 있는 있어요.

정답 **Q1** [1] 관리　[2] 생산성　[3] 환경 오염　**Q2** ㉠, ㉡, ㉢

해설 **Q1** [1] 1문단에서 농사를 잘 짓기 위해서는 지속적인 관리가 필요하다고 했어요. [2] [3] 2문단에서는 스마트팜의 효과에 대해 이야기하며, 스마트팜을 이용하면 환경 오염을 막을 수 있고, 생산 비용을 줄일 수 있을 뿐 아니라 생산성도 높일 수 있다고 했어요.

Q2 2문단에서는 스마트팜을 도입하면 생산 비용을 줄일 수 있고, 생산성은 높일 수 있다고 했어요. 또한 농약이나 화학 비료 등의 사용을 줄이고 에너지를 절감할 수 있어 환경 오염을 막을 수 있다고 했어요. 이와 같이 이 글의 내용을 요약할 때 스마트팜을 도입하면 얻을 수 있는 효과를 적어 줄 수 있어요.

Q3~Q4

글의 내용 이 글은 세금의 의미, 세금의 종류, 각각 세금의 쓰임을 자세하게 말해 주고 있어요.

정답 **Q3** [1] 살림　[2] 종류　[3] 중앙　[4] 교육비　[5] 방위비　**Q4** 국민, 국세, 지방세

해설 **Q3** [1] 1문단에서는 세금이 나라 살림을 꾸리기 위해 국민으로부터 걷는 돈이라고 설명하고 있어요. [2] 2문단에서는 세금의 종류를 국세와 지방세로 나누어 소개하고 있어요. [3] 2문단에서 국세는 중앙 정부가 걷는다고 했어요. [4] 3문단에서는 세금을 쓰임에 따라 경제 개발비와 교육비, 사회 개발비, 방위비로 구분하여 설명하고 있어요. [5] 3문단에서 국가의 장래를 책임질 미래의 인재를 기르는 데는 교육비가, 다른 나라의 침략으로부터 국민의 생명과 안전을 보호하기 위해 군사 시설을 늘리고 장비를 구입하는 데는 방위비가 쓰인다고 했어요.

Q4 내용을 간추릴 때는 이 글에서 설명하고 있는 세금의 의미, 세금의 종류, 세금의 쓰임에 대한 내용을 포함해야 해요. 세금은 나라 살림을 꾸려 가는 데 필요한 돈을 마련하기 위해 국민으로부터 걷는 돈이라고 했어요. 세금의 종류는 크게 국세와 지방세로 나뉜다고 했으며, 세금은 공공사업을 위해 다양하게 쓰인다고 했어요.

Q5~Q6

글의 내용 이 글은 쉽게 쓰고 버려지는 플라스틱 쓰레기가 환경을 오염시키는 원인임을 밝히고, 플라스틱 쓰레기를 줄이기 위한 세계 모든 나라 사람들의 노력이 필요함을 강조하고 있어요.

정답 **Q5** [1] 변　[2] 저렴　[3] 쓰레기　[4] 바다　[5] 세계 모든 나라 사람들　**Q6** 장점, 오염, 생태계, 쓰레기

해설 **Q5** [1] [2] 1문단에서 플라스틱은 쉽게 변하거나 깨지지 않고, 가격이 저렴한 장점이 있다고 말했어요. [3] [4] 2문단에서는 플라스틱이 너무 쉽게 쓰고 버려져서 토양과 바다를 오염시키고 생태계를 파괴하고 있다고 했어요. [5] 3문단에서는 세계 모든 나라 사람들이 플라스틱 쓰레기를 줄이기 위해 노력해야 한다고 했어요.

Q6 이 글의 내용을 간추릴 때는 플라스틱이 장점이 많아 우리 생활 곳곳에서 사용되고 있다는 점, 플라스틱이 쉽게 쓰고 버려져서 토양과 바다를 오염시키고 생태계를 파괴하고 있다는 점, 플라스틱 쓰레기를 줄이기 위해 세계 모든 나라 사람들이 노력해야 한다는 내용을 포함할 수 있어야 해요.

Q7~Q8

글의 내용 이 글은 조선 시대 실학자 박지원의 소설 『허생전』의 이야기를 통해 우리 시장에서 발생할 수 있는 독과점의 문제를 비판하고 있어요.

정답 **Q7** [1] 과일　[2] 독과점　[3] 문제점　**Q8** 영철

해설 **Q7** [1] 1문단은 소설 속 주인공 허생이 '과일'을 사들여 큰 돈을 번 이야기에 대해 말해 주고 있어요. [2] 2문단에서는 허생의 장사 방법이 독과점에 해당한다는 것을 밝히고, 그 뜻을 설명하고 있어요. [3] 3문단에서는 우리 일상생활에서 독과점으로 발생할 수 있는 문제점에 대해 이야기하고 있어요.

Q8 이 글에서는 '지아'의 말처럼 독과점을 해결하기 위한 법적 장치를 마련해야 한다거나 '한민'처럼 자신의 이익만을 생각하는 사람은 벌을 받게 된다는 이야기는 하고 있지 않아요. '영철'의 말처럼 시장에서 독과점이 발생하면 소비자가 높은 가격으로 상품을 구매하는 피해를 입게 된다는 것을 알려 주고 있어요.

글의 내용 이 글은 모기에 물렸을 때 몸의 반응과 대처 방법에 대해 말하고 있어요. 산란기의 암컷 모기만이 동물이나 사람의 피를 빨아 먹으며, 이것은 번식에 필요한 단백질을 얻으려는 활동이라는 거예요. 모기에 물리면 우리 몸의 항체가 반응하면서 부풀어 오르고 가려운 것인데, 물린 부위를 깨끗이 씻고 냉찜질을 하면 가려움을 줄일 수 있다는 정보를 전해 주는 글이에요.

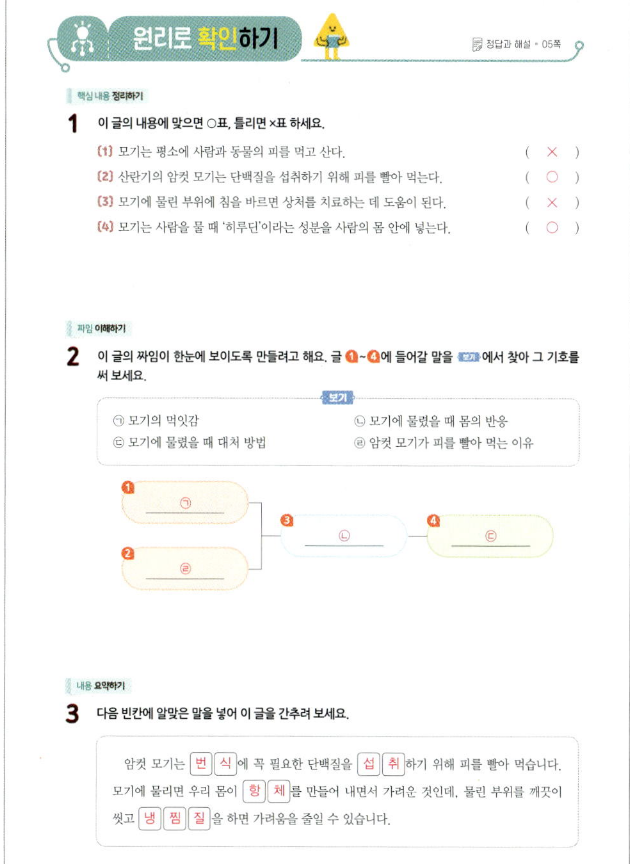

원리로 확인하기   정답과 해설 · 05쪽

핵심 내용 정리하기

1 이 글의 내용에 맞으면 ○표, 틀리면 ×표 하세요.

[1] 모기는 평소에 사람과 동물의 피를 먹고 산다.   (×)
[2] 산란기의 암컷 모기는 단백질을 섭취하기 위해 피를 빨아 먹는다.   (○)
[3] 모기에 물린 부위에 침을 바르면 상처를 치료하는 데 도움이 된다.   (×)
[4] 모기는 사람을 물 때 '히루딘'이라는 성분을 사람의 몸 안에 넣는다.   (○)

짜임 이해하기

2 이 글의 짜임이 한눈에 보이도록 만들려고 해요. 글 **1~4**에 들어갈 말을 **보기**에서 찾아 그 기호를 써 보세요.

보기
㉠ 모기의 먹잇감   ㉡ 모기에 물렸을 때 몸의 반응
㉢ 모기에 물렸을 때 대처 방법   ㉣ 암컷 모기가 피를 빨아 먹는 이유

내용 요약하기

3 다음 빈칸에 알맞은 말을 넣어 이 글을 간추려 보세요.

암컷 모기는 [번][식]에 꼭 필요한 단백질을 [섭][취]하기 위해 피를 빨아 먹습니다. 모기에 물리면 우리 몸이 [항][체]를 만들어 내면서 가려운 것인데, 물린 부위를 깨끗이 씻고 [냉][찜][질]을 하면 가려움을 줄일 수 있습니다.

문제로 확인하기   본문 · 024쪽

1 ①   **2** ②   **3** ③

1 모기에 물리지 않는 방법에 대한 내용은 이 글에서 찾을 수 없어요.

오답 풀이

② 1문단에서는 암컷과 수컷 모기는 평소에 식물의 수액, 꿀, 이슬을 먹고 산다고 했어요.
③ 2문단에서는 암컷 모기가 피를 빨아 먹는 것은 번식에 필요한 단백질을 얻기 위함이라고 말하고 있어요.
④ 4문단에서는 모기가 물린 곳을 깨끗이 씻고 냉찜질을 하면 가려움을 줄일 수 있다는 대처 방법을 말하고 있어요.

⑤ 3문단에서는 모기에 물린 곳에는 '히스타민'이라는 물질이 모이고 항체가 만들어지면서 빨갛게 부풀어 오르고 가려움을 느낀다는 몸의 반응을 말하고 있어요.

2 2문단에서 암컷 모기가 번식을 위해 단백질을 섭취한다고 설명하고는 있지만, 수컷 모기가 암컷 모기의 단백질 섭취를 돕는다고 한 내용은 확인할 수 없어요.

오답 풀이

① 1문단에서 모기의 암컷과 수컷 모두 평소에 식물의 수액이나 꿀, 이슬을 먹고 산다고 했어요.
③ 3문단에서 모기 침 속의 '히루딘'이라는 물질이 혈액이 굳는 것을 막아 주므로 모기가 혈액을 더 잘 빨 수 있다고 했어요.
④ 3문단에서 암컷 모기는 피를 빨 때 입으로 톱질을 하듯이 피부에 상처를 낸다고 했어요.
⑤ 3문단에서 모기에 물리면 '히스타민'이라는 물질이 물린 곳에 모여 항체를 만든다고 했어요.

3 주어진 내용은 암컷 모기가 피를 빨아 먹은 뒤 알을 낳는 것에 대한 내용이에요. 따라서 암컷 모기가 알을 낳기 위해 피를 빨아 먹는다는 이야기 뒤에 추가하는 것이 가장 어울려요.

어휘력 다지기   본문 · 025쪽

1 불청객   **2** 혈소판   **3** 항체   **4** 섭취
5 악화   **6** 번식

낱말 더 보기

• **부위**: 전체에 대하여 어떤 특정한 부분이 차지하는 위치
　예 되도록 상처 부위를 손으로 만지지 마라.
• **냉찜질**: 찬물에 적신 천이나 차가운 성질의 약품 따위를 사용하는 찜질
　예 의사는 염증이 난 부위에 냉찜질을 해 주라고 했다.
• **대처**: 어떤 정세나 사건에 대하여 알맞은 조치를 취함.
　예 우리는 신속한 대처로 위급한 상황에서 벗어날 수 있었다.
• **귀객**: 귀한 손님
　예 아버지는 먼 곳에서 찾아온 귀객을 정성을 다해 대접했다.
• **적혈구**: 붉은 색을 띤 혈액의 주요 성분으로 산소를 운반하는 역할을 하는 물질
　예 적혈구가 부족하면 혈액의 산소 운반 능력이 떨어지므로 빈혈이 발생한다.
• **항원**: 몸속에 침입하여 항체를 형성하게 하는 단백질 물질
　예 세균과 같은 항원이 몸속에 들어오면 항체가 이를 막아 낸다.

Day 05 어린이 비만의 원인

글의 내용 | 이 글은 어린이 비만의 원인을 되짚어 보고, 어린이 비만을 예방하기 위한 방법에 대해 소개하고 있어요. 성장에 방해가 되고 질병을 유발할 가능성을 높이는 어린이 비만은 변화한 식습관과 생활 환경, 부모로부터의 유전, 스트레스 등으로 생기는 경우가 많아요. 이를 예방하려면 건강한 식습관을 유지하고 운동하는 습관을 길러야 한다고 말하고 있어요.

원리로 확인하기

정답과 해설 · 06쪽

핵심 내용 정리하기

1 이 글의 내용에 맞으면 ○표, 틀리면 ×표 하세요.

(1) 스트레스는 비만의 원인이 될 수 있다. (○)
(2) 요즘 아이들은 열량이 높은 인스턴트 음식을 즐겨 먹는다. (○)
(3) 열량이 높은 음식을 먹고 그만큼 활동하지 않으면 비만이 될 수 있다. (○)
(4) 어린이 비만은 아이의 몸무게가 또래보다 30% 이상 높은 경우를 말한다. (×)
(5) 어린이 비만을 예방하려면 하루에 두 번 정도만 식사를 챙겨 먹는 것이 좋다. (×)

짜임 이해하기

2 이 글의 짜임이 한눈에 보이도록 만들려고 해요. 글 **1**~**5**의 빈칸에 들어갈 말을 보기 에서 찾아 그 기호를 써 보세요.

보기
㉠ 예방법   ㉡ 위험성   ㉢ 심리적 요인   ㉣ 유전적 요인   ㉤ 환경적 요인

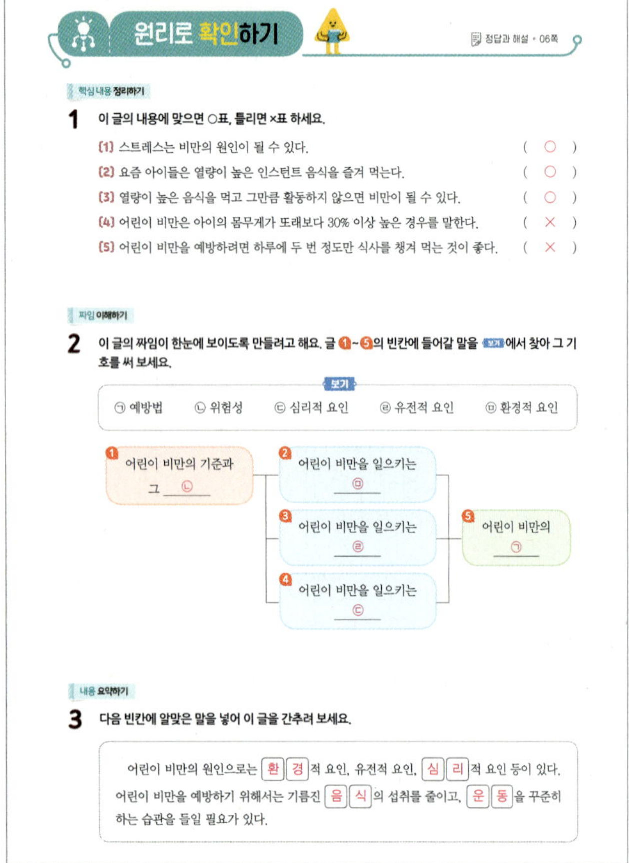

내용 요약하기

3 다음 빈칸에 알맞은 말을 넣어 이 글을 간추려 보세요.

어린이 비만의 원인으로는 **환경**적 요인, 유전적 요인, **심리**적 요인 등이 있다. 어린이 비만을 예방하기 위해서는 기름진 **음식**의 섭취를 줄이고, **운동**을 꾸준히 하는 습관을 들일 필요가 있다.

문제로 확인하기

본문 · 028쪽

1 ①   **2** ②   **3** 아인

1 1문단에서 몸 안에 지방이 늘어나면 '렙틴'이라는 물질이 생겨 식욕이 억제된다고 했어요. 비만은 과식을 하는 아이의 뇌가 이 물질이 생기는 것을 알아차리지 못해 생기는 것이에요. 따라서 '렙틴'은 비만을 일으키는 물질이라고 할 수 없어요.

오답 풀이
② 2문단에서는 어린이 비만을 일으키는 원인으로 열량 높은 음식을 즐기는 아이들의 식습관을 지적했어요.
③ 3문단에서는 부모와 자녀의 비만 정도를 조사한 결과를 바탕으로 어린이 비만을 일으키는 유전적 요인을 설명했어요.

④ 4문단에서는 어린이 비만을 일으키는 스트레스 같은 심리적 요인을 원인으로 지적했어요.
⑤ 5문단에서는 어린이 비만을 예방하기 위한 방법으로 올바른 식습관과 꾸준한 운동을 제시했어요.

2 3문단에서 부모가 비만인 경우 자녀가 뚱뚱해질 확률이 높다고 했어요.

오답 풀이
① 2문단에서 병은 어린이 비만의 원인 중 하나라고 했어요.
③ 4문단에서 스트레스를 받은 아이들은 높은 열량의 음식을 많이 찾는다고 했어요.
④ 1문단에서 어린이 비만은 고혈압, 심장병 등의 질병을 유발할 수 있다고 했어요.
⑤ 5문단에서 어린이 비만을 예방하기 위해 기름진 음식의 섭취를 줄여야 한다고 했어요.

3 2문단에서는 탄산음료는 열량이 높은 음식이라고 했어요. 이렇게 열량이 높은 음식을 즐겨 먹는 것이 비만의 원인이 된다고 했으므로, 아인의 말처럼 탄산음료를 즐겨 마시는 것은 어린이 비만을 예방하기 위한 방법으로 알맞지 않아요.

어휘력 다지기

본문 · 029쪽

1 비만   **2** 열량   **3** 성장판
4 심리적   **5** 악순환

낱말 더 보기

- **또래:** 나이나 수준이 서로 비슷한 무리
  예 내 동생은 <u>또래</u>보다 키가 크다.
- **식욕:** 음식을 먹고 싶어 하는 욕구
  예 날씨가 더워 <u>식욕</u>이 떨어졌다.
- **질병:** 몸의 온갖 병
  예 환경의 변화로 세계 곳곳에서 새로운 <u>질병</u>이 생기고 있다.
- **증가:** 양이나 수치가 늚.
  예 자동차 수의 <u>증가</u>로 도로가 꽉 막혔다.
- **확률:** 일정한 조건에서 어떤 일이 일어날 가능성의 정도
  예 오늘 흐린 날씨로 볼 때, 비가 올 <u>확률</u>이 높다.

것의 의미를 밝히고 있다는 점에서, '고구려 사신들을 아프라시압에 파견한 이유'는 3문단과 4문단 사이에 들어가는 것이 가장 알맞아요.

4 아프라시압 궁전 벽화 속 외교 사절단 중 마지막 두 사신의 복식은 고구려인임을 나타내는 근거로 볼 수 있다고 이미 설명하고 있어요. 따라서 외교 사절단 중 마지막 두 사신의 복식이 같은 이유를 떠올리는 것은 적당하지 않아요.

오답 풀이

① 3문단에서는 아프라시압 궁전 벽화 속 외교 사절단 중 마지막 두 사신이 상투머리에 새의 깃털을 꽂은 조우관을 쓰고 있다고 했어요. 이 글을 읽은 친구는 그 새의 깃털이 의미하는 것이 무엇인지에 대해 궁금증을 가질 수 있어요.

② 3문단에서 아프라시압 궁전 벽화 속 외교 사절단 중 마지막 두 사신이 고구려인일 것이라고 추정하는 이유에 대해 설명하고 있을 뿐, 나머지 사절단이 어느 나라 사람인지에 대해서는 이야기하고 있지 않아요. 따라서 그들이 어느 나라 사람인지 궁금할 수 있어요.

④ 2문단에서는 아프라시압 궁전 벽화가 7세기에서 8세기에 완성된 것으로 추정한다고 했어요. 따라서 그렇게 생각하는 근거가 무엇인지 궁금할 수 있어요.

⑤ 1문단에서는 아프라시압이 동서양 문화 교류에 중요한 역할을 했던 지역이라고 했어요. 따라서 그러한 역할을 할 수 있었던 구체적 이유에 대해 궁금할 수 있어요.

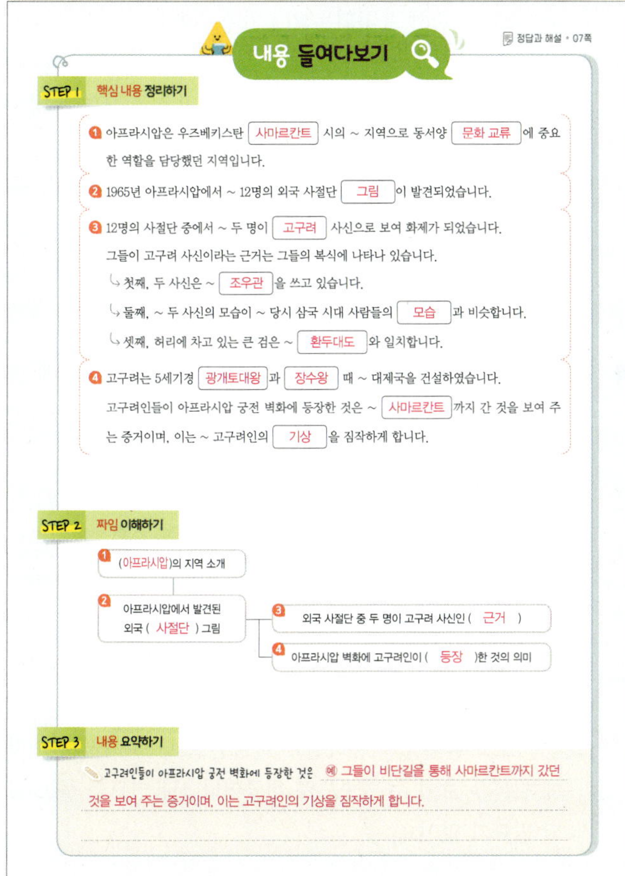

글의 내용 이 글은 우즈베키스탄 사마르칸트 시의 도시 유적에서 발견된 궁전 벽화의 의미를 통해 당시의 외교 상황을 짐작하여 설명하고 있어요. 그림 속에는 고구려인으로 보이는 두 사람이 등장하는데, 이를 통해 고구려인의 활동 영역과 그들의 기상을 짐작할 수 있다는 내용이에요.

어휘력 다지기

본문 • 035쪽

1 옷	2 서쪽	3 무역
4 사절단	5 기상	6 유적

낱말 더 보기

• **교류**: 문화나 생각 따위가 서로 통함.
  예 우리 학교는 외국 학교와 문화 교류를 하기로 했다.
• **짐작**: 사정이나 형편 따위를 어림잡아 헤아림.
  예 형이 나를 속일 줄은 짐작조차 못했다.

문제로 확인하기

본문 • 034쪽

1 ①, ⑤　　**2** ⑤　　**3** ④　　**4** ③

1 2문단에서는 아프라시압 궁전 벽화가 1965년에 발견되었다고 했어요. 3문단에서는 아프라시압 궁전 벽화의 두 인물을 고구려인으로 추정하는 이유를 세 가지 근거를 들어 설명하고 있어요.

2 3문단에서는 아프라시압 궁전 벽화 속 외교 사절단 중 마지막에 서 있는 두 명이 고구려 사신이라는 사실을 세 가지 근거를 들어 설명하고 있어요.

3 3문단에서는 아프라시압 궁전 벽화 속 12명의 외교 사절단 중에서 두 명이 고구려 사신이라는 내용을 이야기하고 있어요. 4문단에서 아프라시압 궁전 벽화에 고구려인이 등장한

글의 내용 　이 글은 바코드와 QR 코드의 특징과 쓰임에 대해 설명하고 있어요. 상품 관리와 도난을 방지하는 목적으로 바코드를 사용하고 있는데, 최근에는 바코드보다 많고 다양한 정보를 저장할 수 있는 QR 코드가 여러 분야에서 쓰이고 있다는 내용이에요.

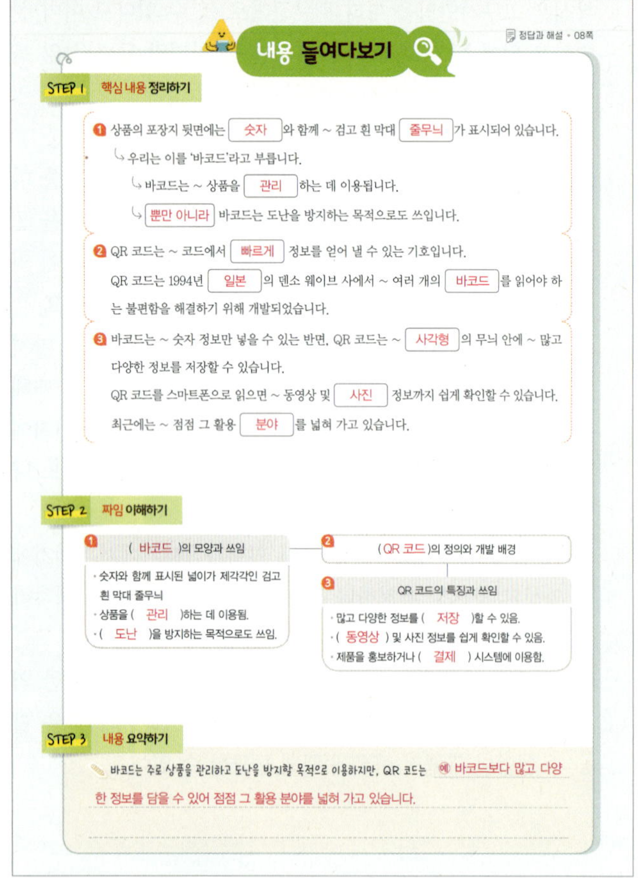

문제로 확인하기　　　본문 · 038쪽

1 ④　　**2** ⑤　　**3** ③　　**4** ④

1 이 글에서 바코드를 사용할 때 주의해야 할 사항에 대해서는 이야기하지 않았어요.

오답 풀이

① 1문단에서는 바코드의 모양을 '숫자와 함께 넓이가 제각각인 검고 흰 막대 줄무늬'라고 말하고 있어요.

② 3문단에서는 QR 코드가 제품을 홍보하거나 결제 시스템에 이용된다고 했어요.

③ 2문단에서는 하나의 작업을 하기 위해 여러 개의 바코드를 읽어야 하는 불편함을 해결하기 위해 QR 코드가 개발되었다고 했어요.

⑤ 3문단에서는 QR 코드에 최대로 숫자 7,089자, 문자 4,296자, 한자 1,817자를 담을 수 있다고 했어요.

2 1문단에서 바코드 안에는 상품을 만든 나라, 회사, 상품의 고유 번호, 상품 가격 등이 숨겨져 있다고 했어요. 바코드에 상품 판매자의 연락처가 담겨 있다는 내용은 찾아볼 수 없어요.

3 1문단의 내용으로 보아 숫자와 함께 정보를 표시하는 것은 바코드라고 할 수 있어요. QR 코드는 작은 점들이 모인 사각형 무늬로 숫자와 함께 표시되는 기호가 아니에요.

오답 풀이

①, ⑤ 3문단에서는 QR 코드를 스마트폰으로 읽으면 동영상 및 사진 정보를 쉽게 확인할 수 있다고 했어요.

② 3문단에서는 QR 코드가 '작은 점들이 모인 사각형의 무늬'라고 했어요.

④ 2문단에서 QR 코드는 '코드에서 빠르게 정보를 얻어 낼 수 있는 기호'라고 했어요.

4 QR 코드 결제를 이용하면 스마트폰으로 찍어 판매자에게 즉시 돈을 보낼 수 있다고 했으므로 통장 비밀번호를 판매자에게 알려 줄 필요는 없어요.

오답 풀이

① QR 코드는 상품을 산 사람의 통장에서 물건을 판 사람의 통장으로 즉시 돈을 보내는 시스템이므로 이를 이용하면 물건을 사고팔기가 쉬워져요.

② QR 코드로 결제를 하기 위해서는 스마트폰으로 QR 코드를 찍어야 한다고 했어요.

③ QR 코드 결제를 이용하면 스마트폰으로 그 즉시 판매자에게 돈을 보낼 수 있으므로 현금이나 신용카드를 들고 다닐 필요가 없어요.

⑤ QR 코드 결제를 이용하면 물건을 파는 사람은 신용카드 회사에 이용료를 낼 필요가 없으므로 그만큼 이익을 얻을 수 있어요.

어휘력 다지기　　　본문 · 039쪽

1 ⓒ　　**2** ⓒ　　**3** ㉠
4 방지　　**5** 홍보　　**6** 결제

낱말 더 보기

· **경보음**: 갑작스러운 사고나 위험을 알리는 소리
　예 불이 나자 건물 전체에 경보음이 울렸다.

· **분야**: 여러 갈래로 나누어진 범위나 부분
　예 그는 과학 분야에서 알아주는 발명가이다.

글의 내용

이 글은 물체에 작용하는 중력의 힘이란 무엇인지를 이야기하고 있어요. 중력의 의미에 대한 이해를 돕기 위해 달과 지구에서 중력의 크기가 다르게 작용한다는 것을 설명하고 있어요. 이렇게 중요한 중력의 힘이 사라졌을 때 발생할 수 있는 일에 대해 상세하게 이야기하고 있는 글이에요.

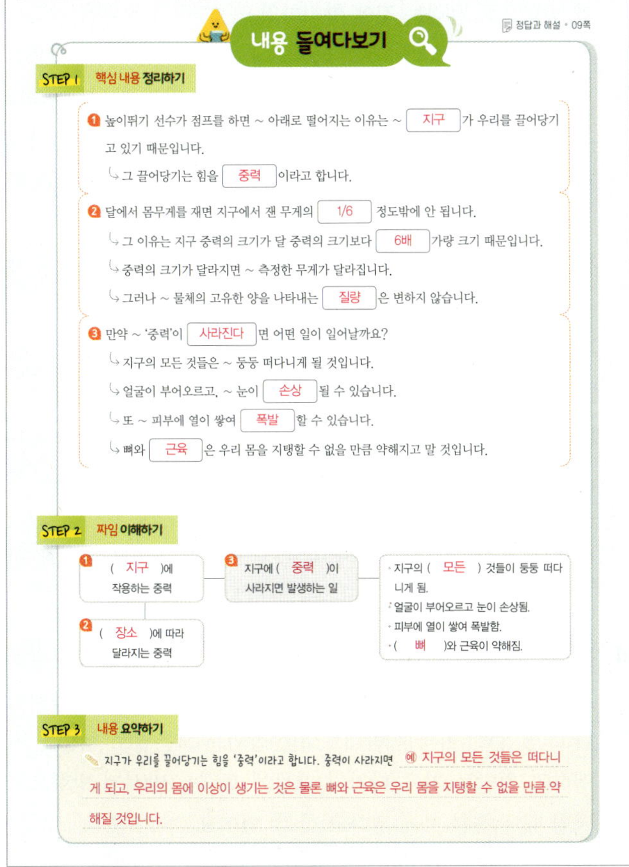

내용 들여다보기 🔍

정답과 해설 · 09쪽

STEP 1 핵심 내용 정리하기

❶ 높이뛰기 선수가 점프를 하면 ~ 아래로 떨어지는 이유는 ~ **지구** 가 우리를 끌어당기고 있기 때문입니다.
  └ 그 끌어당기는 힘을 **중력** 이라고 합니다.

❷ 달에서 몸무게를 재면 지구에서 잰 무게의 **1/6** 정도밖에 안 됩니다.
  └ 그 이유는 지구 중력의 크기가 달 중력의 크기보다 **6배** 가량 크기 때문입니다.
  └ 중력의 크기가 달라지면 ~ 측정한 무게가 달라집니다.
  └ 그러나 ~ 물체의 고유한 양을 나타내는 **질량** 은 변하지 않습니다.

❸ 만약 ~ '중력이 **사라진다** 면 어떤 일이 일어날까요?
  └ 지구의 모든 것들은 ~ 둥둥 떠다니게 될 것입니다.
  └ 얼굴이 부어오르고, ~ 눈이 **손상** 될 수 있습니다.
  └ 또 ~ 피부에 열이 쌓여 **폭발** 할 수 있습니다.
  └ 뼈와 **근육** 은 우리 몸을 지탱할 수 없을 만큼 약해지고 말 것입니다.

STEP 2 짜임 이해하기

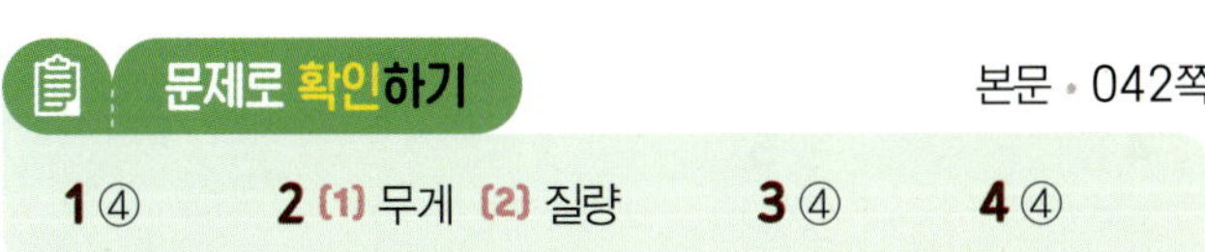

❶ (**지구**)에 작용하는 중력
❷ (**장소**)에 따라 달라지는 중력
❸ 지구에 (**중력**)이 사라지면 발생할 일
· 지구의 (**모든**) 것들이 둥둥 떠다니게 됨.
· 얼굴이 부어오르고 눈이 손상됨.
· 피부에 열이 쌓여 폭발함.
· (**뼈**)와 근육이 약해짐.

STEP 3 내용 요약하기

✎ 지구가 우리를 끌어당기는 힘을 '중력'이라고 합니다. 중력이 사라지면 예 지구의 모든 것들은 떠다니게 되고, 우리의 몸에 이상이 생기는 것은 물론 뼈와 근육은 우리 몸을 지탱할 수 없을 만큼 약해질 것입니다.

문제로 확인하기

본문 · 042쪽

1 ④　　2 (1) 무게 (2) 질량　　3 ④　　4 ④

1 3문단에서는 중력이 사라진다면 발생할 수 있는 일들에 대해 말하고 있어요. 중력이 사라지면 열이 땀으로 나오지 않는다고 했으므로 땀이 많이 난다는 설명은 알맞지 않아요.

오답 풀이

① 3문단에서는 중력이 사라지면 안압이 높아져 눈이 손상될 수 있다고 했어요.
② 3문단에서는 중력이 사라지면 혈압이 상승하여 얼굴이 부어오른다고 했어요.
③ 3문단에서는 중력이 사라지면 지구의 모든 것들이 둥둥 떠다니게 될 것이라고 했어요.

⑤ 3문단에서는 중력이 사라지면 뼈와 근육이 약해질 수 있다고 했어요.

2 2문단에서 지구에서 재는 몸무게와 달에서 재는 몸무게는 중력의 크기가 다르기 때문에 측정한 무게가 다르다고 했어요. 이에 반해 질량은 물체가 가진 고유한 양이므로 지구에서나 달에서나 다르지 않다고 했어요.

3 1문단에서 지구가 우리를 끌어당기는 힘을 중력이라고 했어요. 따라서 중력은 지구의 방향, 즉 아래쪽을 향해 작용하는 힘이라고 할 수 있어요. 자석이 다른 극끼리 서로 끌어당기는 것은 '자기력'이라는 자석의 힘이 작용한 것으로, 아래 방향으로 작용하는 중력과는 큰 관련이 없는 현상이에요.

4 2문단에서 달에서 잰 몸무게는 지구에서 잰 몸무게의 1/6 정도밖에 되지 않는다고 했어요. 그 이유는 지구 중력의 크기가 달의 중력의 크기보다 6배가량 크기 때문이라고 했어요. 지구의 중력이 달의 중력에 비해 크다고 한 것으로 보아, 중력의 크기가 큰 곳에서 잰 몸무게가 더 무거울 수 있다는 것을 알 수 있어요. 지구에서 잰 몸무게가 78kg인 사람이 달에서 몸무게를 쟀을 때 13kg, 화성에서 몸무게를 쟀을 때는 30kg 정도 나왔다면 물체에 작용하는 중력의 크기는 달보다는 화성이, 화성보다는 지구가 크다고 할 수 있어요.

어휘력 다지기

본문 · 043쪽

1 ㉠　　2 ㉡　　3 ㉢
4 작용할　　5 상승하면서　　6 지탱한

🔍 낱말 더 보기

· **고유**: 원래부터 그것만이 가지고 있는 것
  예 설날은 우리나라 고유의 명절이다.
· **무중력**: 중력이 없는 것처럼 느끼는 현상
  예 무중력 상태에서는 물체가 아래로 떨어지지 않는다.
· **갑작스럽다**: 미처 생각할 겨를이 없이 급하게 일어난 데가 있다.
  예 나는 선생님의 갑작스러운 부름에 교무실로 달려갔다.

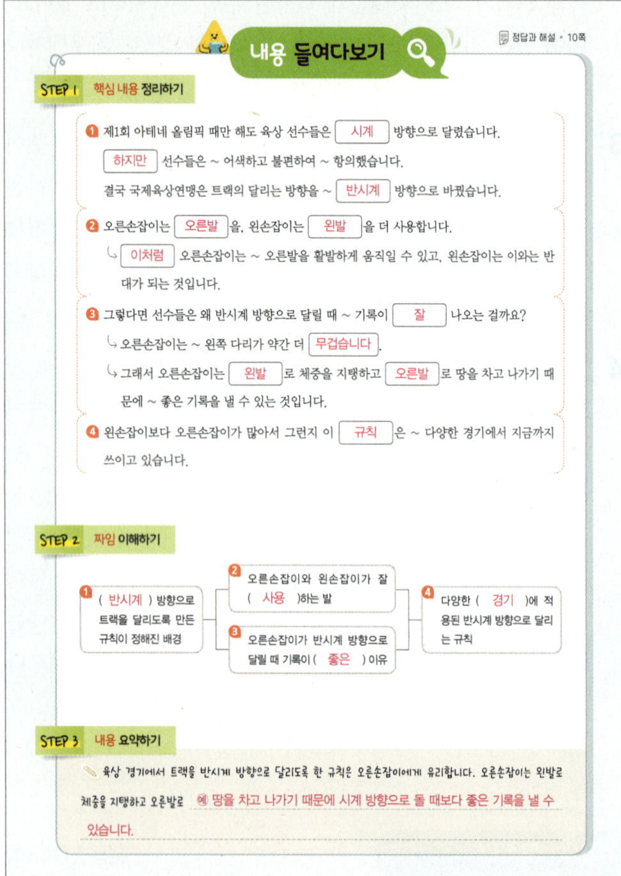

2 육상 선수들이 항의를 한 후에 국제육상연맹에서 트랙의 방향을 반시계 방향으로 바꿨다고 했으므로, 육상 선수들이 요구한 것은 트랙의 달리는 방향을 반시계 방향으로 바꾸는 것이었음을 알 수 있어요.

3 1문단에서 제1회 아테네 올림픽 때 육상 선수들은 트랙을 시계 방향으로 달리는 것에 항의하였고, 그 결과 트랙을 달리는 방향을 오른손잡이에게 유리하도록 반시계 방향으로 바꿨다고 했어요. 따라서 시계 방향으로 트랙을 달린 제1회 아테네 올림픽 육상 경기는 왼손잡이에게 유리했다는 것을 짐작해 볼 수 있어요.

오답 풀이
① 3문단에서 오른손잡이는 오른쪽 다리보다 왼쪽 다리에 체중이 쏠린다고 했어요.
② 2문단에서 오른손잡이는 왼발을 축으로 하여 오른발로 공을 찬다고 했어요.
③ 3문단에서 오른손잡이는 시계 방향보다 반시계 방향으로 달릴 때 더 편안함을 느끼고 좋은 기록을 낼 수 있다고 했어요.
⑤ 4문단에서 국제육상연맹이 육상 트랙의 방향을 반시계 방향으로 바꾼 뒤에도 반발은 있었다고 했어요.

4 3문단에서는 오른손잡이가 왼발로 체중을 지탱하고 오른발로 차고 나가기 때문에 트랙을 반시계 방향으로 달릴 때 유리하다고 했어요. 이와는 반대로 왼손잡이는 오른발로 체중을 지탱하고 왼발로 차고 나가기 때문에 트랙을 반시계 방향으로 달릴 때 손해를 보게 된다고 할 수 있어요.

📋 문제로 확인하기　　본문 • 046쪽

1 ①　　2 ②　　3 ④　　4 오른쪽, 오른발, 반시계, 시계

1 육상 경기에 어떤 종목들이 있는지는 이 글에서 찾을 수 없어요.

오답 풀이
② 3문단에서 오른손잡이는 체중이 쏠리는 왼쪽 다리가 약간 더 무겁다고 했어요.
③ 2문단에서 오른손잡이는 주로 오른발을 더 사용한다고 했어요.
④ 4문단에서 육상 트랙의 방향을 반시계 방향으로 달리는 경기에는 스피드 스케이팅, 쇼트 트랙, 야구, 사이클 등이 있다고 했어요.
⑤ 1문단에서 선수들의 항의로 국제육상연맹이 트랙의 달리는 방향을 바꾸었다고 했어요.

💬 어휘력 다지기　　본문 • 047쪽

1 축　　　　2 손해　　　　3 항의
4 ㉡　　　　5 ㉠

🔍 낱말 더 보기

• **트랙**: 육상 경기에서 경기를 할 때 달리도록 만든 길
　㉹ 육상 선수들이 출발 신호에 맞춰 트랙을 달렸다.
• **어색하다**: 맞지 아니하여 자연스럽지 아니하다.
　㉹ 새로 산 신발이 입은 옷과 어울리지 않아 어색하다.
• **반시계**: 시곗바늘이 돌아가는 방향과 반대되는 방향
　㉹ 시곗바늘을 되돌려 반시계 방향으로 감았다.
• **스피드 스케이팅**: 속도로 승부를 겨루는 스케이팅
• **쇼트 트랙**: 실내 트랙에서 하는 스피드 스케이트 경기. 또는 그 트랙

 이 글은 우리 몸의 기관을 가리키는 아킬레스건이 또 다른 의미를 갖게 된 배경을 신화 속 이야기를 통해 말해 주고 있어요. 최고의 전사 아킬레스가 약점인 발뒤꿈치에 독화살을 맞고 전사한 이야기에서 아킬레스건이 '치명적 약점'이라는 뜻을 가지게 되었다고 이야기하고 있어요.

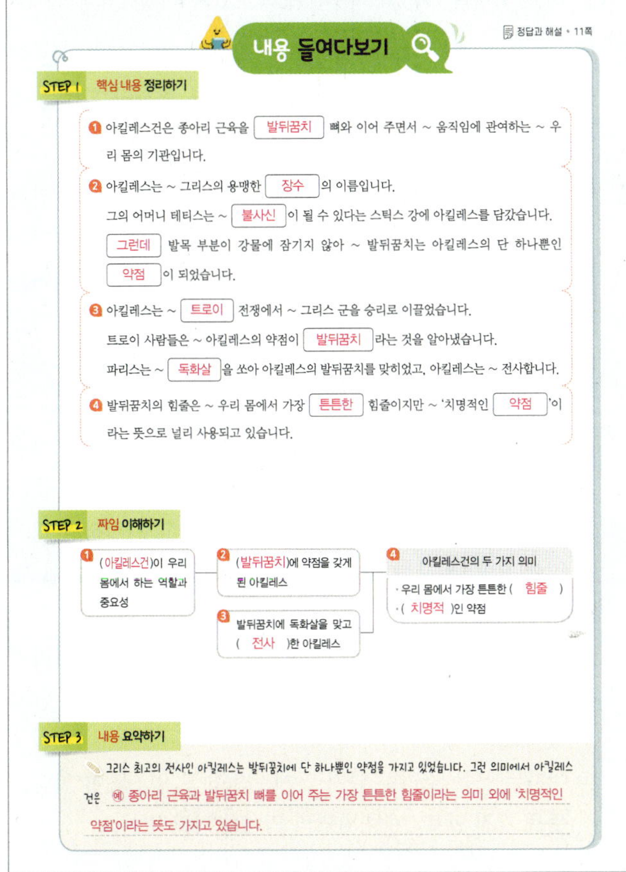

약점을 알아냈고, 아킬레스는 트로이의 왕자 파리스가 쏜 독화살에 발뒤꿈치를 맞고 전사했다고 했어요.

3 4문단에서 '아킬레스건'은 우리 몸에서 가장 튼튼한 힘줄을 가리키지만 사람마다 각각 다르게 가지고 있는 어떤 '치명적인 약점'을 뜻하는 말로도 쓰인다고 했어요.

4 ④의 '아킬레스건'은 우리 몸의 일부분을 일컫는 말로 쓰였어요.

오답 풀이

① 출생률이 낮아지는 것은 우리 사회에 심각한 문제를 가져올 수 있어요. 따라서 출생률이 낮아지는 것이 '치명적인 약점'이라는 의미로 쓰인 문장이라고 이해할 수 있어요.

② 노래 실력이 '치명적인 약점'이라는 의미로 쓰인 문장이에요.

③ 상대팀의 '치명적인 약점'을 알려 준다는 의미로 쓰인 문장이에요.

⑤ 지구력이 '치명적인 약점'이라는 의미로 쓰인 문장이에요.

어휘력 다지기

본문 · 051쪽

1 관여	**2** 약점	**3** 기관
4 용맹	**5** ㉠	**6** ㉡

낱말 더 보기

- **종아리**: 무릎과 발목 사이의 뒤쪽 근육 부분
  예 옛날에는 잘못한 일이 있으면 웃어른께 <u>종아리</u>를 맞았다.
- **서사시**: 역사적 사실이나 영웅의 모험 등을 풀어 쓴 시
  예 이 책은 영웅들의 위대한 모험을 담은 <u>서사시</u>예요.
- **전사(戰士)**: 전투하는 군사
  예 그는 전쟁에서 한 번도 패한 적이 없는 최고의 <u>전사</u>이다.
- **영웅**: 지혜가 뛰어나고 용감하여 보통 사람이 하기 어려운 일을 해내는 사람
  예 이 어려움을 극복한 사람이 진정한 <u>영웅</u>이다.
- **어처구니없다**: 일이 너무 뜻밖이어서 기가 막히는 듯하다.
  예 별일 아닌 걸로 화를 내다니, 정말 <u>어처구니없다</u>.
- **지구력**: 오랫동안 버티며 견디는 힘
  예 오래달리기는 <u>지구력</u>을 시험하기에 안성맞춤이다.

문제로 확인하기

본문 · 050쪽

1 발뒤꿈치	**2** ㉤, ㉠, ㉣, ㉢, ㉡	**3** ②, ④	**4** ④

1 2문단에서 아킬레스의 단 하나뿐인 약점은 '발뒤꿈치'라고 했어요.

2 2문단은 아킬레스가 강력한 몸을 가지게 되었지만 발뒤꿈치에 치명적인 약점을 지니게 된 배경을 이야기하고 있어요. 바다의 여신 테티스는 아킬레스를 불사신이 될 수 있다는 스틱스 강에 담갔지만 아킬레스의 발목 부분이 스틱스 강에 잠기지 않아 불사신의 몸이 되지 못했고, 발뒤꿈치가 그의 치명적인 약점이 되었다는 내용이에요. 3문단에서는 그리스 최고의 전사가 된 아킬레스가 트로이 전쟁을 승리로 이끌었다고 했어요. 다시 시작된 전쟁에서 트로이 사람들은 아킬레스의

글의 내용 이 글은 우리가 사용하는 말과 속담 속에 담긴 여성 차별을 문제 삼고 있어요. 과거에는 얌전하고 조용한 성격의 여성을 최고라 여겼으며, 가정을 돌보며 남편을 잘 뒷바라지 하는 것을 옳은 일이라고 생각했어요. 글쓴이는 시대가 변했음에도 여전히 이러한 사회적 인식이 우리의 말과 속담 속에 녹아 있다는 점을 지적하고 있어요.

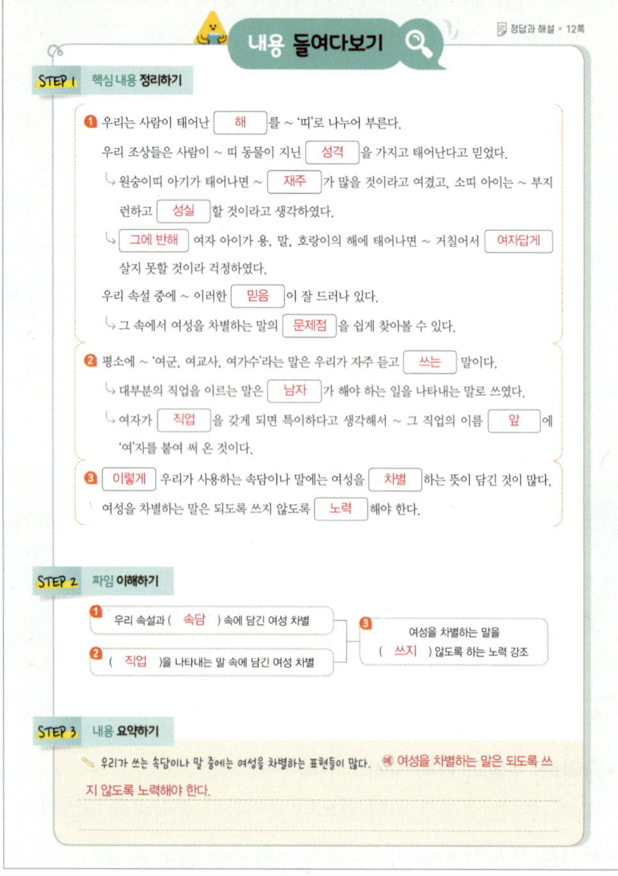

③ 1문단에서 과거 우리 조상들은 여자가 용띠, 말띠, 호랑이띠로 태어나면 거칠어서 여자답게 살지 못할 것이라고 걱정했다고 했어요. 이것은 용, 말, 호랑이를 여성스러움과는 거리가 먼 동물로 생각했기 때문이에요.

⑤ 1문단에서 우리 조상들은 사람이 태어난 해의 띠 동물이 지닌 성격을 가지고 태어난다고 믿었다고 했어요.

2 글쓴이의 생각은 마지막 3문단에 나와 있어요. 글쓴이는 여성을 차별하는 말은 되도록 쓰지 않도록 노력해야 한다는 것을 주장하고 있어요.

3 '남자는 이레 굶으면 죽고 여자는 열흘 굶으면 죽는다.'라는 속담은 어려움에 처했을 때 여자가 남자보다 더 잘 견딘다는 의미를 담고 있어요. 이 속담은 여성을 직접적으로 차별하는 뜻을 가진 말로 볼 수 없어요.

오답 풀이

① 여자는 집 안에서 살림하며 사는 것이 가장 바람직한데 똑똑해서 바깥 일을 하는 여자는 복이 없다라는 뜻을 가진 말로, 여성 차별의 의미를 담고 있어요.

② 가정에서 아내가 남편을 제쳐 놓고 떠들고 간섭하면 집안일이 잘 안 된다는 뜻을 가진 말로, 여성 차별의 의미를 담고 있어요.

③ 여성의 지위가 남성보다 낮고 여성은 남성을 잘 뒷바라지 해야 한다는 의미를 가진 말로, 여성 차별의 의미를 담고 있어요.

④ 여자는 웃음 소리가 나지 않게 조용하고 얌전해야 한다는 뜻을 가진 말로, 여성 차별의 의미를 담고 있어요.

4 글쓴이는 직업군에서 여성을 차별하는 것에 대해 반대하고 있어요. 따라서 글쓴이는 우주 비행사, 잠수부 같은 위험한 직업군에 여성들이 진출하고 있다는 사실을 보고, 위험한 직업이 남자만의 몫이 아니고 남녀 모두 가능한 직업이라는 사회 분위기가 만들어지고 있다고 말할 수 있어요.

문제로 **확인**하기   본문 · 056쪽

1 ④   **2** ②   **3** ⑤   **4** ④

1 2문단에서는 과거 사회에서 여성은 가정을 돌보며 남편을 잘 뒷바라지하는 것을 옳은 일로 여겼다고 했어요.

오답 풀이

① 1문단에서 사람이 태어난 해는 12가지 동물 이름으로 나타내는데, 이를 '띠'로 나누어 부른다고 했어요.

② 2문단에서 '여군, 여교사'와 같이 직업 앞에 '여'자를 붙여 써 온 것은 여자가 직업을 갖게 되면 특이하다고 생각했기 때문이라고 했어요. 이것은 직업에 있어 여성을 차별하는 생각을 나타낸다고 할 수 있어요.

어휘력 **다지기**   본문 · 057쪽

1 성실하다   **2** 특이하다   **3** 한평생   **4** 뒤
5 한   **6** 바가지

낱말 더 보기

• 띠: 자신이 태어난 해를 상징하는 동물의 이름을 붙여서 부르는 말
  예 오늘자 신문에 띠별로 운세가 적혀 있다.

이 글은 SNS가 무엇인지를 소개하고, SNS의 특징과 뛰어난 전파력, 그리고 그 상업적 활용에 대해 설명하고 있어요. 1인 미디어를 의미하는 SNS는 온라인 매체라는 특성으로 인해 모르는 사람과도 쉽게 친구를 맺을 수 있어요. 친구라면 누구나 쉽고 빠르게 정보를 주고받을 수 있는 장점이 있지요. 이러한 장점을 활용하여 다양한 상품을 소개하고 판매하는 소셜 커머스가 큰 인기를 끌고 있다고 이야기하고 있어요.

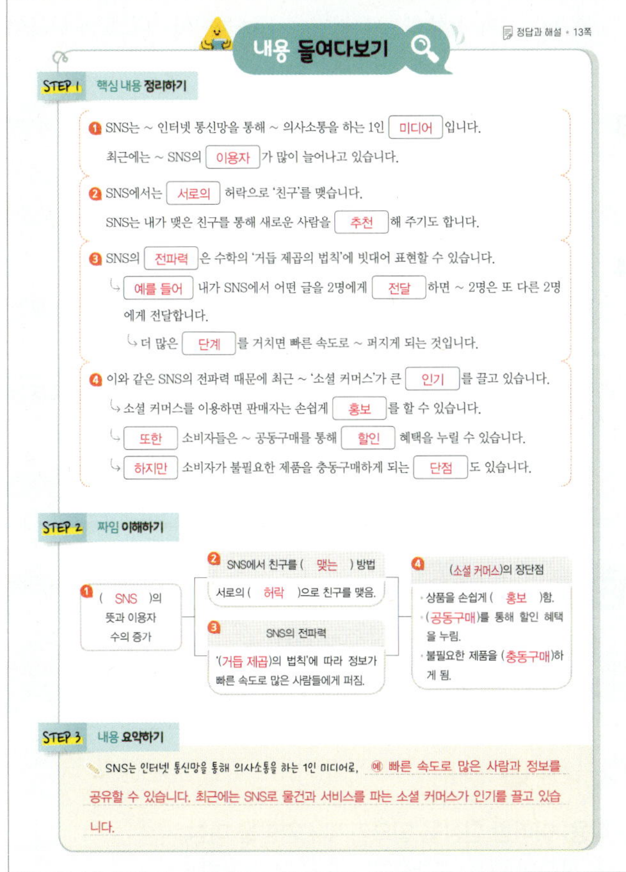

내용 들여다보기   정답과 해설 · 13쪽

STEP 1 핵심 내용 정리하기

❶ SNS는 ~ 인터넷 통신망을 통해 ~ 의사소통을 하는 1인 **미디어** 입니다.
최근에는 ~ SNS의 **이용자** 가 많이 늘어나고 있습니다.

❷ SNS에서는 **서로의** 허락으로 '친구'를 맺습니다.
SNS는 내가 맺은 친구를 통해 새로운 사람을 **추천** 해 주기도 합니다.

❸ SNS의 **전파력** 은 수학의 '거듭 제곱의 법칙'에 빗대어 표현할 수 있습니다.
↳ **예를 들어** 내가 SNS에서 어떤 글을 2명에게 **전달** 하면 ~ 2명은 또 다른 2명에게 전달합니다.
↳ 더 많은 **단계** 를 거치면 빠른 속도로 ~ 퍼지게 되는 것입니다.

❹ 이와 같은 SNS의 전파력 때문에 최근 ~ '소셜 커머스'가 큰 **인기** 를 끌고 있습니다.
↳ 소셜 커머스를 이용하면 판매자는 손쉽게 **홍보** 를 할 수 있습니다.
↳ **또한** 소비자들은 ~ 공동구매를 통해 **할인** 혜택을 누릴 수 있습니다.
↳ **하지만** 소비자가 불필요한 제품을 충동구매하게 되는 **단점** 도 있습니다.

STEP 2 짜임 이해하기

❷ SNS에서 친구를 (**맺는**) 방법
서로의 (**허락**)으로 친구를 맺음.

❹ (**소셜 커머스**)의 장단점
· 상품을 손쉽게 (**홍보**)함.
· **공동구매** 를 통해 할인 혜택을 누림.
· 불필요한 제품을 (**충동구매**)하게 됨.

❶ (**SNS**)의 뜻과 이용자 수의 증가

❸ SNS의 전파력
'(**거듭 제곱**)의 법칙'에 따라 정보가 빠른 속도로 많은 사람들에게 퍼짐.

STEP 3 내용 요약하기

SNS는 인터넷 통신망을 통해 의사소통을 하는 1인 미디어로, **예** 빠른 속도로 많은 사람과 정보를 공유할 수 있습니다. 최근에는 SNS로 물건과 서비스를 파는 소셜 커머스가 인기를 끌고 있습니다.

문제로 확인하기   본문 · 060쪽

1 ④   **2** ②, ④   **3** ⑤   **4** ⑤

1 이 글에서는 SNS를 통해 정보를 얻을 때 주의할 점에 대해 이야기하지 않았어요.

오답 풀이
① 1문단에서 SNS란 무엇인지 설명했어요.
② 3문단에서 SNS의 빠른 전파력에 대해 이야기하며 정보 전달 과정이 거듭 제곱의 방식으로 이루어진다고 했어요.
③ 2문단에서 SNS에서 친구를 맺는 방식에 대해 이야기했어요.
⑤ 4문단에서 SNS를 이용한 상거래인 소셜 커머스를 이용하면 판매자가 손쉽게 홍보를 할 수 있으며 소비자는 다양한

상품 정보를 제공받는 것은 물론 공동구매를 통해 할인 혜택을 누릴 수 있어 인기가 높다고 했어요.

2 1문단에서 스마트폰 이용자의 증가, 무선 인터넷 서비스의 확대로 SNS의 사용자가 급격히 증가했다고 했어요.

3 4문단에서 소셜 커머스를 이용하면 판매자는 비싼 광고비를 들이지 않아도 SNS를 통해 소비자들에게 다양한 상품 정보를 제공하는 등 손쉽게 홍보할 수 있다고 설명하고 있어요. 이에 반해 소비자는 불필요한 소비를 하게 되는 단점은 있지만 공동구매를 통해 싼 가격에 물건을 구매할 수 있다고 했어요. 하지만 공동구매로 물건을 빠르게 구매할 수 있다고는 하지 않았어요.

4 4문단에서는 소셜 커머스가 불필요한 충동구매를 하게 한다는 단점을 설명하고 있어요. 그러므로 이러한 충동구매를 하지 않도록 소셜 커머스를 바람직하게 이용하는 방법을 4문단 뒤에 제시하는 것이 알맞아요.

어휘력 다지기   본문 · 061쪽

1 ㉠   **2** ㉡   **3** ㉢   **4** 불필요
5 요청   **6** 수락

낱말 더 보기

· **미디어**: 어떤 작용을 한쪽에서 다른 쪽으로 전달하는 역할을 하는 것
예 오늘날 우리는 TV, 인터넷 등의 다양한 미디어를 통해 정보를 얻고 있다.

· **확대**: 모양이나 규모 따위를 더 크게 함.
예 소문이 퍼져서 사건은 크게 확대되었다.

· **공동구매**: 여러 명의 소비자가 모여 단체로 물건 따위를 구매하는 일. 물건을 대량으로 구입함으로써 가격 할인을 받을 수 있다.
예 우리는 교복을 공동구매로 저렴하게 구입할 수 있었다.

· **충동구매**: 물건을 구경하거나 광고를 보다가 갑자기 사고 싶어져 사는 행위
예 우리는 장을 보러 가서 충동구매로 물건을 사는 경우가 많다.

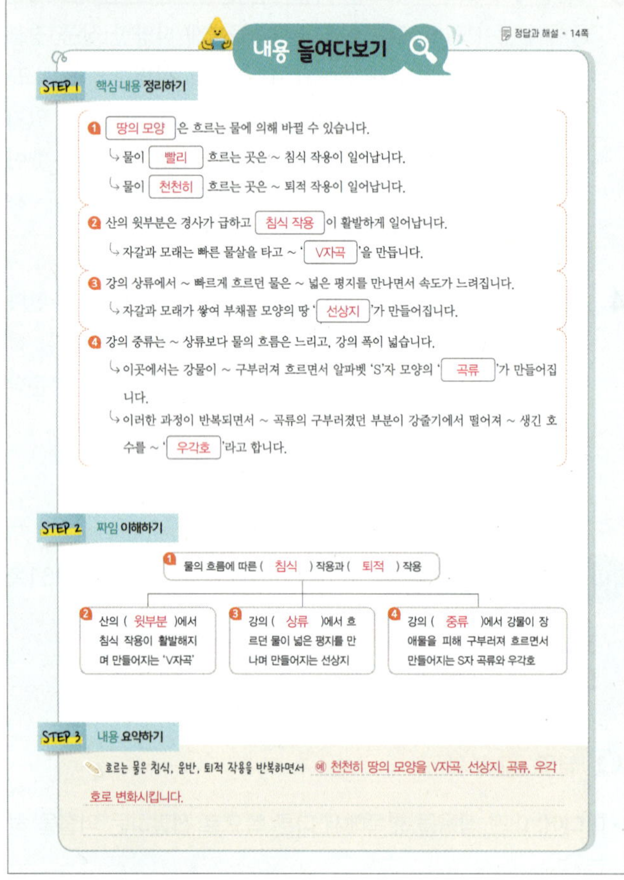

1 4문단에서 S자 곡류는 시간이 지나면서 강의 구부러진 곳의 바깥쪽은 침식 작용이, 안쪽은 퇴적 작용이 일어나는 과정이 반복되면서 더 심하게 구부러진다고 했어요.

오답 풀이

① 4문단에서 강의 중류는 상류보다 물의 흐름이 느리다고 했어요.

② 2문단에서 산의 윗부분은 특히 경사가 급하고 침식 작용이 활발하게 일어난다고 했어요.

③ 4문단에서 강의 구부러진 곳의 바깥쪽은 물의 속도가 빨라 침식 작용이 일어난다고 했어요.

⑤ 4문단에서 우각호는 곡류가 심하게 구부러져 강물이 좀 더 빠르게 흐를 수 있는 새로운 물길을 만들면서 강줄기에서 떨어져 된 호수라고 했어요. 상류에서 운반되어 온 자갈과 모래가 쌓여 생긴 부채꼴 모양의 땅은 '선상지'예요.

2 2, 3문단은 강의 상류에서 일어나는 땅 모양을 설명하고 있어요. 여기서는 V자곡, 선상지의 순서로 땅 모양이 만들어진다고 했어요. 4문단은 강의 중류에서 생기는 땅 모양을 설명한 것으로, S자 곡류의 구부러짐이 심해지면서 우각호가 만들어진다고 했어요.

3 2문단에서 V자곡이 만들어지는 이유는 산의 윗부분에서 침식 작용으로 생긴 자갈과 모래가 빠른 물살을 타고 땅을 더욱 깊게 파기 때문이라고 했어요.

4 주어진 내용은 강의 하류에서 생길 수 있는 삼각주에 대한 설명이에요. 이 글이 강의 상류에서 강의 중류로 물이 흐르는 과정에서 생기는 땅의 모양을 설명하고 있다는 점으로 볼 때, 강의 하류에서 생길 수 있는 땅의 모양은 4문단의 뒷부분에 들어가는 것이 알맞아요.

낱말 더 보기

- **작용**: 어떠한 현상을 일으키거나 영향을 미침.
  예 식물의 잎은 광합성 작용으로 녹말을 만든다.
- **완만**: 경사가 급하지 않음.
  예 그 언덕은 경사가 완만하여 오르기가 쉽다.
- **반복**: 같은 일이 되풀이됨.
  예 그가 들려준 음악에서는 단순한 리듬이 반복되었다.

글의 내용 이 글은 이탈리아의 대표적인 화가 레오나르도 다빈치가 해부학을 공부하게 된 이유와 해부학을 공부하며 그림을 그리는 다양한 방법을 연구한 그의 이야기를 소개하고 있어요. 이 글을 통해 레오나르도 다빈치가 과학자와 예술가의 재능을 모두 가진 위대한 인물임을 알 수 있어요.

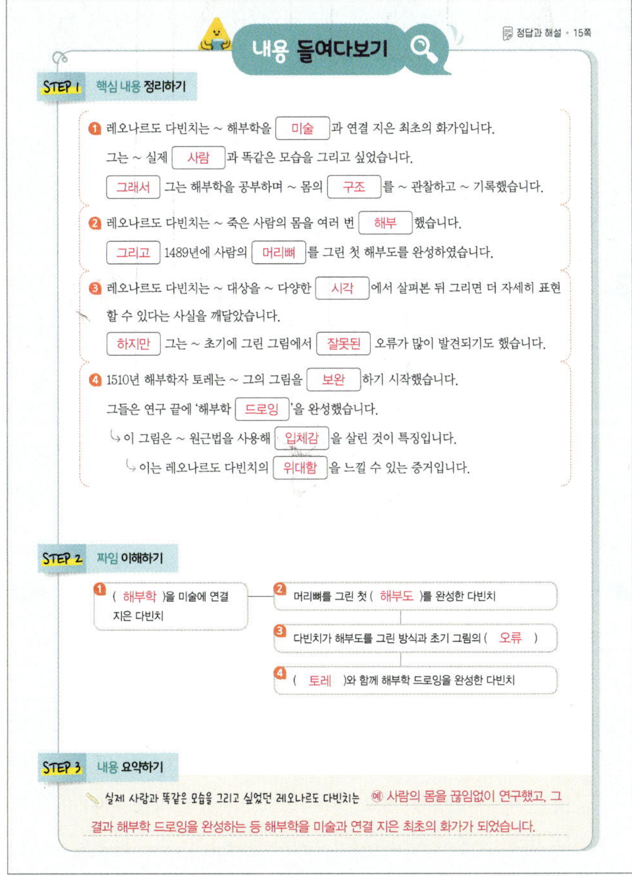

뼈를 그렸다고 했어요. 그리고 그 그림은 의학을 공부하는 학생들의 교재로 사용될 정도로 정밀하고 정확했다고 했어요.

② 1문단에서 레오나르도 다빈치는 해부학을 미술과 연결 지은 최초의 화가라고 했어요.

③ 1문단에서 실제 사람과 똑같은 모습을 그리고 싶었던 레오나르도 다빈치는 해부학을 공부하며 사람의 몸을 끊임없이 연구했다고 했어요.

④ 1문단에서 레오나르도 다빈치는 코부터 턱까지의 길이가 전체 얼굴 길이의 절반이라는 것을 알아냈다고 했어요.

3 1문단에서 레오나르도 다빈치는 미술을 하면서 실제 사람과 똑같은 모습을 그리고 싶었다고 했어요. 그래서 해부학을 공부했다고 설명하고 있어요.

4 해부학자 토레는 레오나르도 다빈치의 그림에서 잘못된 부분을 보완하며 그가 그림을 더 잘 그릴 수 있도록 도와주었어요. 토레는 본래 화가가 아니었고, 화가를 꿈꾸었다는 내용도 찾아볼 수 없어요. 따라서 다빈치가 없었다면 토레가 화가로 더 인정받았을 거라고 생각한 '유주'의 생각은 알맞지 않아요.

문제로 확인하기   본문 · 072쪽

1 ②   **2** ⑤   **3** ②   **4** 유주

1 이 글은 레오나르도 다빈치가 미술뿐만 아니라 의학과 같은 과학에도 관심을 가지고 인체 해부도를 완성한 과정을 설명해 주고 있어요. 이와 같은 글의 내용은 과학자와 예술가의 재능을 모두 가진 레오나르도 다빈치의 위대함을 보여 주기 위한 것으로 볼 수 있어요.

2 '해부학 드로잉'은 다빈치의 그림을 토레가 보완하여 그린 것이라고 할 수 있어요. 따라서 토레가 해부학 드로잉을 완성하는 데 다빈치가 도움을 주었다는 설명은 맞지 않아요.

오답 풀이
① 2문단에서 레오나르도 다빈치는 첫 해부도로 사람의 머리

어휘력 다지기   본문 · 069쪽

낱말 더 보기

- **해부학**: 생물체 내부의 구조와 기구를 연구하는 학문
  예 학생들이 해부학 교실에서 실습 교육을 받고 있다.
- **제안**: 안이나 의견으로 내놓음.
  예 우리 반 체험 학습 장소로 박물관 견학을 제안했다.
- **위대하다**: 도량이나 능력, 업적 따위가 뛰어나고 훌륭하다.
  예 부모님의 사랑은 위대하다.
- **증거**: 어떤 사실을 증명할 수 있는 근거
  예 블랙박스는 교통사고가 났을 때 정확한 증거를 제공한다.

이 글은 우리나라 전통 놀이인 널뛰기에 숨겨진 과학적 원리 두 가지를 설명하고 있어요. 첫 번째 원리는 지레의 법칙이에요. 이 법칙을 이용해 균형을 맞추면 공중으로 더 높게 뛰어오를 수 있다는 거예요. 두 번째 원리는 작용과 반작용의 법칙이에요. 널뛰기는 이 법칙에 의해 번갈아 뛰어오를 수 있다는 것을 친절하게 설명하고 있어요.

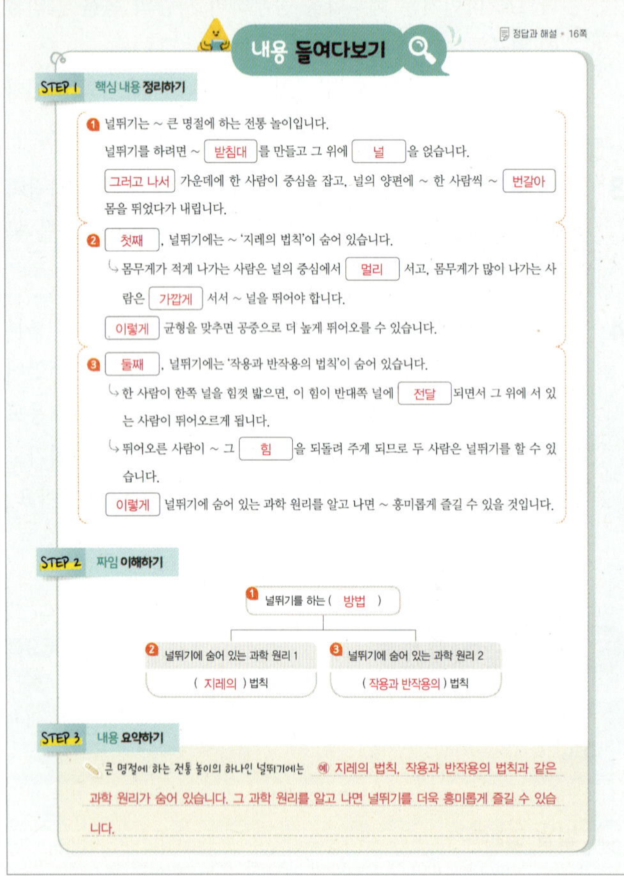

④ 1문단에서 널뛰기를 하는 방법을 설명하면서 짚이나 가마니로 받침대를 만든다고 했어요.

⑤ 1문단에서 널뛰기를 할 때는 한 사람이 중심을 잡고 양편에 각각 한 사람씩 올라가 번갈아 가며 몸을 뛰었다 내린다고 했어요.

2 2문단에서는 널뛰기를 할 때, 균형을 맞추기 위해 '지레의 법칙'을 활용할 수 있다고 했어요. 몸무게가 많이 나가는 사람이 받침대에서 가깝게 서고, 몸무게가 적게 나가는 사람은 받침대에서 멀리 서면 균형을 맞출 수 있다고 했어요. 이러한 내용으로 볼 때, 지레의 법칙은 받침대에서 멀리 떨어져 힘을 줄수록 누르는 힘이 커지는 법칙임을 알 수 있어요.

3 3문단에서 '작용과 반작용의 법칙'은 물체 A가 물체 B에 힘을 줄 때, 같은 힘을 되돌려 받게 되는 것이라고 했어요. 육상 선수가 결승점에 들어와도 멈추지 못하고 앞으로 나아가는 것은 정지한 물체는 계속 정지한 채로 있으려고 하고 운동하던 물체는 계속 같은 방향으로 나아가려고 하는 '관성의 법칙'과 관련이 있어요. 따라서 이는 '작용과 반작용의 법칙'과는 거리가 먼 현상이에요.

4 몸무게가 적게 나가는 은영이와 몸무게가 많이 나가는 세윤이가 받침점으로부터 같은 거리에 섰다면, 당연히 널은 무거운 세윤이 쪽으로 기운다고 볼 수 있어요. 지레의 법칙에 따르면, 몸무게가 적게 나가는 사람은 받침점으로부터 멀리, 몸무게가 많이 나가는 사람은 받침점으로부터 가까이 섰을 때 균형이 맞는다고 했어요. 따라서 몸무게가 적게 나가는 은영이는 받침점에서 멀리 서고, 몸무게가 많이 나가는 세윤이는 받침점에서 가까이 서야 널의 균형을 맞출 수 있어요.

본문 · 072쪽

1 ③　　**2** 커지는　　**3** ⑤　　**4** ③

1 2문단에서 널뛰기를 할 때 양편 두 사람의 몸무게가 비슷하면 좋다고 했어요. 그렇다고 널뛰기를 몸무게가 비슷한 사람끼리만 뛰어야 한다고 볼 수는 없어요. '지레의 법칙'을 이용하면 양편의 균형을 맞출 수 있기 때문이에요.

① 2문단에서는 널뛰기를 할 때 양편 두 사람의 몸무게가 차이 나면 널밥을 조정해 균형을 맞춘다고 했어요.

② 1문단에서 널뛰기는 설날, 추석, 단오 등의 큰 명절에 하는 전통 놀이라고 했어요.

본문 · 073쪽

1 반작용　　**2** 조정　　**3** 균형　　**4** 전통
5 번갈아

- **공중:** 하늘과 땅 사이의 빈 곳
  예 몸이 공중에 떠 있는 것 같은 느낌이다.
- **법칙:** 모든 사물과 현상의 원인과 결과 사이에 내재하는 보편적·필연적인 불변의 관계
  예 뉴턴은 사과나무에서 사과가 떨어지는 것을 보고 만유인력의 법칙을 발견하였다.
- **위치:** 일정한 곳에 자리를 차지함. 또는 그 자리
  예 독도는 우리나라의 동쪽 끝에 위치하고 있다.

Day 16 공자의 '인' 사상

 이 글은 공자가 강조한 '인' 사상을 보여 주는 두 가지 이야기를 담고 있어요. 이 이야기들을 통해 공자가 말한 '인'이 신분, 재산, 나이로 사람을 차별하지 않는 것과 사람을 귀하고 소중하게 여기는 것임을 짐작해 볼 수 있어요.

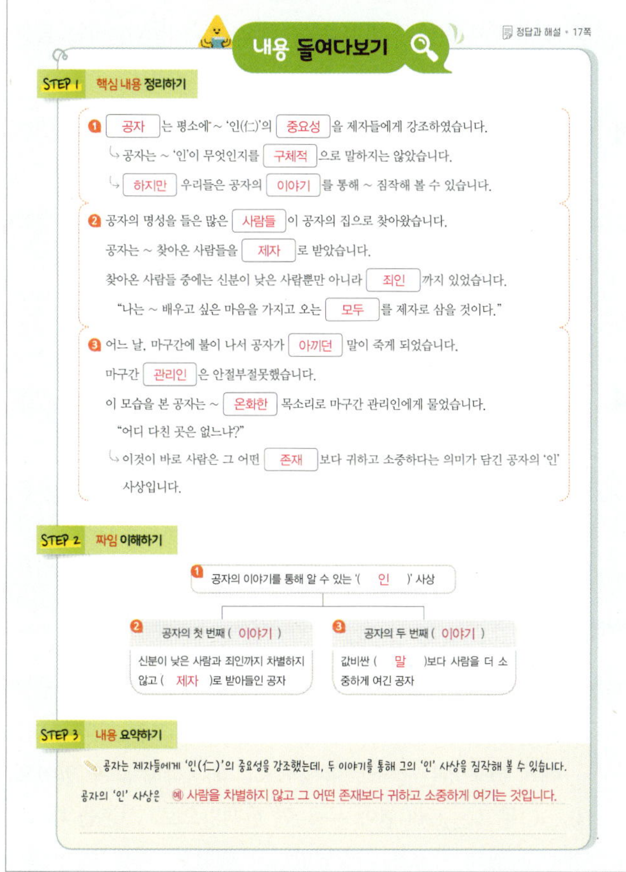

내용 들여다보기

STEP 1 핵심 내용 정리하기

❶ **공자** 는 평소에 ~ '인(仁)'의 **중요성** 을 제자들에게 강조하였습니다.
↳ 공자는 ~ '인'이 무엇인지를 **구체적** 으로 말하지는 않았습니다.
하지만 우리들은 공자의 **이야기** 를 통해 ~ 짐작해 볼 수 있습니다.

❷ 공자의 명성을 들은 많은 **사람들** 이 공자의 집으로 찾아왔습니다.
공자는 ~ 찾아온 사람들을 **제자** 로 받았습니다.
찾아온 사람들 중에는 신분이 낮은 사람뿐만 아니라 **죄인** 까지 있었습니다.
"나는 ~ 배우고 싶은 마음을 가지고 오는 **모두** 를 제자로 삼을 것이다."

❸ 어느 날, 마구간에 불이 나서 공자가 **아끼던** 말이 죽게 되었습니다.
마구간 **관리인** 은 안절부절못했습니다.
이 모습을 본 공자는 ~ **온화한** 목소리로 마구간 관리인에게 물었습니다.
"어디 다친 곳은 없느냐?"
↳ 이것이 바로 사람은 그 어떤 **존재** 보다 귀하고 소중하다는 의미가 담긴 공자의 '인' 사상입니다.

STEP 2 짜임 이해하기

❶ 공자의 이야기를 통해 알 수 있는 (**인**) 사상

❷ 공자의 첫 번째 (**이야기**)
신분이 낮은 사람과 죄인까지 차별하지 않고 (**제자**)로 받아들인 공자

❸ 공자의 두 번째 (**이야기**)
값비싼 (**말**)보다 사람을 더 소중하게 여긴 공자

STEP 3 내용 요약하기

공자는 제자들에게 '인(仁)'의 중요성을 강조했는데, 두 이야기를 통해 그의 '인' 사상을 짐작해 볼 수 있습니다.
공자의 '인' 사상은 ⑩ 사람을 차별하지 않고 그 어떤 존재보다 귀하고 소중하게 여기는 것입니다.

은 마음을 가지고 오는 모두를 제자로 삼을 것이라고 했음을 확인할 수 있어요.
⑤ 2문단에서 당시에는 귀족들을 위한 교육만 있었고, 배움에 목말라 있던 사람들에게 가르침을 줄 곳은 없었다고 했어요.

2 3문단에서 마구간 관리인이 안절부절못한 것은 자신이 마구간 관리를 잘못하여 불이 났고, 이로 인해 공자가 아끼던 말이 죽었다고 생각했기 때문이에요.

3 이 글의 첫 번째 이야기에서 공자의 '인'은 신분, 재산, 나이로 차별하지 않고 사람을 평등하게 대하는 것임을 알 수 있어요. 두 번째 이야기에서 공자의 '인'은 사람을 그 어떤 존재보다 귀하고 소중하게 여기는 것임을 알 수 있어요.

4 이 글에서 공자가 강조한 '인'은 사람을 차별 없이 대하고 소중하게 여기는 것임을 알 수 있어요. 공자가 효와 형제간의 사랑과 정을 인의 기본으로 본 것은 부모와 형제를 소중히 여기듯이 다른 사람도 소중하게 대해야 한다는 것을 말해 주어요.

어휘력 다지기

1 ㉠ **2** ㉡ **3** ㉢ **4** 온화해서
5 안절부절못했다 **6** 단호하게

낱말 더 보기

· **짐작:** 사정이나 형편 따위를 어림잡아 헤아림.
⑩ 아이들이 어디 갔는지 짐작 가는 곳을 말해 주세요.
· **존재:** 현실에 실제로 있음. 또는 그런 대상
⑩ 스마트폰은 우리에게 없어서는 안 될 존재가 되었다.
· **귀하다:** 아주 보배롭고 소중하다.
⑩ 그 무엇보다 사람이 제일 귀하다.

문제로 확인하기

1 ③ **2** ①, ⑤ **3** 신분, 존재 **4** ④

1 공자는 공자의 명성을 듣고 제자가 되기 위해 찾아온 사람들을 보고, 이 사람들을 가르쳐 나라의 관리가 되게 하고 백성들을 위한 정책을 만들게 하면 좋겠다고 생각했어요. 하지만 공자를 찾아 온 사람들이 관리가 되고 싶어 공자에게 배우고자 했다는 내용은 이 글에서 확인할 수 없어요.

오답 풀이

① 1문단에서 공자는 '인'이 무엇인지를 구체적으로 말하지는 않았다고 했어요.
② 3문단에서 공자가 살았던 당시에는 말의 값이 비싸 사람보다 말을 더 귀하게 생각하던 때라고 했어요.
④ 2문단에서 공자는 신분, 재산, 나이에 상관없이 배우고 싶

글의 내용 이 글은 지역을 대표할 수 있는 것 중에서 미래 세대에게 전할 가치가 있는 미래 유산에 대해 설명하고 있어요. 미래 유산을 선정하는 세 가지 기준을 명확하게 설명하고 있고, 서울특별시, 부산광역시, 전라북도 전주시 등에서 선정한 미래 유산의 구체적인 예를 들어 이해를 돕고 있어요.

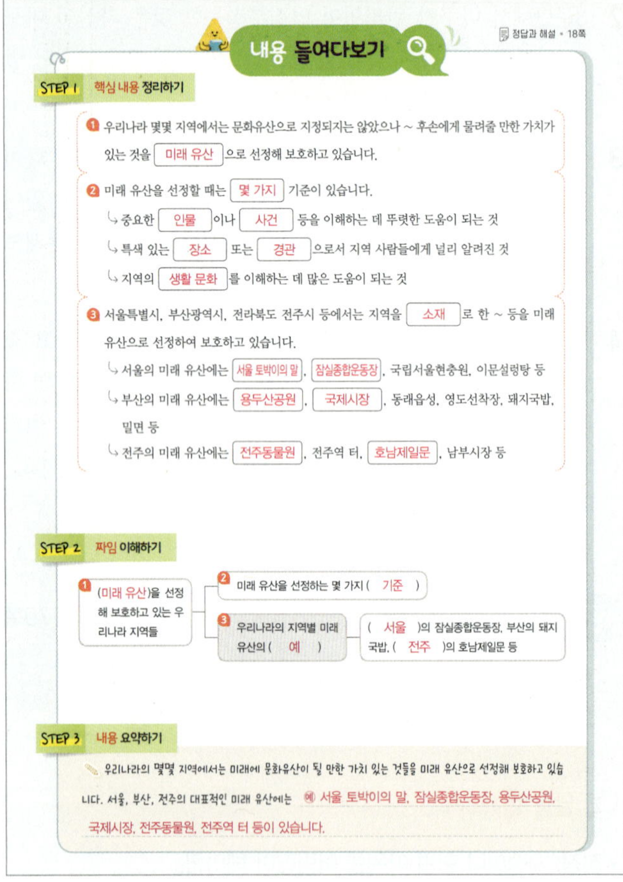

문제로 확인하기 본문 • 082쪽

1 미래 유산   **2** ③   **3** ⓒ   **4** ③

1 중심 낱말은 한 편의 글에서 매우 중요하고 기본이 되는 낱말이에요. 글에서 중요한 낱말은 반복해서 사용되거나 글의 제목에서 드러나요. 이 글은 미래 유산에 대해 설명하는 글이므로 이 글에서 가장 중요한 낱말은 '미래 유산'이에요.

2 1문단에서 후손에게 물려줄 만한 가치가 있는 것을 미래 유산으로 선정한다고 했어요. 그리고 3문단에서 이문설렁탕은 서울의 미래 유산 중 하나라고 했어요.

오답 풀이
① 1문단에서 미래 유산은 문화유산으로 지정되지는 않았으나 지역을 대표할 수 있는 것 중에 선정한다고 했어요.

② 1문단에서 우리나라 몇몇 지역에서 미래 유산을 선정하여 보호하고 있다고 했어요.

④ 1문단에서 미래 유산은 문화유산으로 지정되지 않은 것 중에서 선정한다고 했어요. 따라서 문화유산으로 인정받는 소리꾼은 미래 유산이 될 수 없어요.

⑤ 1문단에서 지금 우리가 사는 장소, 쓰는 물건, 먹는 음식, 예술 등도 미래 유산이 될 수 있다고 했어요.

3 2문단에서 미래 유산의 선정 기준은 문화유산으로 지정되지 않은 것 중에서 중요한 인물이나 사건 등을 이해하는 데 뚜렷한 도움이 되는 것, 특색 있는 장소 또는 경관으로서 지역 사람들에게 널리 알려진 것, 지역의 생활 문화를 이해하는 데 많은 도움이 되는 것이라고 설명하고 있어요. 따라서 ⓒ은 미래 유산의 선정 기준으로 알맞지 않아요.

4 이 글에서 위기는 미래 유산 선정 기준이라는 내용을 확인할 수 없어요.

오답 풀이
① 1문단에서는 우리가 지금 사는 장소, 쓰는 물건, 먹는 음식, 예술 등도 미래에는 문화유산이 될 수 있다고 했어요. 따라서 ○○문고도 미래에 문화유산으로 인정받을 가능성이 있다고 할 수 있어요.

② ○○문고는 서울 신촌 지역을 상징하는 만남의 장소로 사랑받아 왔다고 했어요. 이를 통해 ○○문고는 지역 주민들에게 특색 있는 장소로 유명했으리라 짐작해 볼 수 있어요.

④ ○○문고는 1960년에 문을 연 헌책방으로, 신촌을 대표하는 만남의 장소로 사랑받았다고 했어요. 이로 보아 ○○문고는 당시 신촌 지역의 생활 문화를 이해하는 데 도움이 될 만한 가치가 있다고 볼 수 있어요.

⑤ ○○문고가 재개발로 다른 곳으로 옮겨질 위기가 있었지만, 서울 미래 유산으로 선정되어 그 자리를 지킬 수 있었다고 했어요. 따라서 미래 유산 선정은 재개발로부터 우리의 소중한 문화를 보호하는 역할도 한다고 볼 수 있어요.

어휘력 다지기 본문 • 083쪽

1 지정   **2** 경관   **3** 후손   **4** 선정
5 흔적

낱말 더 보기

• **가치**: 사물이 지니고 있는 쓸모
⑩ 문화유산은 후손에게 물려줄 만한 <u>가치</u>가 있는 것이다.

• **문화**: 사람들이 함께 생활화면서 만들어지고 전해지는 생활 방식
⑩ 우리는 다른 나라의 <u>문화</u>도 존중해야 한다.

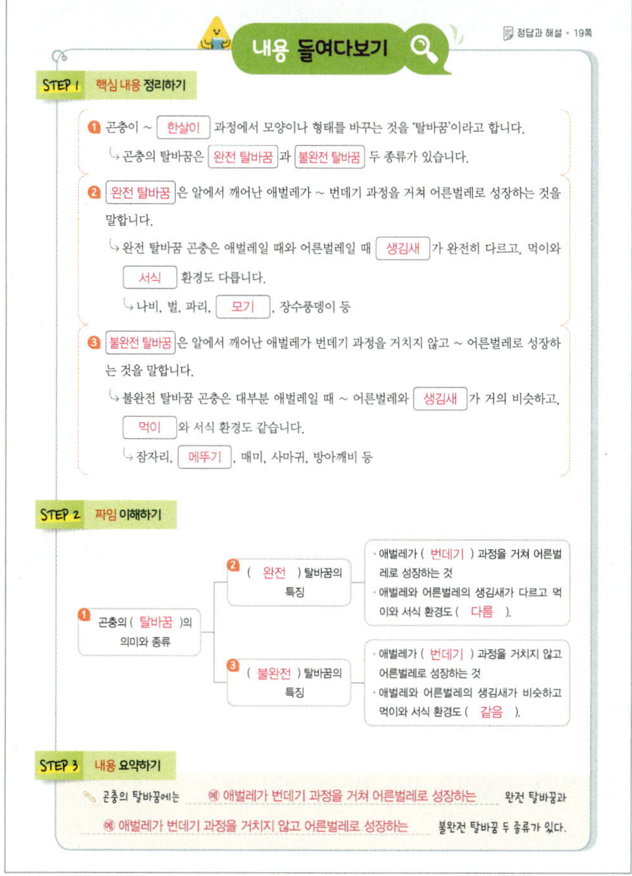

문제로 확인하기   본문 · 086쪽

1 ①   **2** ②, ④   **3** ⑤   **4** 완전 탈바꿈

1 이 글은 곤충이 알에서 깨어나 어른벌레가 되는 곤충의 한살이 과정인 탈바꿈을 완전 탈바꿈과 불완전 탈바꿈으로 나누어 설명하고 있어요. 따라서 이 글에서 설명하는 중심 화제는 '곤충의 탈바꿈 종류'라고 할 수 있어요.

2 2문단에서 완전 탈바꿈을 하는 곤충은 알, 애벌레, 번데기, 어른벌레의 단계를 거친다고 설명하고 있어요. 반면 3문단에서 불완전 탈바꿈을 하는 곤충은 알, 애벌레, 어른벌레의 단계를 거친다고 말하고 있어요.

3 2문단에서 완전 탈바꿈을 하는 곤충은 애벌레일 때와 어른벌레일 때 먹이와 서식 환경이 달라 먹이가 부족한 것을 피할

수 있고, 같은 환경에서만 살 때 있을 수 있는 멸종 위험도 줄일 수 있다고 했으므로 완전 탈바꿈을 하는 곤충들은 불완전 탈바꿈을 하는 곤충에 비해 생존에 유리하다고 할 수 있어요.

오답 풀이

① 2문단에서 모기는 번데기 과정을 거쳐 어른벌레가 되는 완전 탈바꿈 곤충이라고 했어요.

② 불완전 탈바꿈을 하는 곤충들이 주로 집단생활을 한다고 판단할 만한 내용은 찾을 수 없어요.

③ 3문단에서 매미는 불완전 탈바꿈 곤충이라고 하였고, 불완전 탈바꿈 곤충은 대부분 애벌레일 때와 어른벌레일 때 모습이 거의 비슷하다고 했어요.

④ 2문단에서 장수풍뎅이는 완전 탈바꿈 곤충이라고 하였고, 완전 탈바꿈 곤충은 애벌레일 때와 어른벌레일 때 생김새가 완전히 다르다고 했어요.

4 무당벌레는 번데기 과정을 거쳐 어른벌레가 된다고 했으므로 완전 탈바꿈을 하는 곤충이에요.

어휘력 다지기   본문 · 087쪽

1 ⓒ   **2** ㉠   **3** ⓛ   **4** 한살이
5 곤충   **6** 멸종

낱말 더 보기

- **탈바꿈**: 원래의 모양이나 형태를 바꿈.
  예 우리 동네 공원이 새로운 문화 공간으로 탈바꿈을 했다.

- **성장**: 사람이나 동식물 따위가 자라서 점점 커짐.
  예 청소년기는 성장이 가장 빠른 시기이다.

- **허물**: 살갗에서 저절로 일어나는 꺼풀
  예 완전 탈바꿈 곤충은 번데기에서 어른벌레로 탈바꿈할 때 허물을 벗는다.

- **집단생활**: 무리를 이루어 함께 생활함.
  예 개미나 꿀벌은 사회를 이루어 집단생활을 한다.

Day 19 전통 공놀이, 축국과 격구

글의 내용 이 글은 우리 조상들이 즐긴 공놀이인 축국과 격구에 대해 설명하고 있어요. 축국은 축구와 비슷한 공놀이로, 가죽 주머니 속에 동물 털을 넣거나 동물 오줌보에 바람을 넣어 만든 공을 구멍에 차 넣거나 제기차기하는 놀이예요. 격구는 폴로나 야구와 비슷한 공놀이로, 말을 타고 공을 멀리 보내는 기마 격구와 걷거나 뛰면서 공을 구멍에 집어넣는 도보 격구가 있어요.

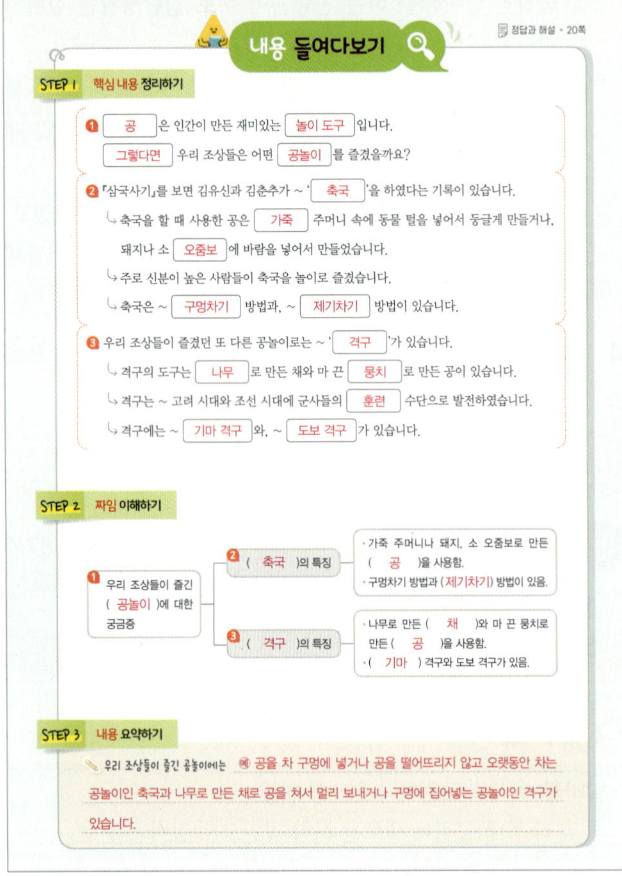

문제로 확인하기

본문 • 090쪽

1 ②　　**2** ⑤　　**3** ④　　**4** 공을 친다는

1 중심 화제는 글에서 말하려는 중심 내용을 말해요. 이 글은 우리 조상들이 즐긴 공놀이인 축국과 격구에 대해 설명하는 글이므로 중심 화제는 '우리 조상들이 즐긴 공놀이'라 할 수 있어요.

2 3문단에서 격구에는 말을 타고 하는 기마 격구와 걷거나 뛰면서 하는 도보 격구가 있다고 했어요.

오답 풀이
① 2문단에서 축국은 축구와 비슷한 공차기 놀이라고 했어요.
② 2문단에서 축국에는 구멍차기 방법과 제기차기 방법이 있

다고 했어요.
③ 2문단에서 축국은 주로 신분이 높은 사람들이 놀이로 즐겼다고 했어요.
④ 3문단에서 격구의 도구로 나무로 만든 채와 마 끈 뭉치로 만든 공을 사용했다고 했어요.

3 이 글은 우리 조상들이 즐긴 공놀이로 축국과 격구에 대해 설명하고 있는데, 이 글을 읽은 학생이라면 우리 조상들이 즐긴 공놀이로 축국과 격구 외에 다른 공놀이는 없었는지 알아볼 수 있어요.

오답 풀이
① 격구는 과거 우리 조상들이 즐겼던 놀이라고 했어요. 또한 이 글은 과거 우리 조상들이 즐긴 공놀이를 설명하는 것이므로 오늘날 유명한 격구 선수를 찾는 것은 알맞지 않아요.
② 축국은 채로 하는 공놀이가 아니므로 축국의 채를 어떻게 만드는지 찾아보는 것은 알맞지 않아요.
③ 3문단에서 폴로와 비슷한 놀이는 축국이 아니라 격구라고 했어요. 따라서 축국과 폴로의 경기 규칙을 비교하는 것은 알맞지 않아요.
⑤ 3문단에서 발해 3대 문왕의 딸인 정효공주의 무덤 벽화를 통해 우리 조상들이 격구를 즐겼음을 확인할 수 있다고 했어요.

4 야구의 이름에서도 알 수 있듯이 야구는 공을 치는 공놀이이고, 격구도 나무로 만든 채로 공을 치는 공놀이이므로 격구와 야구의 공통점은 공을 친다는 것이에요.

어휘력 다지기

본문 • 091쪽

1 신분　　**2** 무인　　**3** 기록　　**4** ○
5 ×　　**6** ○

낱말 더 보기

· **벽화**: 건물이나 동굴, 무덤 따위의 벽에 그린 그림
  예 고구려의 옛 무덤에는 수렵, 무용, 씨름, 사신도 등을 그린 벽화가 있다.
· **도구**: 일을 할 때 쓰는 연장을 통틀어 이르는 말
  예 격구를 할 때 필요한 도구는 채와 공이다.
· **수단**: 어떤 목적을 이루기 위한 방법. 또는 그 도구
  예 그는 온갖 수단을 써서 벼슬자리에 올랐다.
· **도보**: 탈것을 타지 않고 걸어감.
  예 우리집에서 학교까지는 도보로 10분 정도 걸린다.

글의 내용 이 글은 높임 표현을 바르게 사용하기 위해 우리가 일상생활에서 잘못 쓰는 높임 표현을 예를 들어 설명하고 있어요. 높임 표현을 대상과 상황에 맞게 사용해야 상대방을 존중하고 공경하는 마음을 드러낼 수 있어요.

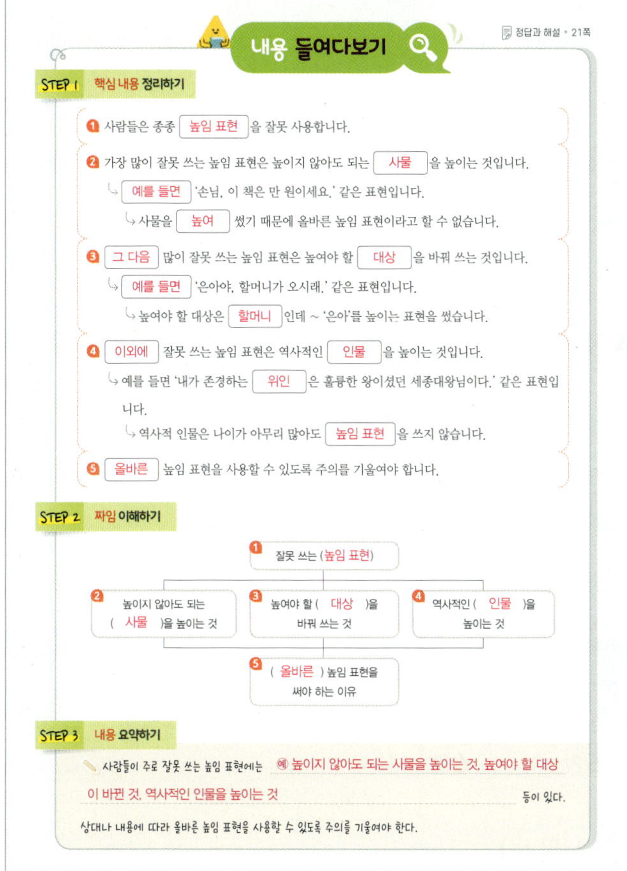

문제로 확인하기   본문 • 094쪽

1 ④   **2** ②   **3** ⑤

4 고객님, 구매하신 제품이 고장 나면 바로 연락주세요.

1 1문단에서 높임 표현은 '듣는 사람이 말하는 사람보다 웃어른일 때, 행동하는 사람이 말하는 사람보다 웃어른일 때 사용한다고 했어요. 이로 볼 때, 높임 표현은 듣는 이나 행동하는 대상을 높여서 말하는 것임을 알 수 있어요.

2 ㉠은 '행동하는 사람이 말하는 사람보다 웃어른일 때' 높임 표현을 사용하는 경우를 말해요. ②에서 말하는 사람과 행동하는 사람 즉, 질문을 하는 사람은 모두 '우리'로 같아요. 따라서 ㉠에 해당하는 높임 표현으로 볼 수 없어요.

오답 풀이

① 말하는 사람은 '나'이고, 행동하는 사람은 '아버지'예요. 따

라서 행동하는 사람이 말하는 사람보다 웃어른인 경우에 해당해요.

③ 말하는 사람은 '나'이고, 행동하는 사람은 '할아버지'예요. 따라서 행동하는 사람이 말하는 사람보다 웃어른인 경우에 해당해요.

④ 말하는 사람은 '나'이고, 행동하는 사람은 '어머니'예요. 따라서 행동하는 사람이 말하는 사람보다 웃어른인 경우에 해당해요.

⑤ 말하는 사람은 '나'이고, 행동하는 사람은 '아주머니'예요. 따라서 행동하는 사람이 말하는 사람보다 웃어른인 경우에 해당해요.

3 이 글에서는 잘못된 높임 표현으로 지적한 것은 '높이지 않아도 되는 사물을 높이는 경우', '높여야 할 대상을 바꿔 쓴 경우', '역사적인 인물을 높인 경우'예요. ⑤는 말하는 사람보다 행동하는 사람이 웃어른일 때 높임 표현을 사용한 경우로 볼 수 있어요. '자다'라는 말을 웃어른을 대상으로 사용할 때에는 '주무시다'라는 말을 사용해야 해요.

4 주어진 표현은 높이지 않아야 하는 말을 높여 쓴 잘못된 높임 표현이에요. 높임의 대상은 '고객님'이며, '고장'은 굳이 높여 쓸 필요가 없으므로 '고장 나시면'을 '고장 나면'으로 고쳐 써야 해요.

어휘력 다지기   본문 • 095쪽

1 ×   **2** ○   **3** ○   **4** 존경
5 인상

낱말 더 보기

• **대상:** 어떤 일의 상대 또는 목표나 목적이 되는 것
  예 높임 표현이란 대상을 높여 공경하는 마음을 드러내는 표현이다.

• **역사적:** 역사에 관한 것. 오랜 세월을 두고 전해지는 것
  예 우리나라를 대표하는 역사적 인물은 세종 대왕이다.

• **예의:** 예로써 올바르게 나타내는 존경의 뜻
  예 웃어른을 대할 때는 예의 바르게 말해야 한다.

Day 21 역사의 시대 구분

 이 글은 선사 시대와 역사 시대를 구분하고 그 연구 방법의 차이에 대해 설명하고 있어요. 선사 시대는 글자로 기록한 것이 남아 있지 않은 시대를 말하고, 역사 시대는 인류가 글자를 만들어 기록을 남긴 시대를 말해요. 따라서 선사 시대는 여러 가지 생활 유물과 유적을 통해, 역사 시대는 기록을 통해 당시 사람들의 흔적을 알 수 있다고 설명하고 있어요.

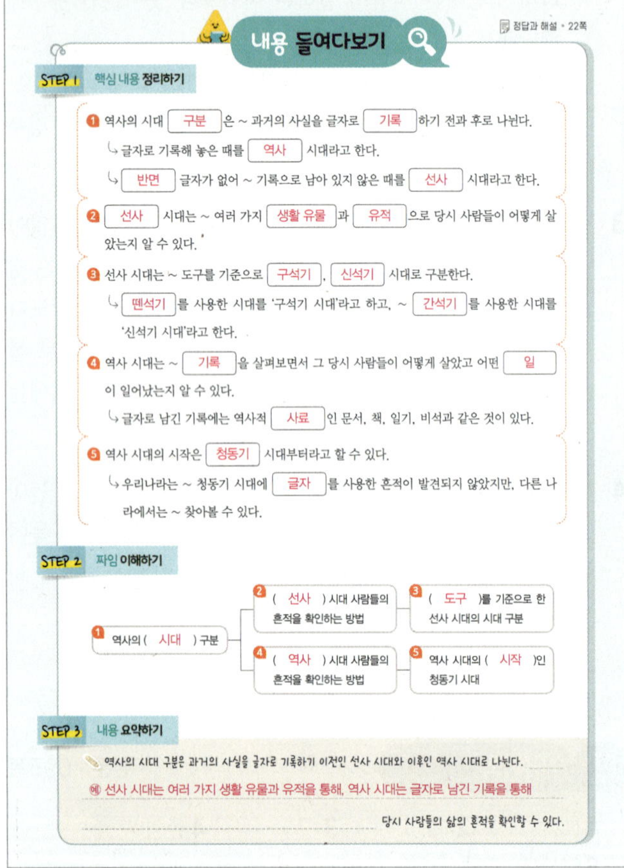

고 했어요. 그리고 4문단에서 역사 시대는 사람들이 글자로 남긴 기록을 살펴보고 그 당시 사람들의 삶과 당시 사건을 알 수 있다고 했어요. 따라서 선사 시대 사람들의 삶을 조사하는 방법은 유적지를 탐방하고, 당시 사람들이 쓰던 물건의 쓰임을 알아보는 것이에요.

오답 풀이

① 선사 시대에는 글자로 된 기록이 없었으므로 당시 사람들이 쓴 역사책은 찾을 수 없어요.

③ 선사 시대에는 글자로 된 기록이 없었으므로 당시 사람들이 쓴 일기나 편지는 찾을 수 없어요.

⑤ 선사 시대에는 글자로 된 기록이 없었으므로 당시 사람들이 묻힌 무덤의 비석에 쓰인 글은 찾을 수 없어요.

4 보기에서 '주먹도끼'는 기록이 남아 있지 않아 사용 시기와 그 쓰임을 정확히 알 수 없지만 형태를 통해 뗀석기라는 것과 도끼 형태의 도구라는 것을 알 수 있다고 했어요. 따라서 기록이 없던 시대인 선사 시대 중 구석기 시대의 유물임을 알 수 있어요.

어휘력 다지기

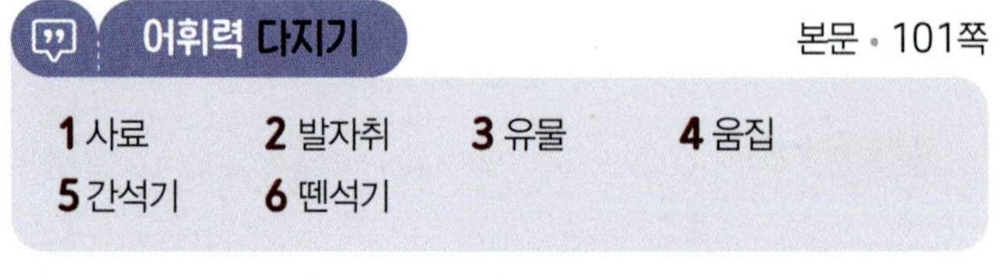

1 사료　　**2** 발자취　　**3** 유물　　**4** 움집
5 간석기　　**6** 뗀석기

낱말 더 보기

• **흔적**: 어떤 현상이나 실체가 없어졌거나 지나간 뒤에 남은 자국이나 자취
　예 그 도시에는 전쟁이 휩쓸고 간 흔적이 그대로 남아 있었다.

• **비석**: 돌로 만든 비
　예 무덤 앞에는 조상들의 생애를 기록한 비석이 세워져 있다.

문제로 확인하기

1 ②　　**2** ④　　**3** ②, ④
4 선사 시대, 구석기 시대

1 이 글은 과거 시대를 글자 기록이 없었던 선사 시대와 글자 기록이 있었던 역사 시대로 나누고, 각 시대의 역사 연구 방법에 대해 설명하고 있어요.

2 1문단에서 역사 시대는 과거의 사실을 글자로 기록해 놓은 때라고 말하고 있어요. 다시 말해 역사 시대는 기록을 통해 당시 사람들의 삶을 알 수 있는 시대라고 할 수 있어요.

3 2문단에서 선사 시대는 글자로 기록된 자료가 발견되지 않기 때문에 생활 유물과 유적으로 당시 사람들의 삶을 알 수 있다

Day 22 — 경제의 핏줄, 화폐

글의 내용 이 글은 화폐의 기능과 화폐의 발달 과정을 설명하고 있어요. 화폐는 교환의 기능, 가치를 나타내는 기능, 가치를 저장하는 기능을 가지고 있어요. 이러한 중요한 기능을 가진 화폐가 물품 화폐, 금속 화폐, 종이 화폐를 거쳐 오늘날 신용 카드와 전자 화폐로 발달해 왔음을 말해 주고 있어요.

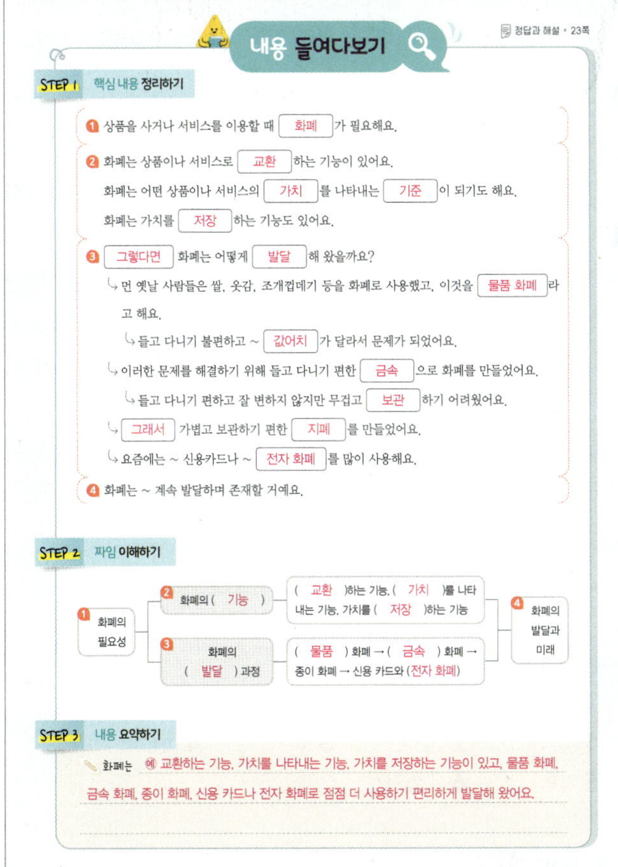

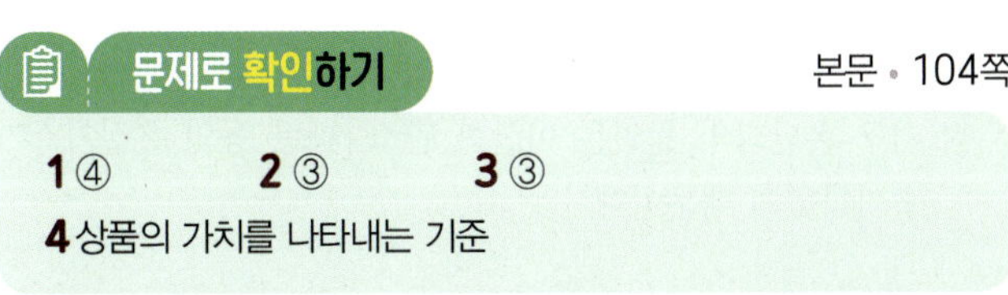

문제로 확인하기

1 ④   2 ③   3 ③
4 상품의 가치를 나타내는 기준

1 2문단에서는 화폐의 세 가지 기능에 대해 설명하고 있어요. 화폐는 '교환의 기능', '가치 척도의 기능', '가치 저장의 기능'이 있지만 상품이나 서비스를 생산하는 기능을 가지고 있다고는 볼 수 없어요.

2 3문단에서 종이 화폐는 무겁고 보관하기 어려운 금속 화폐를 대신하여 만들어졌다고 했어요. 따라서 종이 화폐의 특징은 가볍고 보관하기 편한 것임을 알 수 있어요.

오답 풀이
① 3문단에서 물품 화폐는 화폐 각각의 값어치가 다르다는 문제를 가지고 있다고 했어요.
② 3문단에서 금속 화폐는 잘 변하지 않지만 무겁고 보관하기 어렵다고 했어요.
④ 3문단에서 신용 카드는 신용으로 물건이나 서비스를 살 수 있다고 했어요.
⑤ 전자 화폐는 스마트폰으로도 결제할 수 있는 장점이 있다고 했어요.

3 3문단에서는 화폐가 사용하기 편리하게 발달하는 과정을 설명하고 있고, 4문단에는 '이처럼'이라는 이어 주는 말이 나오므로, ㉠에는 3문단 내용을 정리하는 '사용하기 편리하게 발달해 왔다'는 내용이 들어가는 것이 알맞아요.

4 보기 에서는 작년에 비해 오른 '사과'와 '단감'의 가격을 알려 주고 있어요. 이는 화폐가 상품의 가치를 나타내는 기준을 제시한다는 것을 말해 주고 있어요.

어휘력 다지기

1 기능   2 가치   3 교환   4 값
5 앞으로   6 활동

낱말 더 보기

- **기준**: 기본이 되는 표준
  예 동물과 식물을 나누는 기준은 스스로 몸을 움직여 먹이를 구할 수 있느냐, 없느냐입니다.

- **발달**: 학문, 기술, 문명, 사회 따위의 현상이 보다 높은 수준에 이름.
  예 화폐는 점점 더 사용하기 편리하게 발달해 왔습니다.

- **지폐**: 종이에 인쇄를 하여 만든 화폐
  예 동전은 무거워서 많은 양을 운반하기가 어려워서 가볍고 사용하기 편리한 종이로 지폐를 만들었다.

- **결제**: 증권 또는 대금을 주고받아 매매 당사자 사이의 거래 관계를 끝맺는 일
  예 엄마께서 신용 카드로 컴퓨터 값을 결제하였다.

글의 내용 이 글은 개인 또는 기업, 국가 등의 단체가 활동이나 상품을 생산하고 소비하는 전체 과정을 통해 발생시키는 온실 가스의 총량을 발자국으로 표시한 탄소 발자국에 대해 설명하는 글이에요. 탄소 발자국은 일상생활에서도 많이 발생하므로 생활 습관을 바꿔 탄소 발자국을 줄여야 한다고 말하고 있어요.

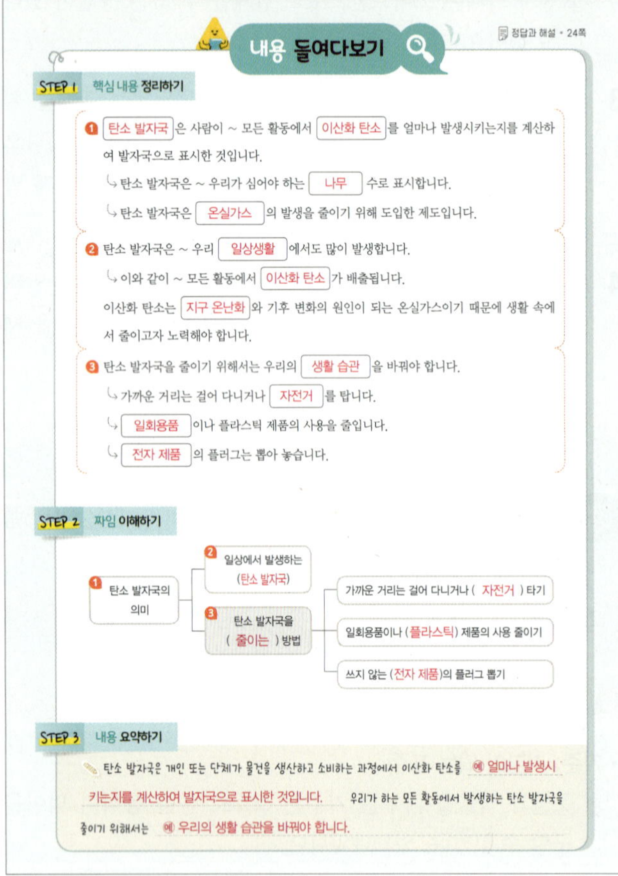

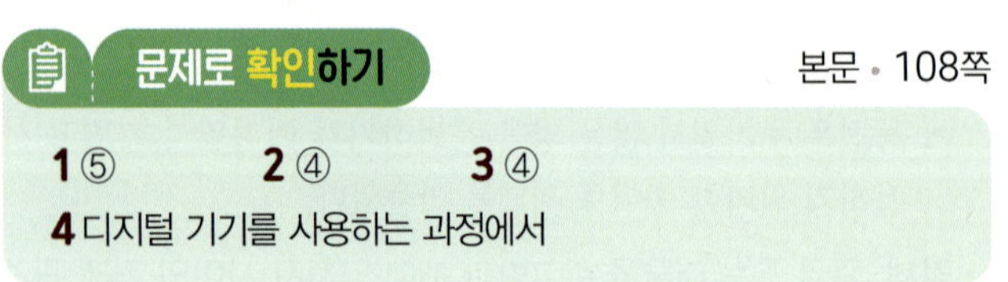

문제로 확인하기
본문 · 108쪽

1 ⑤　　2 ④　　3 ④
4 디지털 기기를 사용하는 과정에서

1　글쓴이는 탄소 발자국의 의미와 일상생활에서 발생하는 탄소 발자국에 대해 설명하며, 탄소 발자국을 줄이기 위해 생활 습관을 바꿔야 한다고 말하고 있어요.

2　1문단에서 탄소 발자국은 무게 단위인 kg이나 탄소를 줄이기 위해 우리가 심어야 하는 나무 수로 표시한다고 설명하고 있어요. 따라서 탄소 발자국은 이산화 탄소로 사라진 나무 수로 표시한다는 것은 알맞지 않은 설명이에요.

오답 풀이
① 1문단에서 탄소 발자국은 무게 단위인 kg으로 표시한다고 설명하고 있어요.

② 2문단에서는 일상생활에서 얼마나 많은 탄소 발자국이 발생하는지를 보여 주며 생활 속에서 이산화 탄소를 줄이기 위해 노력해야 한다고 말하고 있어요.
③ 1문단에서 탄소 발자국은 온실가스의 발생을 줄이기 위해 도입한 제도라고 설명하고 있어요.
⑤ 1문단에서 탄소 발자국은 사람의 활동 과정에서 발생하는 이산화 탄소를 발자국으로 표시한 것이라고 말하고 있어요.

3　3문단의 내용으로 볼 때, 가까운 거리는 걷거나 자전거를 타는 것이 탄소 발자국을 줄이기 위한 생활 속 노력임을 알 수 있어요.

4　1문단에서 탄소 발자국은 사람이 물건을 생산하고 소비하는 과정을 포함한 모든 활동에서 이산화 탄소를 얼마나 발생시키는지를 계산하여 발자국으로 표시한 것이라고 했어요. 주어진 글은 사람이 디지털 기기를 사용할 때 이산화 탄소가 많이 발생한다는 내용으로, 디지털 탄소 발자국이란 사람이 디지털 기기를 사용하는 과정에서 이산화 탄소를 얼마나 발생시키는지를 계산하여 발자국으로 표시한 것이라고 추측해 볼 수 있어요.

어휘력 다지기
본문 · 109쪽

1 ⓒ　　2 ⊙　　3 ⓛ　　4 온난화
5 기후　　6 온실가스

낱말 더 보기

· **발생:** 어떤 일이나 사물이 생겨남.
　예 지구 환경을 위해 이산화 탄소의 발생을 줄여야 한다.
· **원인:** 근원이 된 까닭. 어떤 일을 일어나게 한 일
　예 지구 온난화의 원인은 이산화 탄소, 메탄 등의 온실가스가 증가하였기 때문이다.

 이 글은 5만 원권 화폐에 들어가는 인물로 선정된 신사임당의 예술적 재능과 그의 작품에 대해 설명하는 글이에요. 당시 여성의 사회 진출이 허용되지 않아 여성이 능력을 발휘하기 어려웠던 조선 사회에서 자신의 능력을 갈고닦아 이름을 떨친 신사임당에 대해 알 수 있어요.

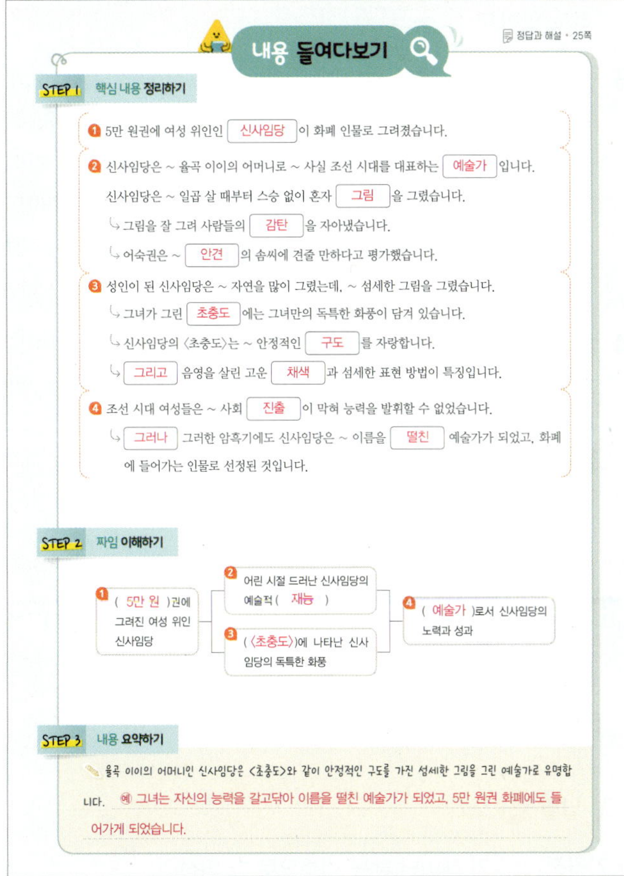

내용 돌여다보기 〔정답과 해설 • 25쪽〕

STEP 1 핵심 내용 정리하기

❶ 5만 원권에 여성 위인인 〔신사임당〕이 화폐 인물로 그려졌습니다.

❷ 신사임당은 ~ 율곡 이이의 어머니로 ~ 사실 조선 시대를 대표하는 〔예술가〕입니다.
　신사임당은 ~ 일곱 살 때부터 스승 없이 혼자 〔그림〕을 그렸습니다.
　↳ 그림을 잘 그려 사람들의 〔감탄〕을 자아냈습니다.
　↳ 어숙권은 ~ 〔안견〕의 솜씨에 견줄 만하다고 평가했습니다.

❸ 성인이 된 신사임당은 ~ 자연을 많이 그렸는데, ~ 섬세한 그림을 그렸습니다.
　↳ 그녀가 그린 〔초충도〕에는 그녀만의 독특한 화풍이 담겨 있습니다.
　↳ 신사임당의 〈초충도〉는 ~ 안정적인 〔구도〕를 자랑합니다.
　↳ 〔그리고〕음영을 살린 고운 〔채색〕과 섬세한 표현 방법이 특징입니다.

❹ 조선 시대 여성들은 ~ 사회 〔진출〕이 막혀 능력을 발휘할 수 없었습니다.
　↳ 〔그러나〕그러한 암흑기에도 신사임당은 ~ 이름을 〔떨친〕예술가가 되었고, 화폐에 들어가는 인물로 선정된 것입니다.

STEP 2 짜임 이해하기

❶ (5만 원)권에 그려진 여성 위인 신사임당
❷ 어린 시절 드러난 신사임당의 예술적 (재능)
　〈초충도〉에 나타난 신사임당의 독특한 화풍
❹ (예술가)로서 신사임당의 노력과 성과

STEP 3 내용 요약하기

율곡 이이의 어머니인 신사임당은 〈초충도〉와 같이 안정적인 구도를 가진 섬세한 그림을 그린 예술가로 유명합니다. 예 그녀는 자신의 능력을 갈고닦아 이름을 떨친 예술가가 되었고, 5만 원권 화폐에도 들어가게 되었습니다.

*출처: (그림 1) 『초충도 – 수박과 들쥐』, 공유마당
*출처: (그림 2) 『초충도 – 가지와 방아개비』, 공유마당

문제로 확인하기 　본문 • 112쪽

1 ④　　**2** ⑤　　**3** ④　　**4** [1] ○

1 이 글은 우리나라 화폐에 그려진 유일한 여성인 신사임당의 예술적 재능과 그녀의 작품 세계에 대해 설명하고 있어요. 따라서 이 글의 전체 내용을 가장 잘 드러낸 내용은 '예술가로서의 신사임당'이에요.

2 3문단에서 신사임당은 풀과 벌레, 포도, 매화, 난초 등 자연을 많이 그렸고, 그녀의 그림을 보고 닭이 와서 쪼을 만큼 사실적이고 구체적인 그림을 그렸다고 했어요. 하지만 사람들을 그림의 대상으로 삼았다는 내용은 찾아볼 수 없어요. 사람

들이 살아가는 모습을 사실적이고 구체적으로 그리는 그림은 풍속화에 해당하는 설명이에요.

오답 풀이

① 3문단에서 신사임당의 그림은 섬세한 표현 방법이 특징이라고 했어요.

② 3문단에서 신사임당의 그림은 음영을 살린 고운 채색이 특징이라고 했어요.

③ 3문단에서 신사임당의 초충도는 각종 풀벌레가 상하좌우에 배치되어 안정적인 구도를 자랑한다고 했어요.

④ 3문단에서 신사임당은 풀과 벌레, 포도, 매화, 난초 등 자연을 많이 그렸다고 했어요.

3 ㉠은 닭이 신사임당의 그림 속 벌레가 진짜 벌레인 줄 알고 쪼아 먹어 종이가 뚫어졌다는 일화예요. 이 일화를 통해 신사임당의 그림은 살아 움직이는 것처럼 섬세했다는 것을 짐작해 볼 수 있어요.

4 보기에서 설명하는 〈초충도 – 수박과 들쥐〉는 수박 두 덩이가 땅 위에 뒹굴고 있고, 수박 덩굴은 길게 호를 그리며 왼쪽에서 오른쪽으로 뻗어 있으며, 덩굴 위에는 나비가 날고 땅 위에는 쥐 두 마리가 수박을 파먹고 있는 그림이에요. 이에 해당하는 그림은 [1]번이에요.

어휘력 다지기 　본문 • 113쪽

1 초충도　　**2** 산수화　　**3** 화풍　　**4** 구도
5 진출　　**6** 유학자

낱말 더 보기

• **위인:** 뛰어나고 훌륭한 사람
　예 세종 대왕은 우리나라 사람들이 가장 사랑하고 존경하는 위인으로 손꼽힌다.

• **총명:** 썩 영리하고 재주가 있음.
　예 신사임당은 어려서부터 총명하여 7세 때 안견의 그림을 본떠 그렸다.

• **가혹 :** 몹시 모질고 혹독함.
　예 조선 시대는 재능이 있는 여성들에게 가혹한 시대였다.

• **암흑기:** 도덕이나 이성, 문명이 쇠퇴하고 세상이 어지러운 시기
　예 조선 시대는 능력 있는 여성들에게는 암흑기였다.

• **풍속화:** 그 시대 세상 사람들의 모습과 풍습을 그린 그림
　예 풍속화는 국가 행사나 사회 생활상을 구체적으로 표현한 그림이다.

글의 내용 이 글은 피라미드에 숨어 있는 수학적 비밀을 설명하고 있어요. 피라미드가 4천여 년 넘게 무너지지 않고 유지될 수 있었던 비결은 피라미드의 경사 각도가 51.52°를 이루고 있는 것과 관련이 있어요. 또한 피라미드가 균형 있고 안정감 있게 보이는 것은 피라미드 밑변과 빗변이 약 1:1.6의 황금 비율을 이루고 있기 때문이라고 알려 주고 있어요.

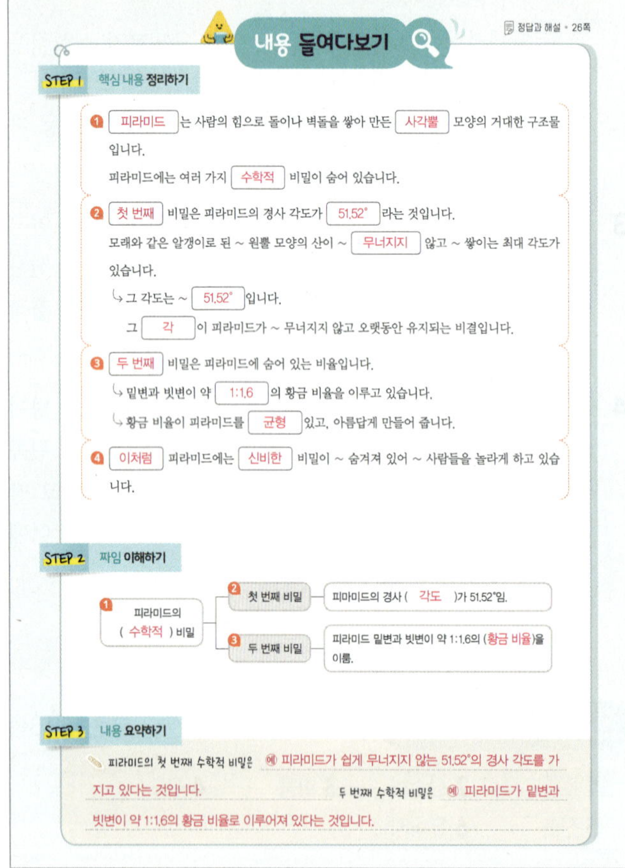

⑤ 1문단에서 이집트 피라미드는 국왕, 왕비, 왕족의 무덤으로 만들어졌다고 했어요.

2 2문단에서는 피라미드의 첫 번째 수학적 비밀로 경사 각도 51.52°에 대해 말하고 있어요. 3문단에서는 피라미드의 두 번째 수학적 비밀로 밑변과 빗변이 이루는 황금 비율에 대해 말하고 있어요.

3 2문단에서는 모래와 알갱이로 된 물질을 조금씩 흘려 오래 쌓다 보면 원뿔 모양의 산이 생긴다고 했어요. 이것은 아래쪽은 넓고 위쪽은 좁은 구조라고 할 수 있어요. 이와 같이 피라미드가 위쪽으로 갈수록 좁아지는 구조는 높이 쌓아 올려도 무너지지 않는 안정적인 구조를 만들기 위해서라는 것을 짐작해 볼 수 있어요.

4 2문단에서 피라미드의 경사 각도가 51.52°인 것은 피라미드가 오랜 기간 무너지지 않고 유지되는 비결이라고 했어요. 따라서 이것을 잘 보여 주는 그림은 피라미드의 경사 각도를 나타내 주는 [1]이에요.

💬 **어휘력 다지기**　　본문 · 117쪽

1 비결　　**2** 알갱이　　**3** 구조물　　**4** 불가사의
5 사각뿔　　**6** 각도

🔍 **낱말 더 보기**

- **기원전**: 예수가 태어난 해를 기준으로 그 이전
  예 고대 올림픽은 <u>기원전</u> 3세기쯤 시작되었다.
- **고대**: 역사 시대 구분의 하나로, 원시 시대와 중세 사이의 시대
  예 피라미드는 <u>고대</u> 이집트의 왕릉의 하나이다.
- **물질**: 물체를 이루고 있는 재료. 또는 그 본바탕
  예 나무는 물에 뜨는 <u>물질</u>이다.
- **안정감**: 바뀌어 달라지지 아니하고 일정한 상태를 유지한 느낌
  예 황금 비율은 사람들이 가장 <u>안정감</u> 있고 아름답다고 느끼는 비율이다.

📋 **문제로 확인하기**　　본문 · 116쪽

1 ①　　**2** ①, ⑤　　**3** ③　　**4** [1] ○

1 3문단에서 피라미드의 밑변과 빗변이 약 1:1.6의 비율을 이루고 있다고 했을 뿐, 피라미드 밑변의 길이가 얼마인지는 나타나 있지 않아요.

오답 풀이

② 1문단에서 피라미드는 기원전 2,700년에서 기원전 2,500년 사이에 만들어졌다고 했어요.

③ 1문단에서 피라미드 중 가장 유명한 것은 이집트의 피라미드라고 했어요.

④ 1문단에서 피라미드는 돌이나 벽돌을 쌓아 만든다고 했어요.

Day 26 옛날의 교육 기관

글의 내용 이 글은 삼국 시대부터 조선 시대까지 각 시대를 대표하는 최고의 교육 기관을 설명하는 글이에요. 각 시대마다 어떤 기관이 있었고, 어떤 사람들이 다녔으며 어떤 것을 가르쳤는지를 알 수 있어요. 그리고 옛날 최고 교육 기관의 설치 목적은 당시 사회가 요구하는 학문과 사상을 익힌 관리를 길러 내는 것이었음을 알 수 있어요.

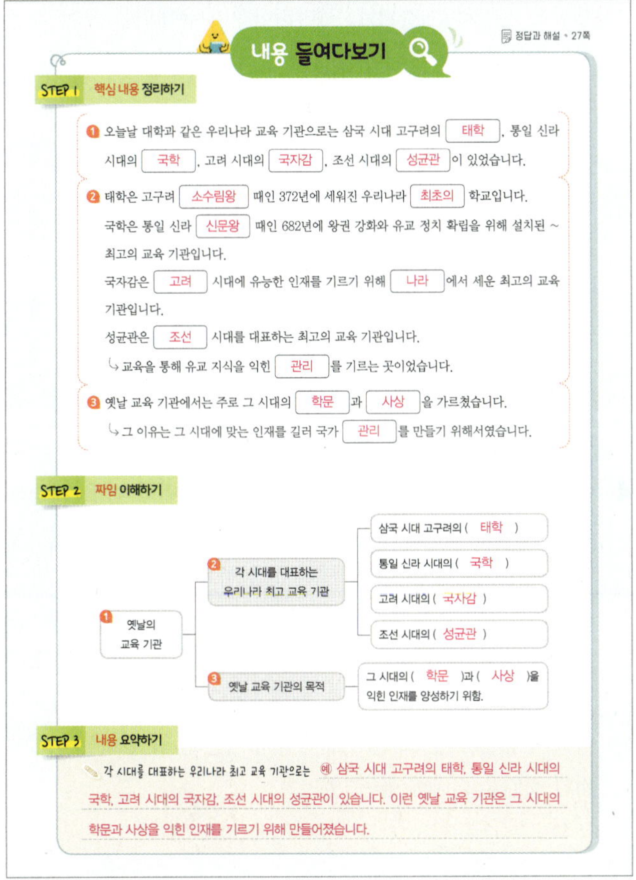

지배층의 자녀들이 다니는 귀족 학교였다고 했어요.

③ 2문단에서 통일 신라의 신문왕이 국학을 설치한 이유는 왕권 강화와 유교 정치 확립을 위한 것이라고 했어요.

⑤ 3문단에서 우리나라 옛날 교육 기관이 그 시대의 학문과 사상을 가르친 이유는 그 시대에 맞는 인재를 길러 국가 관리를 만들기 위한 것이라고 했어요.

3 이 글에는 삼국 시대에 수학 공부를 했다는 내용은 없으므로 ③은 이 글에 대한 반응으로 알맞지 않아요.

4 3문단에서는 옛날 최고 교육 기관이 국가 관리를 양성하는 데 목적을 두었다고 했어요. 따라서 주로 그 시대 학문이나 사상을 가르쳤다고 했어요.

어휘력 다지기

1 무예 **2** 수련 **3** 유교 **4** ✕
5 ○ **6** ○

낱말 더 보기

- **기관:** 사회생활의 영역에서 일정한 역할과 목적을 위하여 설치한 기구나 조직
  예 조선 시대 최고의 교육 기관은 성균관이었다.
- **경전:** 지혜가 뛰어난 사람의 말과 행동을 적은 책
  예 『논어』는 유교 경전을 대표하는 책이다.
- **강화:** 세력이나 힘을 더 강하고 튼튼하게 함.
  예 왕권 강화는 임금의 권리가 강해지는 것을 말한다.
- **사상:** 어떠한 사물에 대하여 가지고 있는 구체적인 사고나 생각
  예 '인내천'은 사람이 곧 하늘이라는 동학의 기본 사상이다.

문제로 확인하기

1 [1] ㉡ [2] ㉠ [3] ㉢ [4] ㉣   **2** ④
3 ③   **4** 관리, 학문, 사상

1 1문단에서 우리나라 교육 기관으로 고구려에는 태학, 통일 신라 시대에는 국학, 고려 시대에는 국자감, 조선 시대에는 성균관이 있었다고 했어요.

2 3문단에는 우리나라 조상들이 교육에 관심이 많았던 이유가 나타나 있지 않아요.

오답 풀이
① 1문단에서는 삼국 시대 고구려, 통일 신라 시대, 고려 시대, 조선 시대 교육 기관을 소개하고 있어요.
② 2문단에서 삼국 시대 고구려의 최고 교육 기관인 태학은

글의 내용 이 글은 '착한 사마리아인의 법'에 대해 설명하는 글이에요. '착한 사마리아인의 법'은 위험에 처한 사람을 도와야 할 의무를 법으로 정해 놓은 것이에요. 다른 사람의 고통이나 위험을 외면하는 사람들이 늘어나 타인을 돕는 행위를 법으로 정해 돕게 하기 위해서예요.

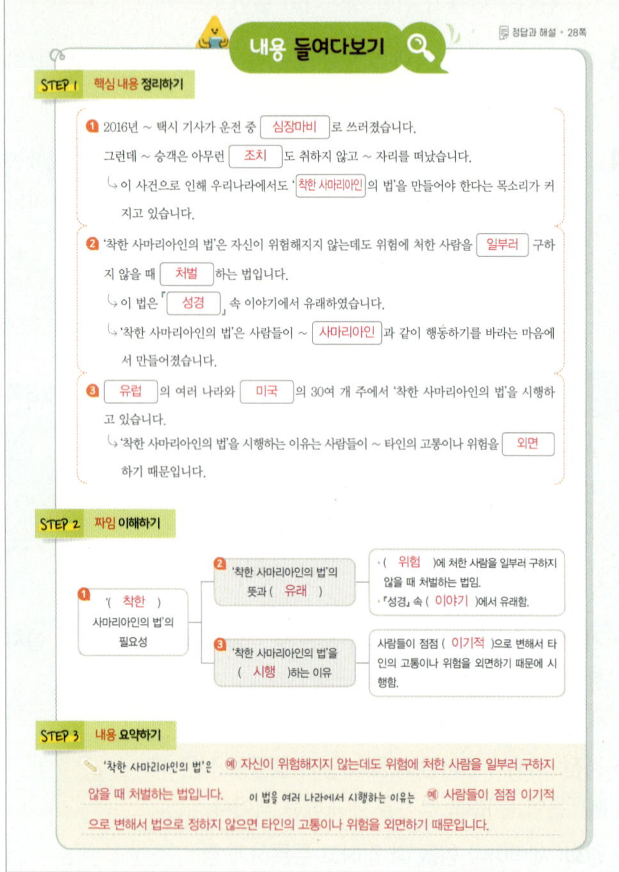

지 않았음에도 처벌받지 않은 이유가 나와 있어요. 승객이 처벌받지 않는 이유는 우리나라에는 위험에 처한 사람을 구하지 않았다고 처벌할 수 있는 법이 없기 때문이라고 했어요.

3 2문단의 『성경』 속 이야기는 '착한 사마리아인의 법'의 유래가 무엇인지를 보여 주고 있어요. 이것은 사마리아인의 도덕적 행동을 칭찬하는 것으로, 사마리아인이 유대인을 구한 것은 사람으로서 마땅히 해야 할 일을 한 것으로 볼 수 있어요.

오답 풀이

① 2문단에서 사마리아인은 당시 천대를 받고 유대인과 사이가 좋지 않았다고 했어요.

③ 사마리아인이 벌금을 내는 것이 두려워 유대인을 구했다고 볼 만한 근거는 찾아볼 수 없어요.

④ 사마리아인이 유대인에게 보답을 바라고 도움을 준 것이라고 볼 만한 근거는 찾아볼 수 없어요.

⑤ 유대인에게 큰 상처를 입힌 강도가 사마리아인이라는 근거는 찾아볼 수 없어요.

4 이 글에서는 여러 나라에서 '착한 사마리아인의 법'을 시행하는 것은, 사람들이 다른 사람의 고통이나 위험을 외면하는 상황을 막기 위한 것이라고 말하고 있어요. 이것을 통해 착한 사마리아인의 법을 시행하는 나라들이 더불어 사는 삶을 중요하게 생각하고 있음을 알 수 있어요. 이와 같은 내용으로 볼 때, 글쓴이가 우리나라에 '착한 사마리아인의 법'이 필요하다고 주장한다면, 그 근거로 더불어 사는 삶의 중요성을 이야기할 것임을 짐작해 볼 수 있어요.

문제로 확인하기 본문 • 126쪽

1 ③   **2** ⑤   **3** ②   **4** (1) ○

1 이 글에서 '착한 사마리아인의 법'의 문제점은 이야기하지 않았어요.

오답 풀이

① '착한 사마리아인의 법'의 뜻은 2문단에 나와 있어요.

② '착한 사마리아인의 법'의 유래는 2문단에 나와 있어요.

④ '착한 사마리아인의 법'을 시행하는 이유는 3문단에 나와 있어요.

⑤ '착한 사마리아인의 법'을 시행하는 나라는 3문단에 나와 있어요.

2 1문단에서는 위급한 상황에 처한 택시 기사를 승객이 도와주

어휘력 다지기 본문 • 127쪽

1 시행   **2** 유래   **3** 천대   **4** 처벌
5 이기적   **6** 외면

낱말 더 보기

· **조치**: 벌어지는 사태를 잘 살펴서 필요한 대책을 세워 행함. 또는 그 대책
  예 승객은 기사가 위험에 처했지만 어떤 조치도 취하지 않고 떠나 버렸다.

· **처하다**: 어떤 형편이나 처지에 놓이다.
  예 그는 거짓말을 계속하다가 사람들에게 따돌림을 당하는 어려움에 처했다.

· **유대인**: 히브리어를 쓰며 유일신 여호와를 믿는 민족

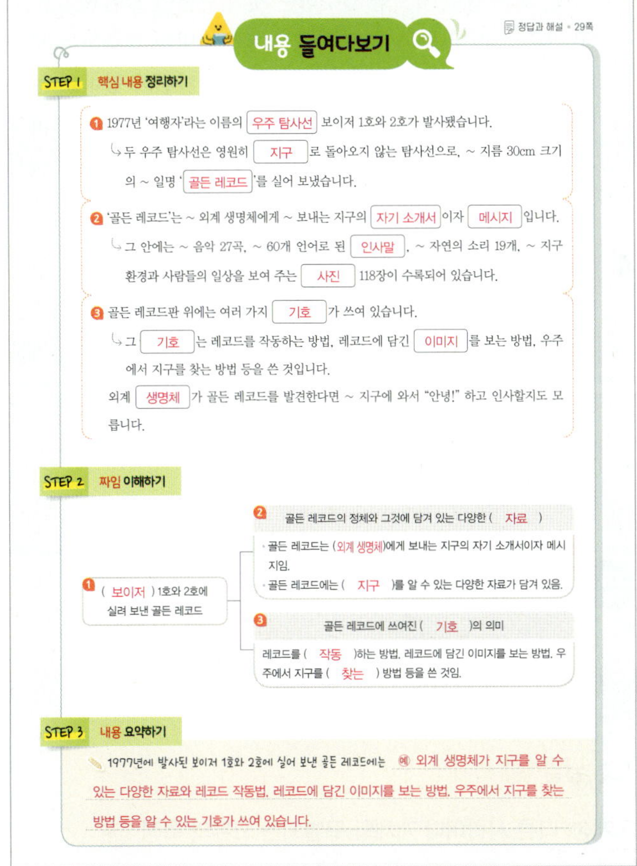

③ 1문단에서 골든 레코드는 지름 30cm 크기의 금박을 입힌 모양으로 되어 있다고 했어요.

④ 3문단에서 골든 레코드에 쓰여 있는 기호는 레코드의 작동 방법, 레코드에 담긴 이미지를 보는 방법, 우주에서 지구를 찾는 방법 등을 쓴 것이라고 했어요.

2 2문단에서 골든 레코드를 '외계 생명체에게 지구의 존재를 알리기 위해 보내는 지구의 자기 소개서이자 메시지'라고 한 점으로 볼 때, 보이저 1호, 2호에 골든 레코드를 실어 보낸 이유는 외계 생명체에게 지구를 소개하기 위해서라는 것을 알 수 있어요.

3 2문단에서 골든 레코드에는 음악 27곡, 60개 언어로 된 인사말, 자연의 소리 19개, 달 표면과 지구의 모습, 교사, 장을 보는 사람, 육상 선수 등 지구 환경과 사람들의 일상을 보여 주는 사진 118장이 수록되어 있다고 했어요. 이 자료들은 외계 생명체에게 지구를 소개하기 위한 것이므로, 외계인의 모습이 골든 레코드에 담겨 있다고 보는 것은 알맞지 않아요.

4 골든 레코드를 우주에 보낸 목적을 생각해 볼 때, 골든 레코드를 발견한 외계 생명체는 지구와 지구인에게 관심을 가질 것이라고 예상할 수 있어요. 하지만 외계 생명체가 본래 지구와 지구인에게 관심이 많은지는 알 수 없어요.

어휘력 다지기

본문 · 131쪽

1 ㉢　　**2** ㉠　　**3** ㉡　　**4** 발사

5 수록

🔍 낱말 더 보기

- **태양계**: 태양과 그것을 중심으로 돌고 있는 물체의 집합
  예 지구는 태양계의 세 번째 행성이다.

- **외계**: 지구 밖의 세계
  예 외계 어느 곳엔가 생명체가 있을 가능성이 있다.

문제로 확인하기

본문 · 130쪽

1 ⑤　　**2** ②　　**3** (1) ✕　(2) ○　(3) ○　　**4** ㉠

1 이 글은 골든 레코드에 대해 설명하는 글이에요. 1문단에서 골든 레코드를 우주 탐사선 보이저 1호, 2호에 실어 보냈다고 이야기하고 있지만, 골든 레코드를 숨겨 두었다거나 탐사선 어느 부분에 실어 두었는지에 대해서는 말하지 않았어요.

오답 풀이

① 2문단에서 골든 레코드는 외계인에게 지구를 소개하거나 메시지를 보내기 위해 만든 것이라고 말했어요.

② 2문단에서 골든 레코드에는 지구를 알 수 있는 다양한 자료가 담겨 있다고 했어요.

 이 글은 '현악기'의 종류를 소리 내는 방법으로 분류하여 설명한 글이에요. 현악기는 찰현 악기, 발현 악기, 타현 악기로 나뉘어요. 찰현 악기는 활로 줄을 문질러서 소리를 내는 악기이고, 발현 악기는 손이나 손톱, 연주 도구로 줄을 퉁기거나 뜯어서 소리를 내는 악기예요. 그리고 타현 악기는 줄을 두드리거나 때려서 소리를 내는 악기예요.

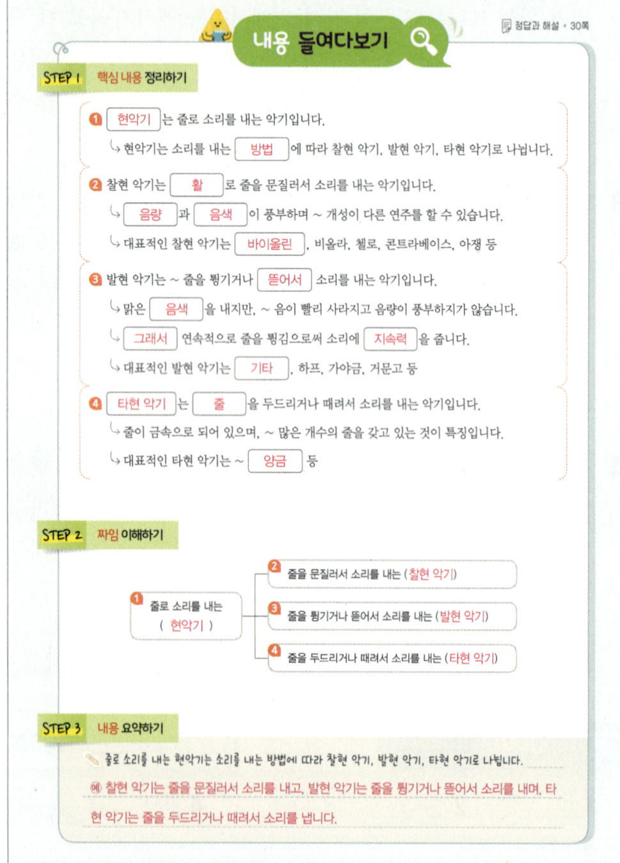

문제로 확인하기   본문 • 134쪽

1 ③   2 아쟁, 첼로, 비올라, 콘트라베이스
3 ①   4 발현 악기

1 이 글은 현악기의 종류를 소리 내는 방법에 따라 나누어 설명하는 글이에요.

2 2문단에서 찰현 악기는 활로 줄을 문질러서 소리를 내는 악기로, 대표적인 찰현 악기는 바이올린, 비올라, 첼로, 콘트라베이스, 아쟁 등이 있다고 설명하고 있어요.

3 4문단에서 타현 악기는 줄을 두드리거나 때려서 소리를 내는 악기라고 했고, 대표적인 타현 악기인 양금은 채로 줄을 쳐서 소리를 낸다고 했어요. 따라서 타현 악기를 연주하는 장면으

로 작은 채를 이용해 악기의 줄을 때리는 모습을 떠올리는 것이 알맞아요.

② 손으로 줄을 연속적으로 퉁기면서 연주하는 모습은 발현 악기를 연주하는 것과 관련이 있어요.

③ 활로 줄을 문질러서 연주하는 모습은 줄을 문질러서 소리를 내는 찰현 악기를 연주하는 것과 관련이 있어요.

④ 가죽을 덧댄 둥근 통을 막대로 두드리면서 연주하는 모습은 북과 같은 타악기를 연주하는 것과 관련이 있어요.

⑤ 악기를 길게 뉘어 놓고 짧은 막대로 줄을 뜯으며 연주하는 모습은 손이나, 손톱, 연주 도구로 줄을 퉁기거나 뜯어서 소리를 내는 발현 악기를 연주하는 것과 관련이 있어요.

4 보기 에서 설명하는 악기는 우리나라의 대표적인 전통 악기인 '거문고'예요. 거문고를 무릎 위에 길게 뉘어 놓고 대나무로 만든 막대기로 줄을 뜯으면서 연주하는 것으로 보아, 거문고는 줄을 퉁기거나 뜯어서 소리를 내는 '발현 악기'라고 할 수 있어요.

어휘력 다지기   본문 • 135쪽

1 활   **2** 마찰   **3** 지속력   **4** 연속적
5 음량   **6** 음색

낱말 더 보기

• **개성:** 다른 사람이나 개체와 구별되는 고유의 특성
　예 그는 늘 개성 있는 옷을 입었다.

• **울림:** 소리가 무엇에 부딪쳐 되울려 나오는 현상. 또는 그 소리
　예 악기 자체에 깊은 울림이 있는 악기가 있다.

• **대표적:** 어떤 분야나 집단에서 무엇을 대표할 만큼 특징적인. 또는 그런 것
　예 대표적인 현악기로는 바이올린, 거문고 등이 있다.

글의 내용   이 글은 우리 고유의 문자인 한글이 디지털 시대에 더 빛을 발하는 이유를 밝혀 한글의 우수성을 알리려고 쓴 글이에요. 한글은 디지털 시대에 많이 사용하는 컴퓨터 키보드와 스마트폰 자판에서 쉽고 빠르게 글을 입력할 수 있는 문자예요. 그리고 사람의 음성 인식 기술에도 가장 적합한 문자로 평가받고 있어요.

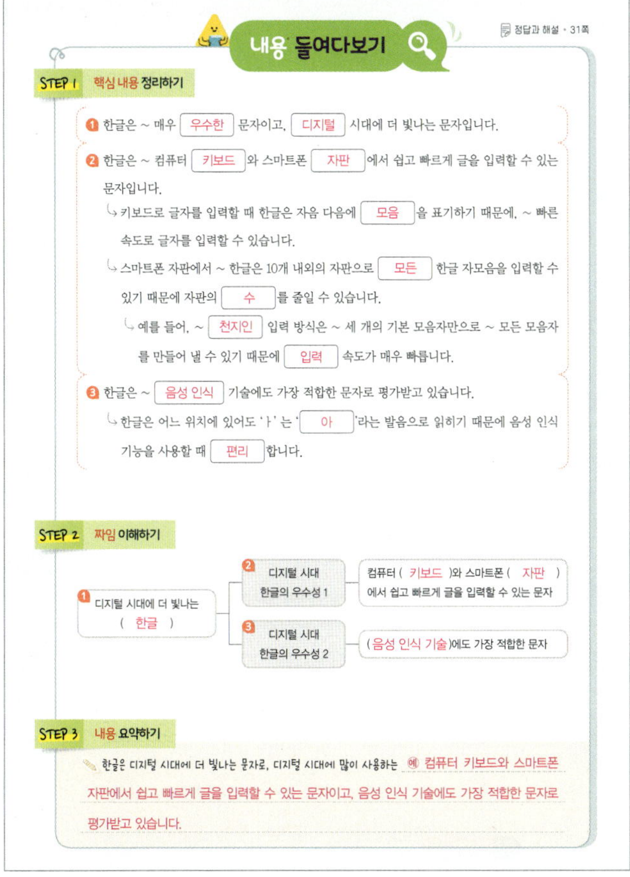

문제로 확인하기   본문 • 138쪽

1 ④   **2** ④   **3** ④   **4** 빠르게

1 글의 제목과 글에 등장하는 중요 낱말을 통해 글의 중심 화제를 알 수 있어요. 이 중심 화제를 바탕으로 이 글이 디지털 시대에 적합한 한글의 우수성을 알리기 위해 쓴 글임을 짐작해 볼 수 있어요.

2 2문단에서 천지인 입력 방식을 쓰면 '·(아래아)', 'ㅡ', 'ㅣ' 세 개의 기본 모음자만으로 한글의 모든 모음자를 입력할 수 있다고 했어요. 하지만 세 개의 기본 모음자만으로 자음자까지 입력할 수 있다는 것은 글의 내용과 달라요.

오답 풀이
① 2문단에서 한글은 어느 위치에 있어도 'ㅏ'는 '아'라는 발

음으로 읽히기 때문에 음성을 문자로 바꾸기가 편리하다고 했어요.

② 1문단에서 세종 대왕은 백성을 사랑하는 마음으로 글자를 만들고 그 뜻을 담아 '훈민정음', 즉 한글을 만들었다고 했어요.

③ 1문단에서 한글은 전 세계 언어학자들에게 독창성과 과학성을 인정받고 있다고 했어요.

⑤ 2문단에서 키보드로 글자를 입력할 때 한글은 왼손으로는 자음을, 오른손으로는 모음을 칠 수 있어 빠른 속도로 글자를 입력할 수 있다고 했어요.

3 3문단에서는 한글이 음성 인식 기술에도 적합한 문자라고 말하고 있어요. 그 근거로 알파벳은 쓰이는 위치에 따라 발음이 바뀔 수 있지만 한글의 자모음은 쓰이는 위치에 따라 발음이 바뀌지 않는다고 이야기하고 있어요.

4 보기에서는 컴퓨터에 중국의 한자를 입력하는 방법을 설명하고 있어요. 한자를 입력할 때는 한글을 입력할 때보다 번거로우므로, 키보드를 사용할 때 한글은 중국의 한자보다 빠르게 입력할 수 있다는 특징을 가졌다고 볼 수 있어요.

어휘력 다지기   본문 • 139쪽

1 ⓒ   **2** ㉠   **3** ㉣   **4** ⓛ
5 독창성   **6** 과학성

낱말 더 보기

- **문자**: 인간의 언어를 적는 데 사용하는 시각적인 기호 체계
  ⑩ 한글은 우리나라 고유의 문자이다.

- **디지털**: 정보를 숫자로 변환하여 데이터를 한 자리씩 끊어서 다루는 방식
  ⑩ 디지털시계는 바늘이 없이 숫자로만 표시된다.

- **자판**: 키(key)가 일정한 규격에 따라 배열되어 있는 입력 장치
  ⑩ 중국인은 3만 개가 넘는 한자를 자판에 나열할 수 없어 발음을 먼저 영어로 입력한 다음 발음에 해당하는 한자를 입력한다.

04일차

공부한 날 월 일

모기에 물려 가려워요

핵심 내용 이해

Q. 다음 낱말 카드를 활용하여 이 글의 내용을 정리해 보자!

| 번식 | 섭취 | 수액 | 이슬 | 치료 | 항체 | 단백질 |

- 모기의 암컷과 수컷은 평소에 **예** 식물의 수액이나 꿀, 이슬 등을 먹고 삽니다.
- 모기의 암컷이 피를 먹는 이유는 **예** 번식에 꼭 필요한 단백질을 섭취하기 위한 것입니다.
- 모기에 물렸을 때 가려운 이유는 **예** 우리 몸이 모기 물린 곳의 상처를 치료하기 위한 항체를 만들면서 빨갛게 부풀어 오르기 때문입니다.

새로 알게 된 사실

Q. 이 글을 읽고 새롭게 알게 된 내용을 적어 보자!

예 모든 모기가 피를 먹는 줄 알았는데, 암컷 모기만 번식에 필요한 단백질을 섭취하기 위해 피를 먹는다는 것을 알게 되었다.

나의 생각 정리

Q. 다음 글을 읽고 지구 온난화로 인해 모기의 활동 기간이 늘어나면 생기는 문제점을 써 보자!

지구 온난화가 점점 심해지고 있어요. 그 원인은 지구의 숲과 나무가 사라지고, 생활 곳곳에서 발생하는 이산화 탄소의 양이 늘어나고 있기 때문이에요. 그래서 따뜻한 남쪽에서만 자라던 식물들이 점점 북쪽까지 올라와서 자라고, 덥고 습한 환경을 좋아하는 모기 같은 곤충이 활동하는 기간이 늘어났어요.

'나'는 **예** 모기의 활동기간이 늘어나면 모기가 옮기는 뇌염, 뎅기열, 말라리아 같은 열대 전염병들이 예전에 없었던 지역에서도 발생하게 될 것이라고 생각했다.

어휘력 확인

1~3 다음 낱말의 알맞은 뜻을 찾아 선으로 이어 보세요.

1. 항체 — ㉡ 세균이나 바이러스 등의 침입으로부터 몸을 보호하는 물질
2. 냉찜질 — ㉢ 찬물에 적신 천이나 차가운 성질의 약품 따위를 사용하는 찜질
3. 불청객 — ㉠ 초대하지 않았는데도 스스로 찾아온 손님

4~5 다음 문장의 밑줄 친 낱말의 뜻으로 알맞은 것을 골라 ○표 해 보세요.

4. 강민이는 약속하면 어김없는 친구이다.
   → (지키지 않는 / (어기는 일이 없는))

5. 단 음식을 지나치게 많이 섭취하면 건강에 해롭다.
   → (가려서 즐겨 먹으면 / (몸속에 빨아들이면))

6~8 다음 문장의 빈칸에 알맞은 낱말을 **보기** 의 글자 카드로 만들어 써 보세요.

보기

| 부 | 소 | 악 | 위 | 평 | 화 |

6. 상황이 **악** **화** 되는 것을 막으려면 대화가 필요하다.
   일의 형편이 나쁜 쪽으로 바뀜.

7. 세균 감염을 막으려면 상처 **부** **위** 를 자주 소독해야 한다.
   전체에 대하여 어떤 특정한 부분이 차지하는 위치

8. 등산화의 크기는 **평** **소** 신는 신발보다 5mm 정도 큰 게 좋다.
   특별한 일이 없는 보통 때

05일차

공부한 날 월 일

어린이 비만의 원인

핵심 내용 이해

Q. 다음 글자 카드를 활용하여 글쓴이가 이 글을 쓴 목적을 완성해 보자!

| 방 | 법 | 예 | 원 | 인 |

- 글쓴이는 독자에게 어린이 비만의 위험성을 알리고 그 **원** **인** 과 **예** **방** **법** 을 전달하기 위한 목적으로 글을 썼다.

새로 알게 된 사실

Q. 이 글을 읽고 새롭게 알게 된 내용을 적어 보자!

예 스트레스와 같은 심리적인 요인도 비만의 원인이 될 수 있다는 것을 알게 되었다.

나의 생각 정리

Q. 다음 생활 습관 중 한 가지를 고르고, 이것을 고치기 위해 무엇을 할 수 있을지 자신의 생각을 써 보자!

비만이 되기 쉬운 생활 습관

① 아침을 자주 거른다.
② 음식을 먹으며 게임을 한다.
③ 저녁이나 늦은 시간에 먹는다.
④ 신체 활동이나 운동을 싫어한다.
⑤ 식사를 20분 이내로 빨리 먹는다.
⑥ 열량이 높은 음식을 자주 먹는다.
⑦ 스트레스를 받으면 먹는 것으로 푼다.

'나'는 **예** ②를 선택했다. 게임을 하면서 음식을 먹으면 골고루 먹을 수 없고, 소화가 잘 안 돼서 건강에 해롭다. 그래서 게임은 정해진 시간에만 하고, 가급적 다른 일을 하며 음식을 먹는 일은 피하려고 한다.

어휘력 확인

1~3 다음 뜻에 알맞은 낱말을 글자의 첫소리를 참고하여 써 보세요.

1. 나이나 수준이 서로 비슷한 무리 → ㄸ ㄹ : **또래**
2. 뼈와 뼈 사이에 있는, 성장을 일으키는 판 → ㅅ ㅈ ㅍ : **성장판**
3. 같은 말이나 일을 자꾸 반복함. 또는 같은 일이 자꾸 일어남. → ㄷ ㅍ ㅇ : **되풀이**

4~6 다음 밑줄 친 말과 바꿔 쓸 수 있는 낱말을 **보기** 에서 골라 내용에 어울리게 써 보세요.

보기

| 즐기다 | 달하다 | 불어나다 |

4. 우리 가족은 등산을 <u>좋아하여</u> 자주 하는 편이다. → **즐기는**
5. 하루 대중교통을 이용하는 사람은 수백만에 <u>이른다</u>. → **달한다**
6. 한동안 늦은 저녁에 간식을 먹어서 그런지 몸무게가 많이 <u>늘었다</u>. → **불어났다**

7~8 다음 문장에 어울리는 낱말을 괄호 안에서 골라 ○표 해 보세요.

7. 햄버거와 같은 음식은 ((열량)/ 열정)이 높아 살이 찌기 쉽다.
8. 맛있는 음식이라고 해서 ((과식)/ 배식)을 하면 배탈이 나기 쉽다.

아프라시압 궁전 벽화

핵심 내용 이해

Q. 다음 낱말 카드를 활용하여 아프라시압 궁전 벽화 속의 두 사신을 고구려인으로 보는 이유가 무엇인지 써 보자!

| 조우관 | 고구려인 | 삼국 시대 | 환두대도 |

✎ 두 사신은 **예** 고구려인과 같은 조우관을 쓰고 있다.
✎ 두 사신은 **예** 삼국 시대 사람들의 모습과 비슷하다.
✎ 두 사신은 **예** 고구려인들이 차던 환두대도를 차고 있다.

새로 알게 된 사실

Q. 이 글을 읽고 새롭게 알게 된 내용을 적어 보자!

✎ **예** 고구려인들은 자신들의 문화를 알리기 위해 세계를 무대로 활동을 했다는 것을 알게 되었다.

나의 생각 정리

Q. 다음 글을 읽고 고구려의 문화의 영향력에 대한 자신의 생각을 써 보자!

고구려의 승려 혜자는 일본 쇼토쿠 태자의 스승이 되었어요. 혜자는 태자를 가르치며 고구려의 문화를 일본에 전했어요. 또한 고구려 승려 담징은 일본에 먹과 종이를 만드는 법도 가르쳐 주었어요. 일본 다카마쓰 고분 벽화에는 고구려 벽화에 나오는 여인과 비슷한 복식을 한 여인이 등장하는데, 이는 고구려가 일본 벽화에 많은 영향을 주었음을 보여 준다.

✎ '나'는 **예** 고구려인들이 사마칸트 지역뿐만 아니라 바다 건너 일본까지 고구려의 문화를 전했다는 점에서 그들은 자신들의 문화에 높은 자부심을 가지고 있었을 것이라 생각한다.

어휘력 확인

1~3 다음 낱말의 알맞은 뜻을 찾아 선으로 이어 보세요.

1 유적 ── ⓒ 중국과 서아시아, 지중해 지역을 연결하여 무역하던 길
2 복식 ── ⓖ 옷과 장신구를 아울러 이르는 말
3 비단길 ── ⓛ 역사적인 사건과 관련 있는 물건이나 장소

4~5 다음 뜻풀이를 참고하여 십자말 풀이를 완성해 보세요.

4 ⓖ 동양과 서양을 아울러 이르는 말
5 ⓛ 중국의 서쪽에 있던 여러 나라를 통틀어 이르는 말

	ⓖ→	ⓛ↓	
	동	서	양
		역	

6~8 다음 문장의 빈칸에 알맞은 낱말을 보기에서 찾아 써 보세요.

보기 　교류　　짐작　　추정

6 범인은 우리의 **짐작** 대로 이곳에 오지 않았다.
　사정이나 형편 따위를 어림잡아 헤아림.
7 이번 공연은 남북한이 만나 문화를 **교류** 하는 기회가 될 것이다.
　문화나 생각 따위가 서로 통함.
8 전문가들은 이번 화재의 원인이 전기의 누전에서 비롯된 것이라 **추정** 하고 있다.
　미루어 생각하여 판정함.

바코드와 QR 코드

핵심 내용 이해

Q. 다음 낱말 카드를 활용하여 바코드와 QR 코드의 쓰임에 대해 정리해 보자!

| 홍보 | 결제 | 도난 | 상품 |

✎ 바코드는 **예** 상품을 관리하거나 도난을 방지하는 목적으로 쓰입니다.
✎ QR 코드는 **예** 바코드의 기능을 하는 것은 물론 제품 홍보나 결제 시스템에 이용됩니다.

새로 알게 된 사실

Q. 이 글을 읽고 새롭게 알게 된 내용을 적어 보자!

✎ **예** 바코드와 QR 코드에는 다양한 정보가 담겨 있다는 것을 알게 되었고, 특히 QR 코드에는 많은 양의 숫자뿐만 아니라 문자, 한자까지도 담을 수 있다는 것을 알게 되었다.

나의 생각 정리

Q. 다음 글을 읽고 스마트폰으로 QR 코드를 사용할 때 주의할 점이 무엇인지 자신의 생각을 써 보자!

QR 코드에 악성 코드나 바이러스를 담아 퍼뜨리는 일이 많이 발생하고 있다. 이로 인해 이용자의 디지털 기기가 원하지 않는 불법 사이트에 연결되기도 하고, 그것에 저장된 개인 정보가 유출되기도 한다.

✎ '나'는 스마트폰으로 **예** QR 코드를 읽기 전에, QR 코드를 어떤 목적으로 제공하는 것인지, 검증된 곳에서 만들었는지를 꼭 확인하기로 했다.

어휘력 확인

1~3 다음 설명에 해당하는 낱말을 보기에서 찾아 써 보세요.

보기 　기호　　결제　　시스템

1 이것은 부호, 문자, 표지 따위를 통틀어 이르는 말이야. → **기호**
2 이것은 필요한 기능을 작동하기 위해 규칙에 따라 만든 집합을 뜻하는 말이야. → **시스템**
3 이것은 돈을 주고받아 사고파는 사람 사이의 거래를 끝맺는 일을 나타내는 말이야. → **결제**

4~6 다음 문장의 빈칸에 알맞은 낱말을 보기에서 찾아 써 보세요.

보기 　개발　　저장　　지불

4 옛날 사람들은 땅속에 김치를 **저장** 하였다.
　물건 따위를 모아서 간수함.
5 이 물건을 가져가려면 그 값을 **지불** 해야 한다.
　값을 치름.
6 조선 시대 과학자 장영실은 빗물의 양을 재는 측우기를 **개발** 하였다.
　새로운 물건을 만들거나 생각을 내어놓음.

7~8 다음 밑줄 친 말과 바꿔 쓸 수 있는 낱말을 골라 ○표 하세요.

7 쓰고 남은 종이를 활용하여 학교 게시판을 꾸몄다. → 응용 　(이용)
8 이 물건은 부패가 심해서 원래 생김새를 찾아볼 수 없었다. → 유형 　(형태)

중력이 사라진다면?

핵심 내용 이해

Q. 다음 글자 카드를 활용하여 '중력'과 '무게', '질량'의 의미를 정리해 보자!

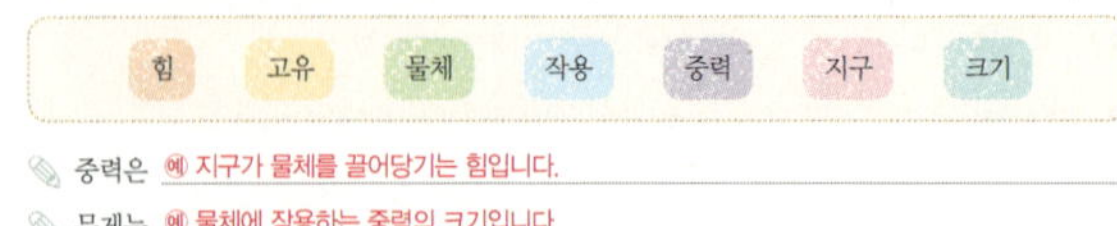

✎ 중력은 <u>예) 지구가 물체를 끌어당기는 힘입니다.</u>
✎ 무게는 <u>예) 물체에 작용하는 중력의 크기입니다.</u>
✎ 질량은 <u>예) 물체의 고유한 양을 나타냅니다.</u>

새로 알게 된 사실

Q. 이 글을 읽고 새롭게 알게 된 내용을 적어 보자!

✎ <u>예) '무게'는 중력에 따라 변할 수 있지만, '질량'은 물체가 가진 고유한 양이므로 중력과 관계없이 변하지 않는다는 것을 알게 되었다.</u>

나의 생각 정리

Q. 다음 글을 읽고 나무에 달린 사과가 아래로 떨어지는 이유를 써 보자!

> 질량이 있는 모든 물체는 서로를 끌어당기는데, 이 힘을 '만유인력'이라고 한다. 사과와 지구를 예를 들어 보자. 사과와 지구는 서로 끌어당기고 있지만 지구가 사과를 끌어당기는 힘에 비해 사과가 지구를 끌어당기는 힘은 매우 작다고 할 수 있다. 왜냐하면 지구의 질량이 사과의 질량보다 훨씬 크기 때문이다. 뉴턴은 물체의 질량이 클수록 다른 물체를 끌어당기는 힘이 더 커진다는 것을 알아냈다.

✎ <u>예) 사과와 지구는 서로를 끌어당기지만 질량이 큰 지구가 사과를 끌어당기는 힘이 훨씬 크기 때문에 사과가 나무에서 아래로 떨어지는 것이다.</u>

어휘력 확인

(1~3) 다음 뜻에 해당하는 낱말을 [보기]에서 찾아 써 보세요.

[보기]

손상되다	작용하다	지탱하다

1 병이 들거나 다치다. → 손상되다

2 오래 버티거나 배겨 내다. → 지탱하다

3 어떠한 현상을 일으키거나 영향을 미치다. → 작용하다

(4~5) 다음 뜻풀이를 참고하여 십자말 풀이를 완성해 보세요.

4 ㉠ 눈알 안에 미치는 압력
5 ㉡ 심장에서 혈액을 밀어 낼 때, 혈관 안에 생기는 압력

(6~8) 다음 문장의 빈칸에 알맞은 낱말을 [보기]의 글자 카드로 만들어 써 보세요.

[보기]

게	량	력	무	중	질

6 환경이 바뀌어도 이 물질의 <u>질 량</u>은 변하지 않는다.
물체의 고유한 기본량

7 무중력은 마치 <u>중 력</u>이 없는 것처럼 느끼는 현상을 말한다.
지구 위의 물체가 지구로부터 받는 힘

8 짐의 <u>무 게</u>가 너무 무거워서 내가 들기에는 역부족이다.
물건의 무거운 정도

육상 트랙을 도는 방향

핵심 내용 이해

Q. 다음 낱말 카드를 활용하여 육상 선수들이 트랙을 반시계 방향으로 달릴 때 기록이 잘 나오는 이유를 완성해 보자!

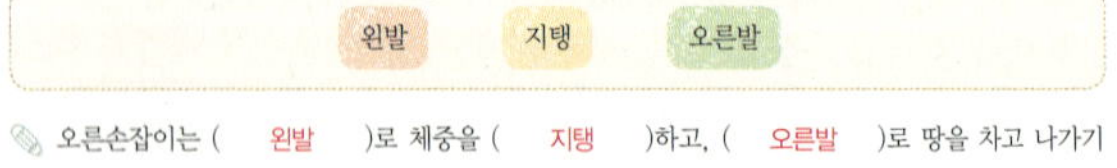

✎ 오른손잡이는 (<u>왼발</u>)로 체중을 (<u>지탱</u>)하고, (<u>오른발</u>)로 땅을 차고 나가기 때문에 트랙을 반시계 방향으로 달릴 때 좋은 기록을 낼 수 있는 것입니다.

새로 알게 된 사실

Q. 이 글을 읽고 새롭게 알게 된 내용을 적어 보자!

✎ <u>예) 육상 경기의 트랙을 반시계방향으로 도는 것은 오른손잡이 선수들에게 유리하다는 것을 알게 되었다.</u>

나의 생각 정리

Q. [보기] 중 하나의 소재를 활용하여 왼손잡이가 되어 느낄 수 있는 불편한 점에 대해 써 보자!

[보기]
· 가위질
· 악수를 하는 손
· 글을 쓰고 읽는 방향
· 컴퓨터 마우스를 움직이는 손

✎ <u>예) 글은 왼쪽에서 오른쪽 방향으로 쓰도록 되어 있다. 왼손잡이가 글을 쓸 때는 몸의 안쪽 방향으로 글을 써야 하기 때문에 오른손잡이처럼 몸의 바깥쪽으로 글을 쓸 때보다 불편한 자세가 되기 쉽다.</u>

어휘력 확인

(1~3) 다음 뜻에 알맞은 낱말을 글자의 첫소리를 참고하여 써 보세요.

1 활동이나 회전의 중심 → ㅊ : 축

2 육상 경기에서 경기를 할 때 달리도록 만든 길 → ㅌ ㄹ : 트랙

3 어떤 상태나 행동 따위에 대하여 거스르고 반항함. → ㅂ ㅂ : 반발

(4~5) 다음 문장에 어울리는 낱말을 괄호 안에서 골라 ○표 해 보세요.

4 달리기, 뛰기, 던지기는 (수상 / ⊙육상) 경기에 속한다.

5 나사를 풀 때는 드라이버를 (시계 / ⊙반시계) 방향으로 돌려야 한다.

(6~7) 다음 문장의 빈칸에 알맞은 낱말을 [보기]의 글자 카드로 만들어 써 보세요.

[보기]

의	중	체	항

6 성장기에는 키가 크고 <u>체 중</u>이 늘어나는 속도가 굉장히 빠르다.
몸의 무게

7 마을에 쓰레기 처리장을 설치한다는 계획은 주민들의 <u>항 의</u>에 부딪쳤다.
못마땅한 생각이나 반대의 뜻을 주장함.

아킬레스건에 숨겨진 의미

핵심 내용 이해

Q. 다음 낱말 카드를 활용하여 아킬레스건의 의미를 정리해 보자!

약점	힘줄	치명적

아킬레스건은 종아리 근육과 발뒤꿈치 뼈를 이어 주는 우리 몸에서 튼튼한 (**힘줄**)을 가리키는 말이지만 사람마다 각각 다르게 가지고 있는 (**치명적**)인 (**약점**)이라는 뜻으로도 사용되고 있습니다.

새로 알게 된 사실

Q. 이 글을 읽고 새롭게 알게 된 내용을 적어 보자!

예 '아킬레스건'이 '치명적인 약점'이란 의미를 가지게 된 것은 인물 아킬레스가 발뒤꿈치에 약점을 가지고 있다는 데에서 비롯되었음을 알게 되었다.

나의 생각 정리

Q. 다음 글을 읽고 아킬레스를 스틱스 강에 담근 테티스의 행동에 대해 평가해 보자!

바다의 여신 테티스는 인간인 펠레우스와 결혼하여 아킬레스를 낳았어요. 아킬레스의 몸에는 인간의 피도 섞여 있었기 때문에 죽음을 피할 수 없었어요. 그래서 테티스는 아킬레스를 스틱스 강에 담그고, 그를 불사신으로 만들려고 한 것이에요.

'나'는 **예** 아들 아킬레스를 스틱스 강에 담근 테티스의 행동은 잘못된 것이라고 본다. 아들을 불사신으로 만들고 싶은 자신의 욕심이 결국 아킬레스를 죽음으로 내몰았다고 생각한다.

어휘력 확인

1~3 다음 낱말의 알맞은 뜻을 찾아 선으로 이어 보세요.

1. 전사 — ㉠ 전투하는 군사
2. 영웅 — ㉡ 지혜가 뛰어나고 용감하여 보통 사람이 하기 어려운 일을 해내는 사람
3. 불사신 — ㉢ 아무리 때려도 다치지도 아니하고 피도 나지 아니하는 특이하게 강한 몸

4~6 다음 설명에 해당하는 낱말을 보기 에서 찾아 써 보세요.

보기 | 우람하다 | 용맹하다 | 어처구니없다

4. 체격이 크고 튼튼한 사람의 모습을 가리키는 말이야. → **우람하다**
5. 무서움을 모르고 용감한 사람의 성격을 나타낼 때 쓰는 말이야. → **용맹하다**
6. 일이 생각했던 것과 다르게 뜻밖이어서 어이가 없을 때 쓰는 말이야. → **어처구니없다**

7~8 다음 문장에 어울리는 낱말을 괄호 안에서 골라 ○표 해 보세요.

7. 홍익인간은 (**널리** / 멀리) 사람을 이롭게 한다는 뜻이다.
8. 우리 몸의 (기간 / **기관**)은 생명을 유지하기 위하여 끊임없이 활동하고 있다.

말 속에 숨어 있는 성차별

핵심 내용 이해

Q. 다음 낱말 카드를 활용하여 글쓴이가 이 글을 쓴 목적을 완성해 보자!

속담	여성	차별	이유

글쓴이는 우리의 (**속담**)(이)나 말에 (**여성**)을/를 (**차별**)하는 뜻이 담겨 있는 (**이유**)을/를 설명하고, 여성을 차별하는 말을 되도록 쓰지 않도록 노력해야 한다고 주장하고 있다.

새로 알게 된 사실

Q. 이 글을 읽고 새롭게 알게 된 내용을 적어 보자!

예 '여교사, 여군' 등의 표현이 여성을 차별하는 의미를 담고 있음을 알게 되었다.

나의 생각 정리

Q. 다음 글에 드러난 '차별'에 대한 자신의 생각을 써 보자!

여자아이에게는 칭찬의 말로 "예쁘다"는 표현을 쓰고, 남자아이에게는 "씩씩하다"라는 표현을 자주 사용합니다. 또한 드라마나 광고 속에서 여성은 요리나 집안일을 하고 남성은 무거운 짐을 옮기는 장면이 많이 등장합니다.

'나'는 **예** 주로 여성이 요리나 집안일을 하고, 남성이 무거운 짐을 옮기는 것으로 표현되는 것은 우리 사회의 '성 차별'을 잘 보여 준다고 생각한다. 남성이나 여성의 역할은 정해져 있지 않고, 능력과 재능에 따라 얼마든지 역할은 바뀔 수 있기 때문이다.

어휘력 확인

1~2 다음 뜻에 알맞은 낱말을 글자의 첫소리를 참고하여 써 보세요.

1. 세상에 전하여 내려오는 설이나 견해 → ㅅ ㅅ **속설**
2. 둘 이상의 대상을 각각 등급이나 수준 등의 차이를 두어 구별함. → ㅊ ㅂ **차별**

3~5 다음 속담의 빈칸에 알맞은 낱말을 보기 에서 찾아 써 보세요.

보기 | 이레 | 암탉 | 뒤웅박

3. 여편네 팔자는 **뒤웅박** 팔자
   여자의 운명은 남편에게 매인 것이나 다름없다는 말
4. **암탉** 이/가 울면 집안이 망한다.
   가정에서 아내가 남편을 제쳐 놓고 간섭하면 집안일이 잘 안 된다는 말
5. 남자는 **이레** 굶으면 죽고 여자는 열흘 굶으면 죽는다.
   어려움에 처했을 때 여자가 남자보다 더 잘 견딘다는 것을 비유하여 이르는 말

6~8 다음 문장의 밑줄 친 말과 바꿔 쓸 수 있는 낱말을 보기 에서 찾아 문장에 맞게 써 보세요.

보기 | 성실하다 | 특이하다 | 뒷바라지하다

6. 나는 주변 사람들에게 <u>정성스럽고 참되다</u>고 평가를 받는다. → **성실하다고**
7. 어머니는 자식들을 <u>뒤에서 보살피며 도와주는</u> 일에 평생을 바쳤다. → **뒷바라지하는**
8. 내 친구는 보통 상태에 비하여 <u>두드러지게 다른</u> 성격을 가지고 있다. → **특이한**

새로운 친구 맺기, SNS

핵심 내용 이해

Q. 다음 낱말 카드를 활용하여 SNS의 특징을 정리해 보자!

| 정보 | 친구 | 홍보 | 구매 |

✎ SNS를 이용하면 <u>⑩ 모르는 사람과도 친구가 될 수 있습니다.</u>
✎ SNS를 이용하면 <u>⑩ 빠른 속도로 많은 사람들에게 정보를 전달할 수 있습니다.</u>
✎ SNS를 이용하면 <u>⑩ 손쉽게 상품을 홍보할 수 있습니다.</u>

새로 알게 된 사실

Q. 이 글을 읽고 새롭게 알게 된 내용을 적어 보자!

✎ <u>⑩ SNS의 전파력은 수학의 거듭 제곱의 법칙에 빗대어 표현할 수 있을 정도로 어마어마하다는 것을 알게 되었다.</u>

나의 생각 정리

Q. 다음 글을 읽고 SNS를 할 때 주의해야 할 점은 무엇이라고 생각하는지 써 보자!

> 연예인 A 씨는 자신의 SNS에 그룹 멤버들과 여행을 가서 찍은 사진을 올렸다. 이를 본 B 씨는 A 씨가 올린 사진에 그룹 멤버 중 한 명이 빠졌다며 그가 왕따를 당하고 있다는 내용의 글을 자신의 SNS에 올렸다.

✎ '나'는 <u>⑩ SNS를 할 때, 상대방이 전달해 준 정보가 사실인지 아닌지를 꼼꼼히 따져 본다. 사실이 아닌 거짓 정보를 마치 사실인 것처럼 다른 사람에게 전달했다가는 원하지 않게 피해를 입는 사람들이 생겨날 수 있기 때문이다.</u>

어휘력 확인

1~2 다음 뜻에 알맞은 낱말을 글자의 첫소리를 참고하여 써 보세요.

1 요구를 받아들임. → ㅅ ㄹ : <u>수락</u>

2 가지고 있는 생각이나 뜻이 서로 통함. → ㅇ ㅅ ㅅ ㅌ : <u>의사소통</u>

3~5 다음 문장에 어울리는 낱말을 괄호 안에서 골라 ○표 해 보세요.

3 그는 한 번만 만나 달라는 사람들의 (수청 /(요청))을 거절했다.

4 친구가 숙제를 도와준다고 했을 때, 나는 ((거듭)/ 거의) 거절의 뜻을 밝혔다.

5 각 지방단체들은 지역 ((상거래)/ 암거래)가 활발하게 이루어질 수 있도록 지원하고 있다.

6~8 다음 문장의 빈칸에 알맞은 낱말을 **보기** 의 글자 카드로 만들어 써 보세요.

| **보기** |
| 곱　대　소　비　제　화 |

6 2의 [제][곱] 은 4이다.
　　같은 수를 두 번 곱함. 또는 그렇게 하여 얻어진 수

7 건강에 대한 관심이 높아지면서 채소의 [소][비] 가 크게 늘었다.
　　돈이나 물자, 시간, 노력 따위를 들이거나 써서 없앰.

8 이번 복지 정책의 [확][대] 로 혜택을 보는 서민들이 늘어날 것이다.
　　모양이나 규모 따위를 더 크게 함.

물의 흐름에 따른 지형 변화

핵심 내용 이해

Q. 다음 낱말 카드를 활용하여 물이 흐르는 속도에 따라 어떤 작용이 일어나는지 정리해 보자!

| 흙과 돌 | 침식 작용 | 퇴적 작용 |

✎ 물이 빨리 흐르는 곳은 <u>⑩ 흙과 돌이 많이 깎이고 파이는 침식 작용이 일어납니다.</u>
✎ 물이 천천히 흐르는 곳은 <u>⑩ 흙과 돌이 서서히 쌓이는 퇴적 작용이 일어납니다.</u>

새로 알게 된 사실

Q. 이 글을 읽고 새롭게 알게 된 내용을 적어 보자!

✎ <u>⑩ 물의 흐름에 따라 침식 작용과 퇴적 작용이 반복적으로 일어나면서 땅의 모양이 바뀐다는 것을 알게 되었다.</u>

나의 생각 정리

Q. 다음 글을 읽고 삼각주가 농사를 짓기 좋은 땅인 이유가 무엇인지 써 보자!

> 강의 하류에서 물길이 바다에 닿기 전에 여러 갈래의 작은 강으로 갈라지기도 하고 다시 합쳐지기도 해요. 이때 물길의 속도가 매우 느려지면서 퇴적 작용이 일어나 퇴적물들이 쌓여 삼각형 모양의 땅 '삼각주'가 만들어져요. 삼각주는 주변에 물이 계속해서 흐르고 땅이 평평해요. 우리나라의 김해평야가 대표적인 삼각주예요.

✎ <u>⑩ 삼각주는 주변에 물이 흐르고 땅이 평평하며 퇴적물로 인해 땅이 기름지므로 농사를 짓기에 좋은 조건을 갖추고 있다.</u>

어휘력 확인

1~3 다음 낱말의 알맞은 뜻을 찾아 선으로 이어 보세요.

1 물살　•　　•　㉠ 물이 흘러 내뻗는 힘
2 침식　•　　•　㉡ 물이나 바람 따위의 자연 현상이 땅을 깎는 일
3 퇴적　•　　•　㉢ 돌이나 흙이 물, 바람의 작용으로 운반되어 일정한 곳에 쌓이는 일

4~5 다음 뜻풀이를 참고하여 십자말 풀이를 완성해 보세요.

4 ㉠ 강의 중간 부분
5 ㉡ 물이 굽이쳐 흘러감. 또는 그 흐름이나 물

㉠→ [곡]
　　　[중][류]㉡

6~8 다음 문장의 빈칸에 알맞은 낱말을 **보기** 의 글자 카드로 만들어 써 보세요.

| **보기** |
| 갈　경　래　류　사　상 |

6 그 집은 [경][사] 가 급한 언덕을 올라가야 해서 힘들다.
　　비스듬히 기울어짐. 또는 그런 상태나 정도

7 어머니는 매일 아침마다 딸의 머리를 두 [갈][래] 로 땋아 준다.
　　갈라진 낱낱을 세는 단위

8 강의 [상][류] 에서는 물의 흐름이 빨라 흙과 돌이 잘 쓸려 내려간다.
　　강의 물줄기가 시작된 데서 가까운 부분

정답과 해설 · 37쪽

해부학에 관심을 가진 화가, 다빈치

핵심 내용 이해

Q. 다음 낱말 카드를 활용하여 레오나르도 다빈치에 대해 알게 된 사실을 정리해 보자!

| 원리 | 해부학 | 몸의 구조 | 뼈의 생김새 | 미술 |

✎ 레오나르도 다빈치는 <u>예 해부학과 미술을 연결 지은 최초의 화가입니다.</u>
✎ 레오나르도 다빈치는 <u>예 뼈의 생김새, 몸의 구조, 근육이 움직이는 원리를 알기 위해 사람이 몸을 여러 번 해부했습니다.</u>

새로 알게 된 사실

Q. 이 글을 읽고 새롭게 알게 된 내용을 적어 보자!

✎ <u>예 레오나르도 다빈치는 훌륭한 화가이기도 하지만, 관찰력이 뛰어난 과학자라는 것을 알게 되었다.</u>

나의 생각 정리

Q. 다음 글을 읽고, 레오나르도 다빈치의 성격에 대해 어떻게 생각하는지 써 보자!

- 레오나르도 다빈치는 요리에 관심이 많아 요리사로 일을 한 적도 있다.
- 레오나르도 다빈치는 하늘을 나는 새를 보고, 헬리콥터와 낙하산을 발명했다.
- 레오나르도 다빈치는 사람의 몸을 해부하며 시신경이 뇌에 연결되어 있다는 사실을 알아냈다.

✎ '나'는 <u>예 레오나르도 다빈치가 주변에 호기심과 관심이 많은 사람인 것 같다. 그리고 자신이 궁금한 것은 답을 찾을 때까지 관찰하고 연구하는 성격인 것 같다.</u>

어휘력 확인

1~2 다음 뜻에 알맞은 낱말을 글자의 첫소리를 참고하여 써 보세요.

1 어떤 두 개의 수 또는 양을 서로 비교하여 몇 배인가를 나타내는 관계

→ ㅂ ㅇ : 비율

2 생물체의 일부나 전부를 갈라 헤쳐 그 내부 구조와 각 부분을 조사하는 일

→ ㅎ ㅂ : 해부

3~5 다음 설명에 해당하는 낱말을 보기 에서 찾아 써 보세요.

| 보기 |
| 시각   원근법   입체감 |

3 이것은 물체와 공간의 멀고 가까움을 느낄 수 있도록 평면 위에 표현하는 방법을 말해.

→ 원근법

4 이것은 사물을 바라보고 관찰하는 위치를 나타내는 말이야. 위, 아래, 옆, 뒤 등 이것을 달리하여 대상을 관찰하면, 대상을 좀 더 자세하게 표현할 수 있어.

→ 시각

5 이것은 위치와 넓이, 길이, 두께를 가진 물건에서 받는 느낌을 나타내는 말이야. 이것을 잘 살리면 대상에서 볼록한 부분과 그렇지 않은 부분을 표현할 수 있어.

→ 입체감

6~7 다음 문장에 어울리는 낱말을 괄호 안에서 골라 ○표 해 보세요.

6 자식에 대한 어머니의 사랑은 (⃝위대하다 / 우대하다).

7 우리 모둠은 조별 과제의 문제점을 (⃝보완 / 완성)하여 새로운 발표 자료를 만들었다.

정답과 해설 · 37쪽

널뛰기 속에 숨어 있는 과학

핵심 내용 이해

Q. 다음 낱말 카드를 활용하여 널뛰기 속에 담긴 과학적 원리에 대한 설명을 완성해 보자!

| 작용 | 지레 | 반작용 | 받침대 |

✎ (지레)의 법칙에 따르면, (받침대)에서 멀리 떨어져 있을수록 힘이 커진다.
✎ (작용)와/과 (반작용)의 법칙에 따르면, 물체 A가 물체 B에 힘을 줄 때 같은 힘을 되돌려 받게 된다.

새로 알게 된 사실

Q. 이 글을 읽고 새롭게 알게 된 내용을 적어 보자!

✎ <u>예 몸무게가 적게 나가는 사람과 몸무게가 많이 나가는 사람이 함께 널뛰기를 할 때에는 널밥을 조정하여 무게의 균형을 맞추어야 한다는 것을 알았다.</u>

나의 생각 정리

Q. 다음 글을 읽고 널뛰기를 어떤 놀이라고 생각하는지 써 보자!

널뛰기는 널에서 상대방을 떨어뜨리면 승리하는 놀이이다. 상대편을 널에서 떨어뜨리기 위해서는 높이 뛰어 올라 널을 힘껏 굴러 주어야 하고, 상대편의 리듬과 구르는 타이밍을 잘 맞춰야 한다.

✎ '나'는 <u>예 널뛰기가 겉으로는 경쟁하는 놀이로 보이지만, 실제로는 상대와 협력을 해야 더욱 흥미롭게 즐길 수 있는 놀이라고 생각한다.</u>

어휘력 확인

1~3 다음 낱말의 알맞은 뜻을 찾아 선으로 이어 보세요.

1 단오 • — • ㉠ 음력 5월 5일
2 설날 • — • ㉡ 음력 팔월 보름날
3 추석 • — • ㉢ 음력으로 한 해의 첫째 날

4~6 다음 뜻에 해당하는 낱말을 보기 에서 찾아 써 보세요.

| 보기 |
| 전달하다   조정하다   되돌리다 |

4 어떤 기준이나 상황에 맞게 정돈하다.

→ 조정하다

5 자극, 신호, 동력 따위를 다른 기관에 전하다.

→ 전달하다

6 움직이던 쪽과 반대되게 방향을 바꾸어 가게 하거나 돌아가게 하다.

→ 되돌리다

7~9 다음 문장에 어울리는 낱말을 괄호 안에서 골라 ○표 해 보세요.

7 같은 차에 탄 두 사람이 (홀로 / ⃝번갈아) 운전을 하였다.

8 손바닥으로 책상을 내려치면 (작용 / ⃝반작용)의 힘으로 인해 그만큼 손바닥은 충격을 받는다.

9 정부는 어느 한쪽으로 치우치지 않는 (⃝균형 / 불균형) 있는 지역 발전을 이루겠다고 약속하였다.

공자의 '인' 사상

핵심 내용 이해

Q. 다음 낱말 카드를 활용하여 공자의 '인' 사상에 담긴 의미가 무엇인지 완성해 보자!

> 사람   소중   존재

공자의 '인' 사상에는 (**사람**)은/는 그 어떤 (**존재**)보다 귀하고 (**소중**)하다는 의미가 담겨 있습니다.

새로 알게 된 사실

Q. 이 글을 읽고 새롭게 알게 된 내용을 적어 보자!

예 공자는 사람을 가장 귀하게 생각했고, 말보다는 행동으로 '인' 사상을 실천한 사람으로 지금까지도 많은 사람들의 존경을 받는다는 것을 알게 되었다.

나의 생각 정리

Q. 다음 인터뷰 내용을 읽고 공자의 '인'을 실천할 때 좋은 점이 무엇인지 써 보자!

> **기자:** 공자 선생님께서는 왜 '인'을 중요하게 생각하게 되었나요?
> **공자:** 내가 살던 중국은 전쟁이 끊이질 않았어요. 백성들은 굶어 죽거나 전쟁터에서 싸우다가 죽었지요. 나는 안타까운 마음에 사람이 어떻게 하면 더 나은 세상에서 살 수 있을까를 고민하게 되었어요. 그러다 군주가 사람을 사랑하는 마음, '인(仁)'을 가지면 좋겠다고 생각하게 되었지요. 사람이 가장 소중하다고 생각하며 다른 사람을 도와주고, 어려운 사람을 보살펴 주기 위해 애쓰다 보면 결국 평화로운 세상이 될 테니까요.

예 공자 선생님의 말씀대로 사람을 사랑하는 마음을 가지고 서로를 대한다면 서로 미워할 일도 없고, 싸울 일이 생기지 않을 것이다. 우리도 공자 선생님의 '인' 사상을 배우고 실천하면 좋겠다.

어휘력 확인

1~3 다음 뜻에 알맞은 낱말을 글자의 첫소리를 참고하여 써 보세요.

1 벼슬자리에 오른 사람 → ㄱ ㄹ : **관리**

2 사회에서 개인이 가진 위치나 계급 → ㅅ ㅂ : **신분**

3 윗세대로부터 물려받아 나라를 다스리는 최고 지위에 있는 사람 → ㄱ ㅈ : **군주**

4~5 다음 문장에 어울리는 낱말을 괄호 안에서 골라 ○표 해 보세요.

4 내일 현장 학습은 날씨에 (어김없이 / (상관없이)) 일정대로 출발합니다.

5 예은이의 노래 실력은 ((절대로) / 반대로) 다른 친구들에게 빠지지 않는다.

6~8 다음 문장의 빈칸에 알맞은 낱말을 보기 에서 찾아 문장에 맞게 고쳐 써 넣으세요.

> **보기**
> 단호하다   들통나다   온화하다

6 그가 한 거짓말은 결국에는 **들통나고** 말았다.
　　　　　　　　　　　　　드러나고

7 우리는 놀러 가자는 친구의 제안을 **단호하게** 거절했다.
　　　　　　　　　　　　막 잘라 결정하고 엄격하게

8 내 동생은 성격이 **온화하여** 놀림에도 쉽게 화를 내지 않는다.
　　　　　　　　온순하고 부드러워

우리가 지켜야 할 미래 유산

핵심 내용 이해

Q. 다음 괄호 안에 어울리는 말에 ○표 하여 이 글의 핵심 내용을 완성해 보자!

(문화유산 / (미래 유산))은 ((문화유산) / 미래 유산)으로 지정되지는 않았으나 후손에게 물려줄 만한 충분한 ((가치) / 재미)가 있는 것들 중에서 선정한다.

미래 유산은 ((중요한) / 평범한) 인물이나 사건, 지역의 ((생활) / 서민) 문화를 이해하는 데 도움이 되는 것, 특색 있는 장소 또는 경관으로 지역 사람들에게 널리 알려진 것 등에서 선정한다.

새로 알게 된 사실

Q. 이 글을 읽고 새롭게 알게 된 내용을 적어 보자!

예 미래 유산을 선정하는 것은 미래에 문화유산이 될 만한 가치 있는 것들을 미리 보호하는 데 목적이 있다는 것을 알게 되었다.

나의 생각 정리

Q. 다음 글을 읽고 '이문 설렁탕'이 왜 미래 유산으로 선정되었다고 생각하는지 써 보자!

> 1900년대 초 서울 종로구에 문을 연 이문설렁탕은 대한민국 최초의 설렁탕집으로 110년이 넘는 시간 동안 그 이름을 지켜 오고 있다. 그리고 한국인이 사랑하는 오래된 한식당 100선에도 가장 먼저 소개되었다. 이문설렁탕의 ○○○ 대표는 좋은 재료로 대중 음식점에 걸맞은 단순하지만 맛있는 음식을 제공하는 것이 목표라고 말했다.

'나'는 예 이문설렁탕이 서울 지역 사람들의 생활 문화를 이해하는 데 많은 도움이 되는 곳이기 때문에 미래 유산으로 선정되었다고 생각한다.

어휘력 확인

1~3 다음 낱말의 알맞은 뜻을 찾아 선으로 이어 보세요.

1 유산 —　　　　㉠ 어떤 것에 특정한 자격을 줌.

2 선정 —　　　　㉡ 앞 세대가 물려준 사물 또는 문화

3 지정 —　　　　㉢ 여럿 가운데서 어떤 것을 뽑아 정함.

(1–㉡, 2–㉢, 3–㉠)

4~6 다음 문장의 빈칸에 알맞은 낱말을 보기 에서 찾아 써 보세요.

> **보기**
> 지역   인물   사건

4 이순신은 임진왜란에서 큰 활약을 한 **인물** 이다.

5 6.25 전쟁은 우리나라의 중요한 역사적 **사건** 이다.

6 미래 유산은 **지역** 을 대표할 수 있는 것 중에서 가치가 있는 것을 선정한다.

7~8 다음 밑줄 친 말과 바꿔 쓸 수 있는 낱말에 ○표 해 보세요.

7 우리는 아름답고 깨끗한 환경을 <u>후손</u>에게 물려주어야 한다. → 단골 (자손)

8 역사적 가치가 있는 이 구역은 문화유산으로 지정해 <u>보호</u>해야 한다. → (보존) 보유

멋진 변신, 곤충의 탈바꿈

핵심 내용 이해

Q. 다음 글자 카드를 활용하여 이 글의 핵심 내용을 완성해 보자!

완전 탈바꿈은 곤충이 알에서 깨어나 애벌레가 되었다가 번데기를 거쳐 어른벌레가 되는 것이고, 불완전 탈바꿈은 곤충이 번데기 과정을 거치지 않고 어른벌레가 되는 것이다.

새로 알게 된 사실

Q. 이 글을 읽고 새롭게 알게 된 내용을 적어 보자!

예 완전 탈바꿈 곤충들은 애벌레와 어른벌레의 먹이가 다르고, 불완전 탈바꿈 곤충들은 애벌레와 어른벌레의 먹이가 비슷하다는 것을 알게 되었다.

나의 생각 정리

Q. 다음 그림을 보고 번데기 과정을 거치는 것을 왜 완전 탈바꿈이라고 하는지 자신의 생각을 써 보자!

'나'는 예 번데기 과정을 거치는 곤충은 애벌레일 때와 어른 벌레가 되었을 때 모양이나 형태가 완전히 바뀌기 때문에 완전 탈바꿈이라고 한다고 생각한다.

어휘력 확인

1~2 다음 뜻에 알맞은 낱말을 글자의 첫소리를 참고하여 써 보세요.

1 벌레가 실을 내어 지은 집 → ㄱ ㅊ : 고치

2 동물이나 식물이 태어나서 어린 시절을 지나 성장하여 자손을 남기고 죽을 때까지의 과정 → ㅎ ㅅ ㄹ : 한살이

3~5 다음 문장의 빈칸에 알맞은 낱말을 보기 에서 찾아 써 보세요.

보기: 멸종   서식   허물

3 곤충은 허물 을 벗으면서 그 크기가 점점 커진다.
살갗에서 저절로 일어나는 꺼풀

4 생태 습지는 먹이가 풍부하여 많은 동식물이 서식 하기에 알맞다.
생물이 일정한 곳에 자리를 잡고 삶.

5 우리나라는 멸종 위험이 높은 야생 동물을 천연기념물로 지정해 보호하고 있다.
생물의 한 종류가 아주 없어짐.

6~8 다음 문장에 어울리는 낱말을 괄호 안에서 골라 ○표 해 보세요.

6 환경 오염은 인간의 ((생존) / 생산)을 위협한다.

7 우리는 가족의 보살핌 속에서 매일매일 (신장 / (성장))하고 있다.

8 (완전 / (불완전)) 탈바꿈은 번데기 과정을 거치지 않는 탈바꿈이다.

전통 공놀이, 축국과 격구

핵심 내용 이해

Q. 다음 글자 카드를 활용하여 글쓴이가 이 글을 쓴 목적을 완성해 보자!

글쓴이는 독자에게 우리 조상들이 즐긴 공놀이 에 대한 정보 을/를 전달하기 위한 목적으로 글을 썼다.

새로 알게 된 사실

Q. 이 글을 읽고 새롭게 알게 된 내용을 적어 보자!

예 우리 조상들은 오랜 옛날부터 오늘날의 축구나 야구와 비슷한 공놀이를 했다는 것을 알게 되었다.

나의 생각 정리

Q. 다음 글을 읽고 삼국 시대부터 했던 축국이 조선 시대에 인기가 없었던 이유를 써 보자!

조선 시대에는 예절을 지키고 마음과 정신을 갈고닦는 것을 중요하게 생각한 유교가 나라를 다스리고 사회 질서를 유지하는 기준이었다. 그러다 보니 몸을 사용하는 무예나 운동은 중요하게 생각되지 않았다.

예 조선 시대는 글공부는 중요하게 생각하였지만 몸을 사용하는 일은 중시하지 않았기 때문에 몸으로 하는 운동인 축국은 쓸모없는 것으로 여겨져 인기가 없었을 것이다.

어휘력 확인

1~2 다음 뜻풀이를 참고하여 십자말 풀이를 완성해 보세요.

1 ㉠ 탈것을 타지 않고 걸어감.

2 ㉡ 일을 할 때 쓰는 연장을 통틀어 이르는 말

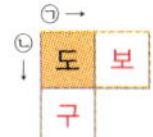

3~5 다음 문장의 빈칸에 알맞은 낱말을 보기 에서 찾아 써 보세요.

보기: 기록   수단   뭉치

3 수단 와/과 방법을 가리지 말고 목표한 것을 이루자.
어떤 목적을 이루기 위한 방법. 또는 그 도구

4 당시의 사건 기록 을/를 보면 목격자를 찾을 수 있을 것이다.
남길 목적으로 어떤 사실을 적음.

5 격구는 나무로 만든 채와 마 끈 뭉치 (으)로 만든 공으로 하는 놀이이다.
한데 뭉치거나 말리거나 감은 덩이

6~7 다음 문장의 빈칸에 알맞은 낱말을 보기 의 글자 카드로 만들어 써 보세요.

보기: 신   련   훈   분

6 조선 시대에는 타고난 신분 을 벗어나기가 무척 어려웠다.
개인의 사회적인 위치나 계급.

7 격구는 고려 시대와 조선 시대에 군사들의 훈련 수단으로 활용되었다.
기본자세나 동작 따위를 되풀이하여 익힘.

정답과 해설 · 40쪽

잘못 쓰는 높임 표현

핵심 내용 이해

Q. 다음 낱말 카드를 활용하여 글쓴이가 이 글을 쓴 목적을 완성해 보자!

| 표현 | 높임 | 공경 | 마음 |

글쓴이는 독자에게 상대를 존중하고 (공경)하는 (마음)을 담아 올바른 (높임)(표현)을 쓰도록 하기 위한 목적으로 글을 썼다.

새로 알게 된 사실

Q. 이 글을 읽고 새롭게 알게 된 내용을 적어 보자!

예 세종 대왕과 같은 역사적인 인물은 높이지 않는 것이 올바른 표현임을 알았다.

나의 생각 정리

Q. 다음 대화를 읽고 카페 직원이 왜 잘못된 높임 표현을 사용했다고 생각하는지 써 보자!

> **카페 사장:** 고객에게는 공손하게 말해야 합니다.
> **카페 직원:** 네, 그렇게 하겠습니다.
> (손님 방문 후)
> **손님:** 키위 주스 한 잔 주세요.
> **카페 직원:** 키위 주스는 오천 원이세요.
> **손님:** 네.
> **카페 직원:** 주문하신 키위 주스 나오셨습니다.

'나'는 예 카페 직원이 고객에게 무조건 공손하게 말해야 한다는 생각을 가지고 있었기 때문에 사물까지 높여 썼다고 생각한다.

어휘력 확인

1~2 다음 뜻에 알맞은 낱말을 글자의 첫소리를 참고하여 써 보세요.

1 마음에 새겨 두고 조심함.   → ㅈ ㅇ : 주의

2 어떤 대상에 대하여 마음속에 새겨지는 느낌   → ㅇ ㅅ : 인상

3~5 다음 문장의 빈칸에 알맞은 낱말을 보기 에서 찾아 써 보세요.

| 보기 |
| 사물   위인   웃어른 |

3 높임 표현은 듣는 사람이 말하는 사람보다 웃어른 일 때 사용한다.

4 이 동영상에서는 뛰어나고 훌륭한 옛 위인 의 삶을 소개하고 있다.

5 '주스 나오셨습니다.'는 사물 을 높여서 쓴 것으로 잘못 쓴 높임 표현이다.

6~7 다음 문장의 빈칸에 알맞은 낱말을 보기 의 글자 카드로 만들어 써 보세요.

| 보기 |
| 의   중   존   예 |

6 공동체 생활에서는 서로 간에 예 의 를 지켜야 한다.
존경의 뜻을 표현하기 위하여 예로써 나타내는 말투나 몸가짐

7 높임 표현은 다른 사람을 존 중 할 때 자연스럽게 나온다.
높이어 귀중하게 대함.

정답과 해설 · 40쪽

역사의 시대 구분

핵심 내용 이해

Q. 다음 낱말 카드를 활용하여 선사 시대와 역사 시대의 의미를 구분해 보자!

| 기록 | 과거 | 사실 | 때 |

선사 시대는 예 과거의 사실이 기록으로 남아 있지 않은 때이다.
역사 시대는 예 과거의 사실을 글자로 기록해 놓은 때이다.

새로 알게 된 사실

Q. 이 글을 읽고 새롭게 알게 된 내용을 적어 보자!

예 구석기 시대에는 단순히 돌을 깨뜨리고 떼어서 도구로 사용했다면, 신석기 시대에는 돌을 다듬고 갈아서 도구로 사용했다는 것을 알게 되었다.

나의 생각 정리

Q. 다음 글을 읽고 유물과 유적을 통해 옛날 사람들이 어떻게 살았는지를 알 수 있는 이유는 무엇이라고 생각하는지 써 보자!

> 유물은 옛날 사람들이 만들고 사용했던 물건으로, 그릇이나 무기, 왕관 같이 옮길 수 있는 크기의 것을 말한다. 유적은 옛날 사람들이 살던 집이나 동굴, 무덤처럼 움직일 수 없는 장소를 말한다.

'나'는 예 유물과 유적에는 옛날 사람들의 흔적이 남아 있기 때문에 당시 사람들의 생활 모습을 짐작할 수 있다고 생각한다.

어휘력 확인

1~3 다음 설명에 해당하는 낱말을 보기 에서 찾아 써 보세요.

| 보기 |
| 문자   사료   발자취 |

1 지나온 과거의 흔적을 비유적으로 이르는 말   → 발자취

2 인간의 언어를 적는 데 사용하는 시각적인 기호   → 문자

3 문서, 기록, 건축, 조각 따위의 역사 연구에 필요한 자료나 유물   → 사료

4~6 다음 문장의 빈칸에 알맞은 낱말을 보기 에서 찾아 써 보세요.

| 보기 |
| 비석   흔적   유물 |

4 구석기 시대의 대표적인 유물 은 돌을 깨뜨려 만든 뗀석기이다.
조상이 후대에 남긴 물건

5 전쟁에서 목숨을 잃은 군인들의 삶을 기념하며 비석 을 세웠다.
업적을 기념하여 글의 새기어 세워 놓은 것

6 범죄를 저지른 범인은 신발 자국, 지문, 머리카락 등 반드시 흔적 을 남긴다.
지나간 뒤에 남은 자국이나 자취

7~8 다음 문장에 어울리는 낱말을 괄호 안에서 골라 ○표 해 보세요.

7 보물찾기 놀이에서 선생님께서 숨겨 놓으신 보물을 돌 아래에서 (발명 / (발견))하였다.

8 선사 시대는 사람들이 사용한 도구를 ((기준) / 기원)으로 구석기와 신석기 시대로 나눈다.

경제의 핏줄, 화폐

핵심 내용 이해

Q. 다음 빈칸에 알맞은 낱말을 써 넣어 화폐의 기능을 정리해 보자!

화폐는 상품이나 서비스로 교 환 하는 기능이 있고, 어떤 상품이나 서비스의 가치를 나타내는 기 준 이 되기도 하고, 가치를 저 장 하는 기능도 있다.

새로 알게 된 사실

Q. 이 글을 읽고 새롭게 알게 된 내용을 적어 보자!

예 시대가 변하면서 화폐가 점점 더 사용하기 편리하게 발달해 왔다는 것을 알게 되었다.

나의 생각 정리

Q. 다음 대화를 읽고 물품 화폐가 금속 화폐로 발달한 이유를 써 보자!

> **원시인 1:** 내가 잡은 물고기 한 마리와 네가 가진 가죽 옷 하나를 바꾸자.
> **원시인 2:** 물고기 한 마리로는 부족해. 두 마리를 더 주면 바꿔 주지.
> **원시인 1:** 두 마리나 더 달라고? 나는 한 마리면 될 것 같은데, 교환하기 어렵네.

예 물품 화폐가 금속 화폐로 바뀐 이유는 바꾸려는 물품 화폐의 값어치가 각각 다르고 가치를 나타내는 기준이 없었기 때문이다.

어휘력 확인

1~3 다음 낱말의 알맞은 뜻을 찾아 선으로 이어 보세요.

1 가치	㉠ 기본이 되는 표준
2 기준	㉡ 사물이 지니고 있는 쓸모
3 기능	㉢ 하는 구실이나 작용을 함. 또는 그런 것

4~6 다음 문장의 밑줄 친 낱말의 뜻으로 알맞은 것을 찾아 ○표 해 보세요.

4 돈을 많이 찍으면 돈의 값어치가 떨어진다.
→ (물건의 성질과 바탕 / 일정한 값에 해당하는 분량이나 가치)

5 새로 생긴 가게에는 외국에서 들여온 상품들이 많다.
→ (사고파는 물품 / 일상생활에서 반드시 있어야 할 물품)

6 요즘은 현금 거래보다 카드를 이용한 신용 거래가 늘고 있다.
→ (돈을 빌려주거나 빌림. / 돈을 앞으로 갚을 수 있음을 보이는 능력)

7~8 다음 문장의 밑줄 친 말과 바꿔 쓸 수 있는 낱말에 ○표 해 보세요.

7 화폐는 물건으로 교환하는 기능이 있다. → (바꾸는 / 변하는)

8 금속 화폐에 비해 종이 화폐는 보관하기 편리하다. → (간섭하기 / 간직하기)

지구를 아프게 하는 탄소 발자국

핵심 내용 이해

Q. 다음 낱말 카드를 활용하여 이 글의 주제를 완성해 보자!

습관	생활	탄소	발자국

(탄소)(발자국)을/를 줄이기 위해서는 우리의 (생활)(습관)을/를 바꿔야 한다.

새로 알게 된 사실

Q. 이 글을 읽고 새롭게 알게 된 내용을 적어 보자!

예 내가 음식을 먹거나 텔레비전을 볼 때에도 탄소 발자국이 발생한다는 걸 알게 되었다.

나의 생각 정리

Q. 다음 글에서 유럽 사람들이 플뤼그스캄 운동을 벌인 목적이 무엇인지 써 보자!

> 유럽 환경청의 자료에 따르면 승객 한 명이 1km를 이동할 때 발생하는 탄소 배출량은 기차가 14g, 비행기는 275g으로 비행기가 기차의 20배 가량 많은 탄소를 배출한다. 그래서 유럽 사람들은 비행기 대신 기차 등의 다른 교통수단을 더 많이 이용하자는 '플뤼그스캄' 운동을 벌였다. '플뤼그스캄'은 스웨덴어로 '비행기 여행의 부끄러움'이라는 뜻이다.

예 비행기는 기차보다 지구 기후 변화의 원인이 되는 탄소 배출량이 높다. 유럽 사람들은 탄소 발자국을 줄이기 위한 목적으로 플뤼그스캄 운동을 벌였다.

어휘력 확인

1~3 다음 낱말의 알맞은 뜻을 찾아 선으로 이어 보세요.

1 기후	㉠ 기온이 높아지는 현상
2 온난화	㉡ 기온, 비, 눈, 바람 따위의 날씨 상태
3 온실가스	㉢ 지구 대기를 오염시켜 온실 효과를 일으키는 기체

4~6 다음 문장의 빈칸에 알맞은 낱말을 보기 에서 찾아 써 보세요.

보기		
생산	소비	제도

4 물건을 생산 하기 위해서는 노동과 토지와 자본이 필요하다.
인간이 생활하는 데 필요한 각종 물건을 만들어 냄.

5 탄소 발자국은 환경 문제를 해결하기 위해 도입한 환경 제도 이다.
관습이나 도덕, 법률 따위의 규범이나 사회 구조의 체계

6 돈을 내고 소비 을/를 할 때는 합리적이고 지혜롭게 해야 한다.
상품이나 서비스를 이용하고 쓰는 일

7~8 다음 밑줄 친 말과 바꿔 쓸 수 있는 낱말에 ○를 해 보세요.

7 폐수를 거르지 않고 배출하는 것은 불법이다. → (없애는 / 내보내는)

8 층간 소음이 발생하는 원인을 찾아 해결해야 한다. → (생겨나는 / 생산되는)

정답과 해설 · 42쪽

예술가로서의 신사임당

핵심 내용 이해

Q. 다음 낱말 카드를 활용하여 신사임당의 〈초충도〉의 특징을 정리해 보자!

| 묘사 | 음영 | 구도 | 안정적 | 풀벌레 |

- 신사임당의 〈초충도〉는 **예) 각종 풀벌레**가 상하좌우에 배치되어 **구도**가 안정적이다.
- 신사임당의 〈초충도〉는 **예) 음영**을 살린 고운 채색과 섬세한 **묘사**가 특징이다.

새로 알게 된 사실

Q. 이 글을 읽고 새롭게 알게 된 내용을 적어 보자!

- **예) 신사임당**이 율곡 이이를 훌륭하게 키워 낸 어머니일 뿐만 아니라 조선 시대를 대표하는 예술가라는 것을 알게 되었다.

나의 생각 정리

Q. 다음 글을 읽고, 신사임당의 위대한 점이 무엇인지 자신의 생각을 써 보자!

조선 전기에 양반들은 자연의 아름다움을 그리는 산수화를 즐겨 그렸어요. 이때의 산수화는 중국의 풍경을 따라 그린 것이 대부분이었어요. 신사임당은 중국의 풍경을 베껴 그리는 대신에 작은 풀, 작은 식물, 곤충들을 관찰해서 있는 그대로를 섬세하게 표현하였고, 그렇게 유명해진 것이 〈초충도〉에요.

- '나'는 **예) 신사임당**이 단순히 시대의 흐름을 따라가기보다는 자유롭게 자신의 생각을 주장하고 거침없이 본인의 능력을 펼친 여성이었다고 생각합니다.

어휘력 확인

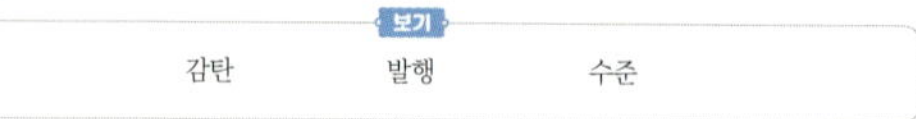

1~3 다음 뜻에 알맞은 낱말을 글자의 첫소리를 참고하여 써 보세요.

1 그림을 그리는 방식이나 양식 → ㅎ ㅍ : **화풍**

2 그림에서 모양, 색깔, 위치 따위의 짜임새 → ㄱ ㄷ : **구도**

3 유학을 깊이 연구하여 높은 경지에 오른 사람 → ㅇ ㅎ ㅈ : **유학자**

4~6 다음 문장의 빈칸에 알맞은 낱말을 **보기**에서 찾아 써 보세요.

보기

| 감탄 | 발행 | 수준 |

4 그녀의 그림은 이름난 예술가의 그림만큼 **수준**이 높다.
└ 사물의 가치나 기준이 되는 표준

5 그는 요리사의 뛰어난 음식을 맛보고 **감탄**이 절로 나왔다.
└ 마음속 깊이 느끼어 탄복함.

6 우리나라에서 화폐의 **발행**을 담당하는 곳은 한국은행이다.
└ 세상에 내놓아 널리 쓰도록 함.

7~8 다음 문장의 밑줄 친 말과 바꿔 쓸 수 있는 낱말에 ○표 해 보세요.

7 조선 시대에는 <u>가혹한</u> 형벌이 많았다. → (**모진**) 　 모자란

8 조선 시대에는 여성이 사회에 <u>진출할</u> 기회가 많지 않았다. → (**나아갈**) 　 마련할

정답과 해설 · 42쪽

피라미드에 숨어 있는 수학적 비밀

핵심 내용 이해

Q. 다음 낱말 카드 중 알맞은 것을 골라 넣어 이 글의 핵심 내용을 완성해 보자!

| 각도 | 비밀 | 비율 | 수학 |

- 피라미드의 경사(**각도**)와/과(**비율**)에는 여러 가지(**수학**)적(**비밀**)이 숨겨져 있습니다.

새로 알게 된 사실

Q. 이 글을 읽고 새롭게 알게 된 내용을 적어 보자!

- **예) 피라미드**가 4,000년이 넘도록 무너지지 않고 오랫동안 유지되는 비결이 피라미드의 경사 각도 때문이라는 것을 알게 되었다.

나의 생각 정리

Q. 다음 글을 읽고 황금 비율을 적용한 형태로 제품들이 생산되는 이유가 무엇인지 써 보자!

우리 주변에는 A4 용지나, 신용카드, 신분증 등 황금 비율을 적용한 사각형 모양의 제품들을 쉽게 찾아볼 수 있어요.

- **예) 황금 비율**에 따라 제품을 만들면, 균형 있고 편안하며 안정적인 느낌을 줄 수 있습니다.

어휘력 확인

1~3 다음 설명에 해당하는 낱말을 **보기**에서 찾아 써 보세요.

보기

| 각도 | 경사 | 비율 |

1 비스듬히 기울어짐. 또는 그런 상태나 정도 → **경사**

2 한 점에서 갈리어 나간 두 직선의 벌어진 정도. 각의 크기 → **각도**

3 어떤 두 개의 수 또는 양을 비교하여 몇 배인가를 나타내는 관계 → **비율**

4~6 다음 문장의 빈칸에 알맞은 낱말을 **보기**에서 찾아 써 보세요.

보기

| 유지 | 구조물 | 불가사의 |

4 그가 갑작같이 사라진 것은 정말 **불가사의**한 일이다.
└ 미루어 헤아릴 수 없이 이상하고 야릇함.

5 이 성은 오랫동안 무너지지 않고 그 모양을 **유지**하고 있다.
└ 그대로 보존하거나 변함없이 계속하여 지탱함.

6 지금 눈앞에 보는 건물은 이 도시에서 가장 높은 높이의 **구조물**이다.
└ 설계에 따라 여러 가지 재료를 얽어서 만든 물건

7~8 다음 문장에 어울리는 낱말을 괄호 안에서 골라 ○표 해 보세요.

7 예수가 태어난 해를 기준으로 그 이전을 ((**기원전**) / 기원후)(이)라고 부른다.

8 오랫동안 건강을 유지하는 ((**비결**) / 비밀)은 규칙적인 생활을 하며 꾸준히 운동하는 것이다.

옛날의 교육 기관

핵심 내용 이해

Q. 다음 괄호 안에 알맞은 말에 ○표를 하여 이 글의 목적을 완성해 보자!

✎ 글쓴이는 과거 우리나라에도 오늘날 (⭕대학 / 직장)과 같은 (⭕교육 / 행정) 기관이 있었다는 것을 알리기 위한 목적으로 글을 썼다.

새로 알게 된 사실

Q. 이 글을 읽고 새롭게 알게 된 내용을 적어 보자!

✎ 예 오래 전부터 인재를 기르기 위한 교육은 나라의 중요한 사업 중 하나로 여겨졌다는 것을 알게 되었다.

나의 생각 정리

Q. 다음 글을 읽고 우리나라의 옛 교육 기관의 교육 목적에 대해 어떻게 생각하는지 써 보자!

> **'교육'의 의미**
>
> 교육은 사람의 됨됨이를 교육하고 사람이 살아가는 데 필요한 지식이나 기술 등을 가르치는 것이다.

✎ '나'는 예 교육이란 사람의 됨됨이를 가르치는 것이라고 생각한다. 그런데 교육의 목적을 인재를 양성하는 것에 둔 우리나라 옛날 교육 기관은 문제가 있었다고 생각한다.

어휘력 확인

1~2 다음 뜻풀이를 참고하여 십자말 풀이를 완성해 보세요.

1 ㉠ 유학을 공부하는 선비

2 ㉡ 옛날 중국 공자의 사상이나 가르침을 배우는 학문

	유	생
교		

3~5 다음 문장의 빈칸에 알맞은 낱말을 보기 에서 찾아 써 보세요.

보기

| 관리 | 국립 | 기관 |

3 과천에 있는 과학관은 나라에서 관리하는 **국립** 과학관이다.
　나라의 예산으로 세우고 관리함

4 국회는 국가 행정 **기관** 이/가 하는 일을 감시하는 역할을 한다.
　사회생활의 영역에서 일정한 역할과 목적을 위하여 설치한 기구나 조직

5 조선 시대에는 과거 시험을 통해 유능한 사람을 **관리** (으)로 뽑았다.
　관직에 있는 사람

6~7 다음 문장의 빈칸에 알맞은 낱말을 보기 의 글자 카드로 만들어 써 보세요.

보기

| 학 | 관 | 양 | 기 | 성 | 문 |

6 옛날 교육 기관들은 인재를 **양 성** 하는 데 목적이 있었다.
　가르쳐서 유능한 사람을 길러냄

7 유학은 공자의 가르침에서 시작된 **학 문** 으로 조선 시대에 많은 분야에 영향을 미쳤다.
　어떤 분야를 체계적으로 배워서 익힘. 또는 그런 지식

착한 사마리아인의 법

핵심 내용 이해

Q. 다음 낱말 카드를 활용하여 착한 사마리아인의 뜻과 유래를 정리해 보자!

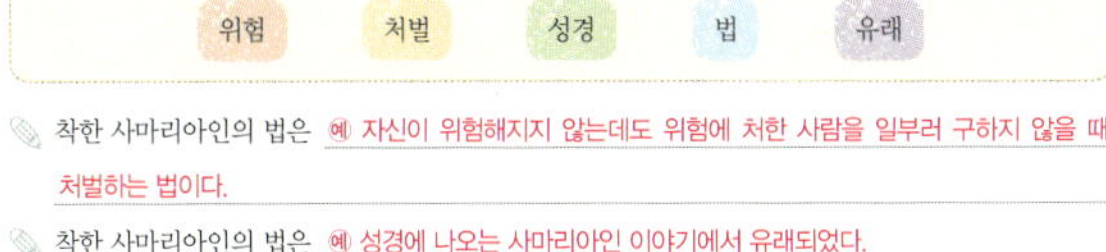

✎ 착한 사마리아인의 법은 예 자신이 위험해지지 않는데도 위험에 처한 사람을 일부러 구하지 않을 때 처벌하는 법이다.

✎ 착한 사마리아인의 법은 예 성경에 나오는 사마리아인 이야기에서 유래되었다.

새로 알게 된 사실

Q. 이 글을 읽고 새롭게 알게 된 내용을 적어 보자!

✎ 예 미국과 유럽의 몇몇 나라들에서 위험에 처한 사람을 구하지 않으면 처벌받는 법을 시행하고 있다는 사실을 알게 되었다.

나의 생각 정리

Q. 다음 글을 읽고 '착한 사마리아인의 법'과 우리나라의 '구호자 보호법'의 공통점은 무엇인지 써 보자!

> 우리나라에서는 선한 마음으로 응급 환자에게 응급 처치를 하다 실수로 환자에게 손해를 입힌 경우 그 결과에 책임을 덜어 주는 '응급 의료에 관한 법률(구호자 보호법)'이 만들어졌다.

✎ 예 '착한 사마리아인의 법'과 '구호자 보호법'은 모두 사람들이 위험에 처한 사람을 외면하지 않고 구하도록 하기 위해 만든 법이라는 공통점이 있다.

어휘력 확인

1~3 다음 뜻에 알맞은 낱말을 주어진 글자의 첫소리를 참고하여 써 보세요.

1 업신여기어 천하게 대우하거나 푸대접함. → ㅊ ㄷ **천대**

2 사실이나 상황 따위를 인정하지 않고 피함. → ㅇ ㅁ **외면**

3 사물이나 일이 생겨남. 또는 그 사물이나 일이 생겨난 바 → ㅇ ㄹ **유래**

4~6 다음 설명에 해당하는 낱말을 보기 에서 찾아 써 보세요.

보기

| 법 | 관습 | 도덕 |

4 이것은 국가가 공동체의 유지를 위해 만든 강제적인 사회 규범이에요. → **법**

5 이것은 밖에서 정해진 것이 아닌 자신의 마음과 생각에서 우러나오는 행동 규범이에요. → **도덕**

6 이것은 오랜 시간에 걸쳐 전해져 내려와 '사회 구성원 중 누구를 데려다 놓아도 비슷하게 하는 행동들'을 말해요. → **관습**

7~8 다음 문장에 어울리는 낱말을 괄호 안에서 골라 ○표 해 보세요.

7 새로 만든 법을 (⭕시행 / 주행)하기도 전에 시민들의 반대에 부딪혔다.

8 그는 혼자 자라서인지 다른 사람을 배려할 줄 모르고 (⭕이기적 / 이타적)이다.

우주로 쏘아 보낸 골든 레코드

핵심 내용 이해

Q. 다음 낱말 카드를 활용하여 '골든 레코드'가 무엇인지 완성해 보자!

| 외계 | 자기 | 메시지 | 생명체 | 소개서 |

골든 레코드는 태양계 밖에서 만날지 모를 (외계) (생명체)에게 지구의 존재를 알리기 위해 보내는 지구의 (자기) (소개서)이자 (메시지)이다.

새로 알게 된 사실

Q. 이 글을 읽고 새롭게 알게 된 내용을 적어 보자!

예 먼 옛날인 1977년에 외계인에게 지구를 소개하는 골든 레코드를 보냈고, 그 안에는 다양한 정보가 담겨 있다는 것을 알게 되었다.

나의 생각 정리

Q. 다음 글을 읽고 외계인에게 지구를 소개하는 자료를 보낸다면 '나'는 어떤 것들을 보낼지 써 보자!

보이저 호에 실린 레코드판에는 우리 행성과 인간의 활동을 담은 사진 118장, 90분 가까이 되는 세계 최고의 음악들, 지구와 그 생명의 변화를 표현한 소리집「지구의 소리들(The Sounds of Earth)」, 미국 대통령과 유엔 사무총장의 인사말을 비롯하여 약 60가지 언어로 말한 인사말(고래의 인사말도 있음.)이 담겨 있다.

'나'는 예 지구 어린이들의 웃음소리와 내가 좋아하는 재미있는 만화 영화를 보내고 싶다. 왜냐하면 어린이들의 웃음소리를 들으면 행복해지고 재미있는 만화 영화를 보면 지구에 오고 싶어질 것 같기 때문이다.

어휘력 확인

[1~3] 다음 뜻에 해당하는 어휘를 보기 에서 찾아 써 보세요.

보기

| 진입하다 | 수록하다 | 탐사하다 |

1 책이나 잡지에 싣다. → 수록하다

2 향하여 내처 들어가다. → 진입하다

3 알려지지 않은 사물이나 사실 따위를 샅샅이 더듬어 조사하다. → 탐사하다

[4~5] 다음 글자의 첫소리와 그 뜻에 알맞은 낱말을 빈칸에 넣어 문장을 완성해 보세요.

4 ㅈ ㄷ : 기계 따위가 작용을 받아 움직임. 또는 기계 따위를 움직이게 함.

→ 제품 설명서를 보니 청소기의 작동 방법이 쓰여 있었다.

5 ㅈ ㅈ : 현실에 실제로 있음. 또는 그런 대상

→ 사람들은 우주 어딘가에 외계인이 존재 할 것이라고 상상한다.

[6~8] 다음 문장에 어울리는 낱말을 괄호 안에서 골라 ○표 해 보세요.

6 우주는 (워낙 / 그리) 넓어서 탐사하기가 쉽지 않다.

7 세종 대왕은 역사에 (영원히 / 완전히) 기록될 훌륭한 왕이다.

8 먹구름이 낀 날은 그렇지 않은 날에 비해 비가 올 (요인 / 확률)이 높다.

아름다운 소리를 내는 현악기

핵심 내용 이해

Q. 다음 글자 카드를 활용하여 빈칸에 알맞은 현악기의 종류를 써 보자!

| 발 | 찰 | 타 | 현 |

(찰현) 악기는 활로 줄을 문질러서 소리를 내는 악기이다.

(타현) 악기는 줄을 두드리거나 때려서 소리를 내는 악기이다.

(발현) 악기는 손이나 손톱, 연주 도구로 줄을 퉁기거나 뜯어서 소리를 내는 악기이다.

새로 알게 된 사실

Q. 이 글을 읽고 새롭게 알게 된 내용을 적어 보자!

예 줄로 소리를 내는 현악기를 소리를 내는 방법에 따라 찰현 악기, 발현 악기, 타현 악기로 나눌 수 있다는 것을 알게 되었다.

나의 생각 정리

Q. 다음 글을 읽고 하프가 찰현 악기, 발현 악기, 타현 악기 중 어느 것에 해당하는지 써 보자!

하프는 커다란 삼각형 틀에 길이가 서로 다른 줄을 치고 손가락으로 뜯어서 소리 내는 악기이다. 하프 연주자인 하피스트는 의자에 앉아 공명통을 오른쪽 어깨에 대고 양손 손가락으로 줄을 뜯으며 연주한다. 새끼 손가락은 사용하지 않으며 보통 왼손으로 낮은 음을 연주하고 오른손으로 높은 음을 연주한다.

예 하프는 발현 악기이다. 왜냐하면 하프는 손가락으로 줄(현)을 뜯어서 소리를 내는 악기이기 때문이다.

어휘력 확인

[1~3] 다음 낱말의 알맞은 뜻을 찾아 선으로 이어 보세요.

1 음량 — ㉠ 높이가 다른 두 음 사이의 간격

2 음색 — ㉡ 다른 소리와 구분되는 음의 색깔

3 음정 — ㉢ 악기 소리 따위가 크거나 작게 울리는 정도

[4~5] 다음 뜻풀이를 참고하여 십자말 풀이를 완성해 보세요.

4 ㉠ 어떤 상태를 오래 계속하는 힘

5 ㉡ 두 물체가 서로 닿아 비벼지며 발생하는 힘

마
찰
지 속 력

[6~8] 다음 밑줄 친 낱말과 바꿔 쓸 수 있는 낱말을 골라 ○표 해 보세요.

6 쇠는 오랫동안 관리하지 않으면 녹이 슨다. → 금속(金屬) / 강철(鋼鐵)

7 이번에 산 기타 악기는 맑은 소리를 내는 것이 특징이다. → 성(聲) / 음(音)

8 연주자는 아쟁을 무릎 위에 올리고 활로 줄을 문질러서 소리를 냈다. → 선(線) / 현(絃)

디지털 시대에 더 빛나는 한글

핵심 내용 이해

Q. 다음 빈칸에 알맞은 말에 ○표를 하여 이 글의 목적이 무엇인지 확인해 보자!

글쓴이는 독자에게 ((한글)/ 한자)이/가 (아날로그 /(디지털)) 시대에 더 빛나는 언어임을 알리기 위한 목적으로 글을 썼다.

새로 알게 된 사실

Q. 이 글을 읽고 새롭게 알게 된 내용을 적어 보자!

예 컴퓨터와 스마트폰에서 쉽고 빠르게 글을 입력할 수 있는 장점을 가진 한글은 음성 인식 기술에도 적합한 문자라는 것을 알게 되었다.

나의 생각 정리

Q. 다음 글을 읽고 스마트폰을 쓸 때 한글이 더 빛을 발하는 이유가 무엇이라고 생각하는지 써 보자!

한글은 모양을 본 떠 만든 글자예요. 모음의 기본자인 '천지인'은 하늘, 땅, 사람의 모양을 본 떠 만들었어요. 'ㆍ'은 '하늘'을, 'ㅡ'은 땅을, 'ㅣ'는 사람의 모양을 나타내요. 이렇게 한글의 '천지인' 방식이 스마트폰에서 한글을 입력하는 자판에 그대로 적용되어 쓰이고 있어요. 스마트폰에서 천지인 방식을 활용하면 모음 'ㆍ, ㅡ, ㅣ' 세 개의 버튼으로 20개가 넘는 모음을 모두 입력할 수 있어요.

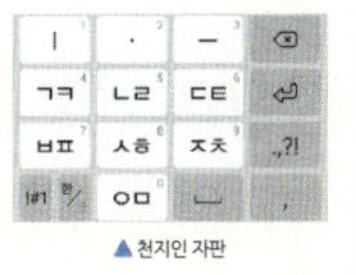

▲ 천지인 자판

예 한글은 단 세 개의 모음을 활용해 다른 모음을 모두 표현할 수 있고 입력 방법도 쉬워서 비좁은 스마트폰 자판에 적합한 문자라고 생각한다.

어휘력 확인

1~2 다음 설명에 해당하는 낱말을 보기 에서 찾아 써 보세요.

> **보기**
>
> 입력하다   표기하다

1 문자 또는 음성 기호로 언어를 표시하는 것을 뜻하는 말이야. → 표기하다

2 문자나 숫자를 컴퓨터가 기억하게 하는 것을 나타내는 말이야. 예를 들어, 자료를 컴퓨터가 기억하게 할 때 쓰는 거지. → 입력하다

3~5 다음 문장의 빈칸에 알맞은 낱말을 보기 에서 찾아 써 보세요.

> **보기**
>
> 인식   인정   처리

3 자동차 사고를 내면 그 처리 비용이 만만치가 않다.
사건 따위를 정리하여 치르거나 마무리를 지음.

4 어떤 문제든지 척척 해결하는 그는 사람들에게 그 능력을 인정 받고 있다.
확실히 그렇다고 여김.

5 우리는 스마트폰을 오래 사용하는 것이 눈 건강을 해롭다는 것을 인식 하지 못한다.
사물을 분별하고 판단하여 앎.

6~7 다음 문장에 어울리는 낱말을 괄호 안에서 골라 ○표 해 보세요.

6 접이식 자전거는 휴대하기에 ((편리)/ 편찬)하다.

7 한글은 세계적으로도 우수하고 독창적인 문자로 (비평 /(평가))되었다.

약점 유형 분석표

- 일차별로 채점 후, 본문의 틀린 문제 번호에 ○표 하세요.
- 자신이 잘 틀리는 문제 유형이 무엇인지 확인해 봅니다.
- 틀린 문제는 해설을 통해 왜 틀렸는지 정확히 이해할 수 있도록 합니다.

일차	화제 파악	주제 파악	내용 이해	구조 이해	내용 추론	비판과 평가	상황에 적용
Day 01							
Day 02							
Day 03							
Day 04	①		②	③			
Day 05	①		②				③
Day 06	①			② ③		④	
Day 07	①		② ③				④
Day 08			①		②		③ ④
Day 09	①		② ③		④		
Day 10	①		②		③		④
Day 11		②	①			④	③
Day 12	①		② ③	④			
Day 13			① ②	④	③		
Day 14	①		②		③	④	
Day 15			①		②		③ ④

일차	화제 파악	주제 파악	내용 이해	구조 이해	내용 추론	비판과 평가	상황에 적용
Day 16			❶		❷ ❸	❹	
Day 17	❶		❷ ❸				❹
Day 18	❶		❷		❸		❹
Day 19	❶		❷			❸	❹
Day 20	❶				❷		❸ ❹
Day 21		❶	❷				❸ ❹
Day 22			❶ ❷		❸		❹
Day 23		❶	❷		❸		❹
Day 24		❶	❷		❸		❹
Day 25	❶		❷		❸		❹
Day 26	❶	❹	❷			❸	
Day 27	❶		❷		❸	❹	
Day 28	❶		❷		❸	❹	
Day 29	❶		❷		❸		❹
Day 30	❶		❷		❸		❹

똑똑 초등 국어 문해력은

문장 독해, 문단 독해, 지문 독해 훈련에
최적화된 교재입니다.

문장 독해
각 문장이 담고 있는 의미를 올바르게 해석해야
문단의 의미를 정확히 이해할 수 있습니다.

문단 독해
문단 간의 관계와 각 문단의 역할을 이해해야
글의 전체 흐름을 제대로 파악할 수 있습니다.

지문 독해
글의 전체 내용을 짧고 명확한 문장으로 요약할 수 있어야
글을 완벽하게 이해한 것으로 볼 수 있습니다.